Dr. med. Maxwell Maltz
So können Sie werden, wie Sie sein möchten

Dr. med. Maxwell Maltz

So können Sie werden, wie Sie sein möchten

Methoden der Selbstbildpsychologie

Ariston Verlag · Genf

Andere Werke aus unserem Verlagsprogramm
finden Sie am Schluß dieses Buches verzeichnet.

Gestaltung des Einbandes:
Werbeatelier Jürgen Richter

Aus dem Amerikanischen übertragen
von Ingrid Lebe

THE MAGIC POWER OF SELF-IMAGE PSYCHOLOGY
Original English language edition published by Prentice-Hall,
Inc., Englewood Cliffs, N. J., USA
Copyright © by Maxwell Maltz, M. D.

Copyright © der deutschen Ausgabe Ariston Verlag, Genf 1970

Fünfte Auflage April 1986
Printed in Austria

ISBN 3 7205 1350 5

Inhaltsverzeichnis

Die Erschließung einer neuen inneren Welt

Das Ziel meines Buches ist eindeutig: Ich hoffe, daß ich Ihnen – jedem von Ihnen – helfen kann, ein glücklicheres, erfüllteres Leben zu führen. Wenn es Ihr Wunsch ist, sich von mir leiten und helfen zu lassen, und wenn Ihre Sehnsucht nach einem schöneren Leben groß genug ist, dann werden Sie entdecken, daß Ihre Umwelt viel heller ist, als Sie jemals geahnt haben.

Das Leben sollte ein erregendes Abenteuer sein. Sie sollten täglich neu den Reichtum Ihrer Gefühle und Ihrer Vorstellungskraft erleben. Sie sollten sich Ziele setzen, die Sie zu begeistertem Handeln anspornen. Gleichgültig, wie alt Sie sind, sollten Sie Ihr Leben mit Elan angehen und den Tod nicht fürchten.

Eines der größten Abenteuer des Lebens ist jedoch die Erforschung Ihrer Persönlichkeit. Es ist tragisch, daß manche Menschen ihr ganzes Leben vertun, ohne etwas zu erreichen, und in dem Gefühl versinken, versagt zu haben – weil sie sich selbst nicht kennen, weil sie nicht wissen, wie sie ihre Probleme bewältigen sollen, Probleme, die oft aus den Umweltbedingungen erwachsen.

Wenn Sie dieses Buch aufmerksam lesen, wird es für Sie gleichsam zu einer Entdeckungsreise werden. Sie werden mehr über sich selbst erfahren, und Sie werden lernen, wie Sie Ihre Persönlichkeit stärken können. Das vorliegende Buch enthält sieben praktische Übungen und eine Vielzahl spezifischer Vorschläge, die Ihnen bei Ihren Bemühungen helfen sollen.

Amerikaner wie Mitteleuropäer geben Jahr für Jahr riesige Summen für materielle Güter aus, die durchaus nützlich sind: Häuser, Autos, Möbel, Kleider – sie machen uns das Leben bequemer. Dennoch – wichtiger als alle äußere Bequemlichkeit ist unser Denken, besonders das Denken über uns selbst. Und das ist das Thema dieses Buches: die Vorstellung von uns selbst, unsere Selbstauffassung und ihre Verbesserung, ihre Steigerung.

Wenn Sie sich mit meinem Buch befassen, werden Sie erstaunt die ungeahnte Kraft Ihrer Selbstauffassung begreifen, ihren überwältigenden Einfluß auf Ihr Schicksal. Ich selbst habe dieses Phänomen, diese Kraft zum erstenmal bei meiner Arbeit als Facharzt für Plastische Chirurgie entdeckt, und ich bin glücklich, mein Wissen nun mit Ihnen teilen zu können.

Sie werden gleichsam eine Goldgrube entdecken und erschließen – Ihre Vorstellungskraft. Aus ihren Tiefen werden Sie bildhafte Vorstellungen ausgraben, die Sie dann auf der Bühne Ihres Geistes lebendig erhalten. Gemeinsam werden wir auf dieser Bühne Dramen inszenieren und aus ihnen lernen.

Die Kraft der bildhaften Vorstellung ist phantastisch. Gelegentlich werden Sie sich vielleicht weigern, zu glauben, *wie* wichtig diese Kraft ist; aber sie kann ganz zweifellos Erfolg und Versagen vorherbestimmen.

Viele Menschen schätzen sich selbst zu niedrig ein; sie können daher niemals ihre Begabungen voll entwickeln und ihre individuellen Möglichkeiten ausschöpfen. Wenn Sie zu denen gehören, die nur ihre negativen Seiten betonen und ihre Vorzüge nicht würdigen, werden wir gemeinsam etwas dagegen tun. Und wenn Sie bereit sind, Ihre Kraft für die beste Sache einzusetzen, der Sie sich je gewidmet haben, dann werden Sie es endlich lernen, sich selbst gegenüber fair zu sein.

Gott hat uns geschaffen, damit wir *leben,* nicht vegetieren. Wir sollen glücklich sein und uns unseres Lebens freuen. Nach Seinem Willen sollen wir jeden Augenblick unseres Lebens genießen und jeden Tag als Kostbarkeit betrachten – gleichgültig, wie jung oder wie alt wir sind.

Wenn Sie bislang dazu neigten, sich selbst und Ihre Umwelt allzuoft mit Bitterkeit zu sehen, können Sie sich nun grundlegend ändern; Sie können es sich geradezu zur *Gewohnheit* machen, glücklich zu sein. Dies sind nicht nur „schöne Worte". Ich kenne viele Menschen, die sich geändert, die sich in eine ihnen unbekannte Welt gewagt haben – in die wunderbare Welt inneren Glücks.

Ich hoffe, daß Sie gemeinsam mit mir diesen Weg einschlagen – den Weg zum Glück.

Dr. med. Maxwell Maltz

Ihre Selbstauffassung kann Ihnen eine führende Rolle auf der Bühne des Lebens bieten

Stellen Sie sich vor, Sie sitzen in einem Filmtheater und blicken auf den Vorhang, der die noch leere Leinwand verbirgt, während Sie auf den Beginn des Hauptfilms warten.

Was wird Ihnen dieser Film bedeuten? Wie wird er auf Sie einwirken? Wird er Ihr Leben beeinflussen?

Werden Sie sich – vielleicht sogar zu Tränen – gerührt fühlen? Werden Sie über eine Komödie lachen, oder werden Sie entsetzt sein über das Schicksal, das den Helden oder die Heldin ereilt? Wird Sie das Filmgeschehen zu großen Emotionen, zu Liebe und Leidenschaft hinreißen, oder werden Sie am Ende empört sein?

Alle diese Empfindungen werden Sie durchströmen – ja sogar noch andere. Denn der Film, den Sie sehen werden, handelt vom faszinierendsten Menschen der Welt – von *Ihnen.*

In diesem Theater, das aus Herz und Geist eines jeden von uns besteht, sind Sie der Produzent, der Drehbuchautor, der Hauptdarsteller oder die Hauptdarstellerin, der Held *und* der Bösewicht zugleich. Sie sind der Techniker oben im Vorführraum und zugleich das Publikum, das auf das erregende Drama reagiert.

Die erstaunliche Geschichte, die auf dieser inneren Leinwand abrollt, ist eine Geschichte, die in jeder Sekunde Ihres Lebens erfunden wird - gestern wie morgen, eine Geschichte, die jedoch gerade in diesem Augenblick von größter Wichtigkeit ist.

Wird die Geschichte ein glückliches Ende haben? Ist sie von Glück und Erfolg bestimmt oder von Leid und Versagen geprägt? Der rote Faden der Geschichte ist bereits abgespult, und das kritische Auge erkennt die Entwicklung, die diese Geschichte nehmen wird.

Eine Erkenntnis jedoch muß Sie grundsätzlich trösten: Da Sie zugleich Dramatiker, Regisseur und Akteur dieser Geschichte sind, können Sie ihre Entwicklung noch während des Ablaufs beeinflussen – jetzt, in diesem Augenblick. Ja Ihr ganzes Leben lang . . .

Sie können die Geschichte zu einer Geschichte des Erfolgs machen. Sie können die Rolle des Helden übernehmen und den Bösewicht besiegen. Und Sie können dieses Drama eher zu einer herzerwärmenden Geschichte machen, die das Leben all jener bereichern wird, die Sie kennen, als zu einem eintönigen, inhaltslosen Bericht, einer Chronik der Langeweile. Es liegt alles in Ihnen beschlossen.

Es hängt alles davon ab, was Sie mit der Vorstellung beginnen, die Sie von sich selbst in Ihrem Innern tragen, einer Vorstellung, die Ihr wichtigstes Werkzeug ist, im Guten wie im Schlechten.

Es hängt alles von Ihnen ab – von Ihrer Selbstauffassung.

Drehen Sie einen Film – von sich selbst

Was verstehen wir unter Selbstauffassung? Kann es so etwas überhaupt geben?

Wir wissen, daß es einen Geist gibt, obwohl niemand ihn je gesehen hat. Ich meine nicht das menschliche Gehirn, das sichtbar gemacht werden kann, sondern den Geist, der denkt, hofft, fürchtet, der Glück und Traurigkeit registriert, der sich erinnert und in die Zukunft vorauseilt, der Maulwurfshügel formt und Berge auftürmt.

Der Geist ist genauso real wie das Gehirn, auch wenn wir ihn weder berühren noch fühlen oder sehen können.

Gleichermaßen ist auch die Vorstellung, die der Mensch von sich selbst hegt, real, obwohl sie sich, wie der Geist, jeder Berührung entzieht und nicht sichtbar ist. In dem vorliegenden Buch werden wir uns mit dieser Realität vertraut machen. Denn Erfolg ist ebenso wirklich wie Versagen; Energie ist so real wie Apathie.

Ich werde Ihnen helfen, Ihre Vorstellung von sich selbst, Ihre Selbstauffassung so zu entwickeln, daß das Bild, das Ihnen immer vorschwebte, Wirklichkeit wird, ein Bild, auf dem Sie Schwierigkeiten überwinden und erfolgreichen, glücklichen Lösungen zustreben.

Warum ist die Selbstauffassung des Menschen so wichtig?

Wie ich in meinem letzten Buch *Psycho-Kybernetik* erläutert habe, ist Ihre Selbstauffassung Ihre eigene Konzeption dessen, was Sie sind. Sie ist ein Produkt vergangener Erfahrungen, Erfolge und Fehlschläge, Demütigungen und Triumphe, Reaktionen anderer Menschen auf Ihre Äußerungen, Handlungen, Erfolge und Mißerfolge besonders in Ihrer Kindheit und Jugend. Aus diesen Faktoren – und anderen, auf die wir später eingehen werden – schaffen Sie ein Bild von sich selbst, das Sie für echt halten. Das Bild kann falsch sein – und in vielen Fällen *ist* es falsch –, aber in diesem Zusammenhang kommt es einzig darauf an, daß Sie in jedem Fall so handeln, *als ob es echt wäre.* Im Grunde *ist* es echt.

„Wenn es so ist", werden Sie fragen, „ist das Bild von mir selbst, in dem ich mich als Schwächling, als Opfer, als Menschen sehe, dem alles zustoßen kann, also echt? Wie soll mich das trösten?"

Nun – in einem Umstand liegt eine wunderbare Tröstung, faßbar in den beiden kleinen Worten *„als ob".* Sie müssen folgendes begreifen: Ich sagte, *als ob* das Bild echt wäre. Aber ist es echt? Da dieses Bild, die Vorstellung von sich selbst, verändert werden kann und in Tausenden von Fällen tatsächlich verändert worden *ist,* gibt es keinen Grund zur Verzweiflung.

Um es noch einmal zu wiederholen: *Sie* sind der Drehbuchautor; *Sie* sind der Regisseur; *Sie* sind der Schauspieler, der die Hauptrolle in diesem Film spielt.

Sie müssen lediglich lernen, wie Sie den Verlauf der Filmhandlung beeinflussen können, Sie sind in der Lage dazu, wenn Sie etwas mehr Zeit und Kraft investieren und dabei seit langem bewährte Methoden anwenden – Methoden, die für jedermann so einfach und naheliegend sind, daß es kein Wunder ist, wenn sie so lange übersehen worden sind. Voraussetzung ist nur eine neue Einsicht.

Von dem berühmten russischen Philosophen Ouspensky wird die folgende Geschichte berichtet: Um seinen Forschungen über das Wesen des menschlichen Bewußtseins nachgehen zu können, blieb ihm nichts anderes übrig, als sein eigenes Bewußtsein durch Drogen zu beeinflussen. Während er also unter der Wirkung eines Narkotikums stand, erkannte er plötzlich, daß er das Geheimnis des Seins entdeckt hatte, daß diese Erkenntnis seinem Unterbewußtsein entsprungen war, wo sie zeit seines Lebens als einfache Formel geschlummert hatte und nun von der Droge freigesetzt worden war. Voller Eifer griff er zur Feder und schrieb die großartige Formel der Einsicht – und des Erfolgs – nieder. Dann fiel er in einen tiefen Schlaf.

Als er – zu nüchternem Bewußtsein zurückgekehrt – erwachte, prüfte er, was auf dem kostbaren Bogen Papier notiert war. Dort las er, hingekritzelt in seiner eigenen Handschrift, die Worte: „Denken ... in neuen Kategorien."

Und das ist es, wozu ich Ihnen verhelfen will: Denken, Fühlen und Handeln in neuen Kategorien. Überprüfen Sie alles, was Sie für erwiesen halten. Geben Sie sich nicht mehr mit vordergründigen „Beweisen" zufrieden. Erweitern Sie Ihre Überzeugungen. Mit anderen Worten: Ändern Sie Ihre Vorstellung von sich selbst.

Wir werden gemeinsam daran arbeiten, Ihr geistiges Bild von sich selbst zu ändern. Wir werden die Faktoren erörtern, aus denen sich diese Selbstauffassung zusammensetzt. Wir werden sie immer wieder erörtern, denn Konzentration ist unbedingt notwendig; wir werden das wirksame Mittel plastischer, bildhafter Vorstellungen benutzen, um ihre Auffassung von sich selbst neu zu definieren, um die Einschätzung des einzigartigen Individuums zu heben, das Sie selbst sind – jeder einzelne von Ihnen.

Worte allein reichen nicht aus. In diesem Buch werden Sie sieben praktische Übungen beschrieben finden, Übungen für die Vorstellungskraft, von denen jede einzelne Ihnen dazu verhelfen wird, die Fesseln Ihrer früheren Beschränkungen zu sprengen. Die Kraft der bildhaften Vorstellung wird Ihnen helfen, die von Ihnen selbst errichteten Hindernisse zu durchbrechen, die der Erfüllung Ihrer Träume im Wege stehen.

Diese Übungen können sich somit als die wichtigsten erweisen, mit denen Sie sich je befaßt haben. Ich habe sie sorgfältig durchdacht, um Ihnen zu helfen, sich selbst neu zu sehen; zunächst im Aufbruch und dann auf dem Weg zu realen Erfolgen, die in Ihrer Reichweite liegen.

Geben Sie sich nicht von vornherein geschlagen, indem Sie mit Skepsis an diese Übungen herangehen! Deren Prinzipien sind nicht greifbar, Sie können nicht die Hand ausstrecken und die ihnen zugrunde liegenden Gedanken befühlen, wie Sie einen Tisch oder einen Stuhl berühren können. Aber Sie werden die Bilder sehen, Vorstellungen des Künftigen produzieren – und diese Vorstellungen sind Produkte einer einzigartigen Kraft. Die Vorstellungskraft Ihres Geistes ist ein Wunder; und es mag schwierig sein, ihre intensive Wirkung zu begreifen. Vielleicht müssen Sie zunächst ganz einfach diese Kraft als gegeben hinnehmen und an sie *glauben*. In Ihrem Interesse hoffe ich, daß es Ihnen gelingt – denn nur so kann ich Ihnen helfen.

Von diesen Übungen abgesehen, werde ich Ihnen besondere Vorschläge unterbreiten, mit deren Hilfe Sie auch in unserer schwierigen Zeit ein glückliches Leben führen können; Ideen, die Ihnen helfen werden, Ihr eigenes – und einziges – Selbst mehr zu schätzen.

Ihre innere Konzeption

Sicherlich ist diese Entdeckung – die Entdeckung der psychologischen Bedeutung der menschlichen Selbstauffassung – eine der wichtigsten unseres Jahrhunderts. Denn wir alle tragen, auch wenn wir uns dessen nicht bewußt sind, diese geistige Konzeption, diese Vorstellung von uns selbst in uns. Wir glauben fest an diese Konzeption und stellen ihre Richtigkeit nicht in Frage.

Darüber hinaus stimmen alle unsere Handlungen und Emotionen mit der Vorstellung von uns selbst überein. Immer werden Sie so handeln wie der Mensch, der Sie zu sein glauben. Sie können gar nicht anders handeln, auch wenn Sie Ihre ganze Willenskraft aktivieren. Ein Mann, der sich für einen „Versager-Typ" hält, wird immer Mittel und Wege finden, zu versagen, auch wenn er sich noch so sehr um Erfolg bemüht –, ja sogar, wenn sich ihm eine Reihe von günstigen Chancen bietet. Ein Mensch, der sich für einen „Pechvogel" hält, kann Ihnen jederzeit beweisen, daß er in der Tat vom „Pech verfolgt" wird.

Die Vorstellung, die wir von uns selbst hegen, ist die Grundlage unserer gesamten Persönlichkeit. Darum scheinen all unsere Erfahrungen unsere Selbstauffassung zu beweisen und sie dadurch nur noch zu untermauern; daraus ergibt sich ein schädlicher – oder vorteilhafter – Kreislauf.

Der Handelsreisende, der sich selbst für unwürdig hält, wird seinem Kunden mit deprimiertem Gesicht gegenübertreten. Er entschuldigt sich nahezu dafür, daß er überhaupt existiert, und fordert damit die Ablehnung des Interessenten buchstäblich heraus. Er wird das Vertrauen des zunächst an einem Geschäft interessierten Kunden erschüttern und hat wieder einmal einen Beweis dafür, daß seine Selbstauffassung richtig ist: er ist unliebenswürdig, minderwertig, ein Versager.

Die Oberschülerin, die sich für häßlich hält und meint, es gehe von ihr keinerlei Anziehungskraft auf Jungen aus, wird stets einen Weg finden, die Richtigkeit ihrer Vorstellung von sich selbst zu beweisen. Wenn ein Junge ihr sagt, sie habe eine hübsche Figur, denkt sie garantiert an den Leberfleck auf ihrer Wange. Wenn man ihr sagt, sie habe hübsche Augen, fügt sie im Geist hinzu: Ja, schon, aber meine Nase ist zu lang. Ihre trübselige, abweisende Art wird bald alle potenziellen Bewunderer vertreiben, und sie hat wieder einmal die Bestätigung gefunden, daß sie sich selbst ganz richtig einschätzt und eben häßlich ist.

Sie können Ihre Selbstauffassung ändern

Auf Grund dieser sogenannten „objektiven Wahrheit" erkennt ein solcher Mensch nicht, daß die Schwierigkeit in seiner eigenen Selbsteinschätzung liegt. Wenn Sie zum Beispiel dem Handelsreisenden sagen, daß er lediglich *glaube*, er könne nicht verkaufen, wird er Sie skeptisch ansehen. Er weiß nur, daß er sich immer wieder bemüht hat; aber wo sind die Ergebnisse? Wenn Sie dem Mädchen sagen, daß es in Wirklichkeit durchaus attraktiv sei, wird es ebenso versuchen, Ihnen das Gegenteil zu beweisen: Schließlich hat es noch nie einen Freund gehabt.

Dennoch haben – und darüber kann ich authentische Berichte abgeben – Handelsvertreter erstaunliche Fortschritte in ihrer Geschäftstüchtigkeit gemacht; und zunächst abweisende, nahezu unsoziale Mädchen konnten ungeahnte Erfolge beim anderen Geschlecht verbuchen – als sie begriffen, wie wichtig eine Änderung ihrer Selbstauffassung war.

Denn wir müssen uns stets den Grundsatz vor Augen halten: *Die Selbstauffassung kann geändert werden.* Man ist niemals zu jung oder zu alt, seine Vorstellung von sich selbst zu ändern und ein neues und fruchtbareres, ein schöpferisches Leben anzufangen.

Früher schien es für den Menschen schwierig, seine grundlegenden Gewohnheiten zu ändern, da seine Bemühungen eher der Peripherie seines Ichs als dem eigentlichen Zentrum galten. Viele Menschen haben versucht, durch „positives Denken" äußere Hindernisse oder Charakterfehler zu überwinden. („In der nächsten Woche will ich mich mehr entspannen"; „Ich werde die nächste Prüfung bestimmt bestehen" usw.) Sie hatten jedoch nie versucht, ihr Denken über das eigene Selbst, das diese Dinge tun sollte, zu ändern.

„Positives Denken" kann der unveränderten Selbstauffassung eines Menschen als eine Art Krücke dienen, wird aber nie wirklich wirksam sein. Denn: wie kann man über eine bestimmte Situation positiv denken, wenn man eine negative Meinung über das eigene Selbst mit sich herumträgt? Daraus erwächst ein grundlegender Konflikt. Es ist jedoch durch viele Experimente bewiesen worden, daß – wenn die Vorstellung vom eigenen Selbst erst einmal geändert worden ist – andere Dinge, die mit dieser neuen Auffassung übereinstimmen, oft ohne große Anstrengungen erreicht werden können.

Prescott Lecky, ein Bahnbrecher der auf der Selbstauffassung beruhenden Psychologie, veranstaltete eine Reihe von überzeugenden Experimenten. Er betrachtete die menschliche Persönlichkeit als ein System von Ideen, die allesamt *scheinbar* miteinander übereinstimmen müssen. Ideen – so meinte er –, die dem System nicht entsprechen, werden zurückgewiesen, weil nämlich andere Ideen, die auch nur *scheinbar* mit dem System übereinstimmen, akzeptiert werden. Im Mittelpunkt dieses Ideensystems lebt die Vorstellung des Menschen von sich selbst. Als Lehrer hatte Lecky die Möglichkeit, seine Theorie an Tausenden von Schülern zu testen. (*Self Consistency, A Theory of Personality*, The Island Press, New York.)

Lecky war davon überzeugt, daß ein Schüler, der in einem bestimmten Lehrfach Schwierigkeiten hat, nur deshalb nicht sinnvoll lernen kann, weil er den Lehrstoff für unvereinbar mit seinem Ideensystem hält. Wenn man jedoch die Vorstellung des Schülers von sich selbst, die diesem Verhalten zugrunde liegt, ändere, müsse er folglich in der Lage sein, den Lehrstoff anders zu betrachten. Wenn der Schüler also seine Selbstauffassung ändert, kann er zugleich seine Lehrfähigkeit steigern. Lecky konnte diese Theorie an zahllosen Beispielen beweisen.

Einer seiner Schüler, der mit der Orthographie auf dem Kriegsfuß stand und daher in mehreren Fächern versagte, so daß sich seine Zensuren innerhalb eines Jahres bedenklich verschlechterten, wurde im folgenden Jahr mit einem ausgezeichneten Zeugnis versetzt und gehörte nun in seiner Schule überdies zu den Schülern mit den besten Leistungen in Orthographie. Ein anderer Junge, der das College wegen seiner schlechten Zensuren hatte verlassen müssen, wurde später ein hervorragender Student an einer der angesehensten Universitäten des Landes. Ein Mädchen, das viermal in Latein versagt hatte, verließ schließlich die Schule mit einer guten Lateinnote, nachdem sie sich der Führung Leckys anvertraut hatte. Ein Junge, dem bei einem Test gesagt worden war, er sei sprachlich hoffnungslos unbegabt, gewann ein Jahr später bei einem Aufsatzwettbewerb einen Preis.

All diese Schüler waren also weder dumm, noch fehlte es ihnen an der grundlegenden Begabung. Sie litten lediglich an einer ihnen nicht gemäßen Vorstellung von sich selbst, sie identifizierten sich mit ihrem Versagen. Wenn sie bei einer Prüfung versagten oder einem bestimmten Lehrstoff nicht gewachsen waren, klassifizierten sie sich selbst ganz allgemein als „Versager". Die Änderung ihrer Selbstauffassung jedoch weckte lediglich latente Begabungen.

Mit derselben Methode heilte Lecky Schüler auch von Krankheiten wie Stottern oder Nägelkauen.

Meine eigenen Akten berichten von ebenso überzeugenden authentischen Fällen:

Die Geschichte der Lehrerin, die jeden Morgen nur mit Widerwillen aufstand, um ihrer Schulklasse gegenüberzutreten, und die sich jetzt, nachdem sie ein zutreffenderes Bild von sich selbst erworben hat, mit Freuden ihren Schülern widmet. Die Filmschauspielerin, deren Nerven so zerrüttet waren, daß sie sich fast ganz von der Filmarbeit zurückziehen mußte; heute macht es ihr nichts mehr aus, ihre Gefühle zur Schau zu stellen, und sie tritt ohne jede Panik vor die Kamera. Der Verwaltungsbeamte, dessen Schüchternheit ihm die größten Schwierigkeiten bei seiner Arbeit machte und der sich heute selbst schätzt und deshalb auch bei seinen Mitarbeitern wegen seiner Gelassenheit beliebt ist...

Diese Geschichten sind wahr. Andere Menschen, ringende menschliche Wesen wie Sie, haben ihre Selbstauffassung geändert. Das können auch Sie!

Entdeckungen eines Facharztes für Plastische Chirurgie

Auf den ersten Blick könnte man meinen, daß zwischen Psychologie und Plastischer Chirurgie kaum ein Zusammenhang bestehe. Dennoch war es gerade meine Arbeit als Facharzt für Plastische Chirurgie, die mich die Existenz einer fest umrissenen Vorstellung des Menschen von sich selbst entdecken ließ und Probleme aufwarf, die zu wesentlichen psychologischen Schlußfolgerungen führten.

Denn als ich vor vielen Jahren meine Praxis für Plastische Chirurgie eröffnete, war ich zunächst immer wieder verblüfft über die nahezu dramatisch abrupten Veränderungen der Persönlichkeit, sobald ein Schönheitsfehler oder eine Mißbildung im Gesicht eines Patienten korrigiert war. In vielen Fällen schien die Änderung des physischen Bildes einen völlig neuen Menschen zu schaffen. Es kam mir oft so vor, als hätte mein Skalpell magische Kräfte, als sei es in der Lage, nicht nur das Aussehen meines Patienten zu verbessern, sondern auch seine gesamte Lebensauffassung zu verwandeln. Ängstliche Leute wurden mutig, mürrische freundlich, und Patienten, die vorher stets bescheiden im Hintergrund gestanden hatten, gingen nun aus sich heraus.

Ein „bösartiger", aggressiver heranwachsender Junge, der sich ständig mit seinen Klassenkameraden prügelte, erwarb sich die Achtung seiner Mitschüler, als er seine trotzige Haltung aufgab und sich nun darum bemühte, freundlich zu sein.

Ein gleichgültiger Mann in mittleren Jahren, der freudlos in den Tag hineinlebte, fühlte neue Hoffnung in sich aufsteigen; seine einst trostlosen Augen strahlten nun vor Lebensfreude, die er seit Jahren nicht empfunden hatte.

Es war natürlich nicht schwer, derartige Erfolge zu erklären. Da ist zum Beispiel das Mädchen mit der Hasenscharte, das von seinen Klassenkameradinnen wegen dieser Entstellung vom ersten Schultag an gehänselt worden war. Sie hatte sich stets minderwertig gefühlt, und sie dachte nur in negativen Kategorien. Sie war von dem Gedanken besessen, daß keine ihrer Freundinnen eine Hasenscharte hatte. Die Hasenscharte ist an allem schuld, dachte sie. Wie sollte sie sich da nicht stets von Unheil bedroht fühlen? Auf Grund ihres physischen Defekts fiel sie immer und überall auf und war den Grausamen ein willkommenes Ziel. Als jedoch die Hasenscharte durch einen chirurgischen Eingriff beseitigt wurde, war es nur natürlich, daß sie sich nun nicht länger bedroht fühlte, daß sie in ihrem Denken und ihrer Selbstauffassung mehr Hoffnung entfaltete. Es war also nicht verwunderlich, daß sie emotionell auflebte.

Aber wie stand es mit den Ausnahmen, mit den Patienten, die sich nicht änderten – nicht einmal, nachdem mit Hilfe der Chirurgie ihr Aussehen erheblich verbessert worden war?

Ja, es waren gerade die Fälle, in denen ich versagte und die mir, dem Chirurgen, die ungeheure Wichtigkeit der Selbstauffassung eines Menschen verdeutlichten; denn natürlich mußte ich mich fragen, was an meiner Behandlung nicht stimmte, wenn ich zwar das Gesicht des Patienten wiederherstellen, nicht aber zugleich einen psychischen Wandel vorbereiten konnte . . .

Vor vielen Jahren erschien eines Tages eine junge Frau in meiner Praxis. Sie war etwa Mitte Zwanzig und hatte auf der linken Wange eine tiefe Narbe, eine unveränderliche Erinnerung an einen Autounfall, den sie erlitten hatte. Sie schien unglücklich – über sich selbst und über das Leben.

„Wer wäre das nicht in ihrer Lage", fragte ich mich. „Als Kind hat sie beim Zähneputzen oder Kämmen in den Spiegel geschaut und ein völlig normales Gesicht gesehen, das sie als selbstverständlich hinnahm. Wenn sie aber jetzt in den Spiegel blickt, muß sie sich doch sagen: ‚Mein Gott, ich sehe einfach scheußlich aus! Früher hatte ich ein ganz normales Gesicht, und jetzt habe ich zwei total verschiedene Wangen!'"

Ich erklärte ihr, daß ich die Narbe beseitigen und daß sie nach der Operation wieder hübsch aussehen würde. „Machen Sie sich keine Sorgen", sagte ich, „wir werden gut auf Sie aufpassen."

Sie fragte mich, wie sie nach der Operation aussehen würde, und ich beruhigte sie und versuchte ihre Ängste zu zerstreuen. Kurz darauf operierte ich sie.

Nach einer Woche kam sie wieder in meine Praxis. Ich nahm ihr den Verband ab und reichte ihr einen Spiegel. Von der Narbe war nichts mehr zu sehen.

Ich wartete gespannt auf ihre Reaktion. Viele Patienten sind außer sich vor Freude, wenn sie zum erstenmal ihr neues, verschöntes Gesicht sehen. Aber die Reaktion der jungen Frau war unsicher; in ihrem Gesicht spiegelte sich keine wirklich freudige Regung.

Ich wartete einige Sekunden und fragte dann: „Nun, was meinen Sie dazu? Gefällt es Ihnen?"

Sie aber antwortete: „Ich sehe wirklich nicht die geringste Besserung."

Ich war maßlos verblüfft. Meine Operation war hundertprozentig geglückt. „Möchten Sie zum Vergleich die Photos von Ihrem Gesicht vor der Operation sehen?"

Sie betrachtete die „Vorher"-Bilder und griff dann wieder zum Spiegel. „Es sieht nun besser aus", gab sie zu, „aber ich *fühle* mich nicht besser!"

Fälle wie dieser (und es hat viele gegeben) lehrten mich, daß wir alle unsichtbare Narben tragen, daß einige von ihnen schlimmer sind, als es physische Narben je sein können, daß sie tief in unserem Innern verborgen sind und ewig schmerzen.

Ich unterhielt mich eingehend mit dieser jungen Frau und erfuhr mehr über ihre innere, psychische Narbe, über eine unglückliche, gescheiterte Romanze, die vor zwei Jahren zu Ende gegangen war, viele Monate vor dem Autounfall. Der Kummer nagte noch immer an ihr, und sie hatte ein schlechtes Bild von sich selbst. Sie war auch nach der Beseitigung der physischen Narbe weiterhin unglücklich. Sie sehnte sich noch immer nach dem Mann, den sie vor zwei Jahren geliebt hatte, und glaubte, ohne ihn nicht glücklich werden zu können.

Was konnte sie heilen? Worauf konnte sie hoffen? Sie war nun wieder eine anziehende Frau – aber was konnte sie von ihrer Verzweiflung befreien? Eine Änderung ihrer Selbstauffassung, ein neues Gefühl für ihren Wert! Wenn sie nur eine neue Meinung über ihr *Ich* entwickelte, würde sie mutiger werden, würde sie selbstsicherer am Leben teilnehmen, eines Tages einem jungen Mann begegnen und einer Erfüllung ihrer natürlichen Lebensimpulse entgegengehen.

Sind Sie sich selbst treu?

„Dies über alles: Sei dir selber treu", schrieb William Shakespeare vor 350 Jahren im „Hamlet".

Tatsache ist jedoch, daß nur sehr wenige Menschen sich selbst treu sind. So wie jene junge Frau, deren Fall ich eben skizzierte, lehnen sie sich gegen sich selbst auf. Selbst nachdem etwa eine Operation ihr Aussehen erstaunlich verbessert hat, leugnen sie jede Änderung, weigern sich, sie anzuerkennen, bestehen darauf, daß sie genauso aussehen wie vor der Operation. Wenn man ihnen die „Vorher"- und „Nachher"-Bilder zum Vergleich präsentiert, erreicht man im Grunde wenig; man läuft sogar Gefahr, ihren Zorn zu wecken.

Denn die Vorstellung des Menschen von sich selbst – sei sie gut, schlecht oder neutral – beruht auf Erfolgen oder Fehlschlägen der Vergangenheit. Die Einschätzung des eigenen Wertes ist unerhört wichtig, sie ist viel wesentlicher und kritischer als der korrigierte Eindruck, den der Spiegel vermittelt. Der Mensch überträgt diese Vorstellung von sich selbst auf seine Handlungen der Gegenwart und seine Pläne für die Zukunft.

Wenn die Selbstauffassung eines Menschen von Erfolgen der Vergangenheit genährt wird, ist das Bild freundlich. Wenn jedoch Hindernisse den Weg zum Erfolg versperrt haben und Mißerfolge der Vergangenheit die Seele bedrücken, wird die Selbstauffassung armselig sein – wie etwa in der Geschichte jener jungen Frau, die ich oben beschrieben habe.

Wie denken Sie über sich selbst? Das heißt: wie sehen Sie sich *wirklich,* im tiefsten Innern Ihres Herzens? Schätzen Sie sich, oder können Sie sich selbst nur mit Mißtrauen betrachten? Erwarten Sie zuviel von sich, oder leben Sie passiv dahin und verlassen sich darauf, daß das Leben, daß andere Menschen Ihnen die Wege ebnen? Stellen Sie sich vernünftige Aufgaben – Aufgaben, deren Erfüllung Ihnen das Gefühl verleiht, uneingeschränkt zu leben –, oder lassen Sie andere Menschen für sich entscheiden, was Sie denken und tun, wie Sie reagieren sollen? Halten Sie sich für gutaussehend, oder denken Sie insgeheim an Ihre zu lange Nase oder Ihren zu großen Mund?

Allein, was Sie von sich selbst denken, ist wichtig!

Im Lauf der Jahre haben mich zahllose Menschen in meiner Praxis aufgesucht und sich über Defekte beklagt, die letztlich pure Einbildung waren, Ausfluß all dessen, was diese Leute *von sich selbst dachten.*

Es gibt viele Frauen mittleren Alters, die davon überzeugt sind, „alt" auszusehen, obwohl ihr Äußeres ganz normal und oft sogar sehr anziehend ist. Ebenso bilden sich viele junge Mädchen steif und fest ein, „häßlich" zu sein, nur weil sie nicht das exakte Ebenbild der gerade allseits angeschwärmten Filmschauspielerin Nummer eins sind. Und schließlich gibt es wahrhaftig genug Männer, deren unsinnige Vorstellungen von der Unvollkommenheit ihrer äußeren Erscheinung sie daran hindern, die ihnen gemäßen Lebensaufgaben zu erfüllen.

Alle diese Menschen sind selbst ihre eigenen schlimmsten Feinde; durch ihr Denken leben sie an ihrem Leben vorbei.

Ein glückliches Leben

Wie kann man sein Leben in glückliche Bahnen lenken? Wie kann man mit Freuden in unserer geschäftigen und komplizierten Welt leben? Wo liegt das Geheimnis?

Es ist in Wahrheit so einfach: Um wirklich zu „leben", um das Leben schön und lebenswert zu finden, brauchen Sie eine realistische, Ihnen angemessene Selbstauffassung, eine Selbstauffassung, *mit* der Sie leben können. Sie müssen sich schätzen und sich selbst vertrauen können. Sie müssen davon überzeugt sein, daß Sie Ihr Ich verwirklichen können, ohne das Gefühl zu haben, sich eine Blöße zu geben; Sie müssen begreifen, daß Sie es nicht nötig haben, Ihr wahres Selbst zu verbergen. Sie müssen sich selbst sehr gut kennen. Ihre Selbstauffassung muß realistisch sein, muß dem entsprechen, was Sie wirklich sind. Sie werden sich gut und ausgeglichen fühlen, wenn Ihre Selbstauffassung intakt und angemessen ist. Sie werden voller Selbstvertrauen sein. Sie werden bereit sein, der Welt zu zeigen, wer Sie sind. Und darauf werden Sie stolz sein. Sie atmen das Leben, geben sich ihm ganz hin – und werden voller Glück an ihm teilhaben.

Befreunden Sie sich mit sich selbst

Stellen Sie sich noch einmal vor, Sie sitzen im Theater und schauen sich selbst zu, wie Sie auf der Bühne agieren – und zwar so, wie ich es Ihnen in diesem Buch vorschlage. Nehmen Sie gleichsam einen Spiegel zur Hand und betrachten Sie sich selbst. Betrachten Sie sich lange und eindringlich, und fürchten Sie sich nicht vor dem, was Sie sehen werden.

Wissen Sie, worauf Sie Ihr Augenmerk richten müssen? Sie werden sagen: „Ich sehe mich selbst."

Tun Sie das wirklich? Sie werden jemanden sehen – mit Augen, Ohren, Nase, Armen und Beinen, aber richten Sie nicht Ihr Augenmerk nur auf Ihre äußere Erscheinung?

Schauen Sie nicht allein auf das Äußere, lenken Sie vielmehr Ihren Blick auf das, was sich hinter der Fassade verbirgt – auf das innere Gesicht, auf Ihre Gefühle und Überzeugungen, auf den verborgenen Fremden in sich, der sich dem Spiegelbild entzieht.

Dieses unsichtbare Bild ist Ihre Selbstauffassung.

Wenn Ihre Selbstauffassung Ihr Feind ist, stützt sie sich auf die Fehler, die Mißerfolge der Vergangenheit, sie untergräbt Ihre Persönlichkeit und macht Sie auch in der Gegenwart zum Versager.

Ist Ihre Selbstauffassung jedoch wie ein geschätzter Freund, wird sie Ihnen im Vertrauen auf die Erfolge und das Glück der Vergangenheit Mut und Zuversicht für Ihr gegenwärtiges Leben schenken.

Befreunden Sie sich mit sich selbst! Nur dann werden Sie Ihr Leben als Glück empfinden, nur dann sind Sie wirklich Mensch!

In diesem Theater, auf der Bühne Ihres Geistes werden wir Dramen inszenieren und aufführen, in denen Sie selbst die Hauptrollen verkörpern und in denen Ihre Selbstauffassung als guter Freund mitspielt.

„Aber", werden Sie einwenden, „ich erfülle die Voraussetzungen nicht, von denen Sie ausgehen. Ich habe weder eine entstellende Narbe noch irgendeine Mißbildung. Ich sehe ganz normal aus. Kann *mir* der Inhalt Ihres Buches wirklich nützen?"

Das kann er in der Tat. Zwar hat beispielsweise weniger als ein Prozent der amerikanischen Bevölkerung Mißbildungen im Gesicht, die nur mit Hilfe der Plastischen Chirurgie beseitigt werden können; mehr als 99 Prozent aller Menschen erfreuen sich normaler Gesichtszüge. Aber: von diesen 99 Prozent leiden jedoch viele – vielleicht auch Sie – an unsichtbaren, inneren Narben, an einer entstellten Selbstauffassung. *Viele Menschen betrügen sich dadurch selbst!*

Sie werden in diesem Buch praktische Vorschläge finden, die Ihnen dazu verhelfen können, Ihre Vorstellung von sich selbst zu normalisieren und zu heben. Mit diesen Vorschlägen sind Übungen kombiniert, die Ihre Vorstellungen eines positiven Wandels verstärken sollen. Sie werden sich die Ziele setzen, die zu erreichen Sie bislang nur geträumt haben – Erfolg, Glück, Freunde, Wohlstand, Gelassenheit –, wie immer sie auch aussehen mögen. Wenn diese Ziele vernünftig und Ihnen gemäß sind, werden wir uns ihnen nähern, indem wir die uns allen gegebene lebendige Kraft der inneren bildhaften Vorstellung anwenden.

Wenn Sie Ihre Selbstauffassung ernsthaft verbessern wollen, müssen Sie freilich bereit sein, bei der Ausführung dieser grundlegenden praktischen Übungen Ihre geistigen Kräfte zu aktivieren. Wenn Sie sich diesen Übungen mit aller Intensität hingeben, können Sie sich ändern. Mehr noch: diese Änderungen werden Ihnen selbst und den Menschen, die Sie kennen, wie ein Wunder erscheinen. Sie müssen jedoch intensiv an sich arbeiten, Sie müssen zu immer neuen Übungen auf der Bühne Ihres Geistes bereit sein.

Kehren wir zu unserem Vergleich mit der Bühne zurück: Auch die Kunst eines so großen Schauspielers wie Laurence Olivier mußte erarbeitet werden. So werden auch Sie zunächst immer wieder Ihr Stichwort verpassen, Sie werden sich versprechen; aber lassen Sie sich dadurch nicht beirren und machen Sie sich keine Vorwürfe! Eine Änderung Ihrer Selbstauffassung braucht genausoviel Zeit und Mühe wie das Erlernen einer großen Kunst. Aber wenn Sie in Ihrem Bemühen nicht nachlassen, werden Sie schließlich greifbare Resultate erzielen.

Aldous Huxley, der große englische Schriftsteller, schrieb einmal: „Es gibt nur einen Winkel des Universums, den man mit Sicherheit bessern kann: das eigene Selbst."

Und das wollen wir gemeinsam tun!

2. Kapitel

Wahrheit und Vorstellungskraft — Schlüssel zu Ihrer Persönlichkeit

Sie wollen Ihre Selbstauffassung ändern. Sie sind es leid, sich selbst zu quälen, Ihre eigenen Gedanken und Handlungen stets kritisch zu betrachten. Vielleicht sind Sie noch immer nicht ganz davon überzeugt, daß die Mühe sich lohnen wird; aber Sie sind immerhin entschlossen, sich selbst nunmehr mit Stolz zu betrachten. Und das werden Sie auch können, wenn Sie nur bereit sind, an sich zu arbeiten. Ich verspreche Ihnen, daß Ihre Selbstauffassung – und damit Ihr Leben – sich wandeln wird.

Zunächst müssen wir jedoch die Mittel sichten, die wir benutzen wollen, um Ihre Selbstauffassung neu zu formulieren.

Das erste Mittel ist ungewöhnlich wirksam: die Wahrheit. „Und ihr werdet die Wahrheit erkennen, und die Wahrheit wird euch frei machen." (Joh. 8, 32.)

„Die am Boden zerschmetterte Wahrheit muß sich wieder erheben." (William Cullen Bryant.)

Ja – entweder erhebt uns die Wahrheit, oder sie enttäuscht uns. In jedem Fall aber ist die Wahrheit für unser Leben überwältigend wichtig.

Wie sieht es mit der Wahrheit über Sie selbst aus? Sind Sie sicher, daß Ihre Selbstauffassung die richtige ist? Sehen Sie sich als Dummkopf, als Witzbold? Als Feigling? Als Helden? Als Herrn Ihres Schicksals – oder als Opfer des Schicksals?

Wenn Sie auf der Bühne des Lebens stehen und sich selbst im Spiegel betrachten: wie beurteilen Sie sich? Welche sind Ihre guten Seiten – und welche Ihre schlechten? Schätzen Sie sich selbst? Sind Sie sich freundlich oder feindlich gesinnt?

Der wichtigste Forschungsbereich, mit dem sich die Menschheit heute befaßt, ist nicht die Erforschung der Welt, des Universums, sondern *die Erforschung der menschlichen Psyche*. Ergebnisse auf diesem Gebiet können ganze Zivilisationen ändern – und sie können Ihr Leben durch das erregendste Abenteuer Ihres Daseins steigern und bessern.

Wie lautet die Wahrheit über Sie selbst?

Wahrscheinlich werden Sie sagen: „Natürlich kenne ich die Wahrheit über mich selbst! Wer könnte mich schon besser kennen als ich selbst?"
Dennoch haben Psychologen und Psychiater immer wieder glaubhaft gemacht, daß nichts so schwierig zu beurteilen ist wie das eigene Selbst. Sie werden mir gewiß zustimmen, wenn Sie an die Haltung Ihnen bekannter Menschen denken: Wir alle kennen intelligente Menschen, die sich selbst für dumm halten, gutaussehende Leute, die sich einbilden, häßlich zu sein, und schließlich Leute, die sich ständig dadurch degradieren, daß sie in Erfolgen Mißerfolge sehen.

In meiner Praxis für Plastische Chirurgie sind mir immer wieder Menschen begegnet, deren Urteil über sich selbst in hohem Maße ungerechtfertigt war. Ich erinnere mich zum Beispiel an einen Patienten, einen achtzehnjährigen Jungen, der fest davon überzeugt war, ein „Schwächling" zu sein; als Beweis für diese „Wahrheit" galt ihm sein fliehendes Kinn.

Als er mich aufsuchte, war er in dem Alter, in dem er in ein College hätte eintreten müssen; er hatte jedoch keinerlei Neigung dazu. Er bildete sich ein, nichts zu taugen. Nachdem er sich durch vier langweilige Jahre in der höheren Schule gebummelt hatte, war sein Abgangszeugnis kümmerlich ausgefallen. Er hatte niemals Sport getrieben, besaß keine wirklichen Freunde, hielt sich stets abseits und verkümmerte innerlich. Was sprach dafür, daß es ihm auf dem College besser ergehen würde?

Ich war seine letzte Hoffnung. Konnte ich nicht etwas mit seinem Kinn unternehmen, das ihn so entstellte?

Mir war sofort klar, daß mit seiner Selbstauffassung etwas nicht stimmte; denn obwohl er zwar kein klassisch geformtes Kinn hatte, war es doch auch in keiner Weise anomal. Es war ein Kinn, wie man es bei Millionen von Menschen finden kann, die sicherlich kaum einen Gedanken auf diese leichte Unvollkommenheit verschwenden würden. Er aber war davon wie besessen.

Da eine Operation kaum etwas hätte ändern können, versuchte ich im Gespräch den wahren Grund für die Verzweiflung dieses jungen Mannes ausfindig zu machen. Ich fragte ihn, wann er darauf gekommen sei, daß er ein fliehendes Kinn habe, und warum er darin einen Zusammenhang mit seiner Schwäche sehe...

Nach einigen Gesprächen erfuhr ich schließlich die ganze Geschichte. Als er zehn Jahre alt war, hatte er eine Unterhaltung seiner Eltern belauscht, die glaubten, er schliefe. „Ich frage mich, wem er eigentlich ähnlich sieht", hatte sein Vater gesagt. „Das Familienkinn hat er zweifellos nicht. Ist das nicht seltsam?"

Der kleine Junge betrachtete sich am nächsten Morgen im Spiegel. Er hatte seinem Kinn bislang keinerlei Aufmerksamkeit geschenkt, aber nun war ihm der Anblick auf einmal schrecklich. Wie hatte er nur übersehen können, daß es so häßlich zurücktrat?

Er wälzte das Photoalbum der Familie und betrachtete die Bilder seiner sämtlichen Onkel, seiner Vettern und seines Großvaters. „Energische Gesichter, besonders bei den Männern", dachte er. „Keiner hat ein fliehendes Kinn! Ich bin der einzige."

Unglücklicherweise erzählte er seinen Eltern nicht, daß er ihre Unterhaltung belauscht hatte, und behielt seine Verzweiflung für sich. Im Alter von zehn Jahren betrachtete er sich bereits als Ausgestoßenen, trug heimlich und dauerhaft die Vorstellung eines abnorm fliehenden, schwächlichen Kinns als persönlichen, unstillbaren Kummer mit sich herum.

Während der Pubertät wurde seine Empfindlichkeit immer größer. Er wagte es nicht, den Leuten sein Profil zu zeigen, und war ständig bemüht, ihnen gerade ins Gesicht zu sehen. Dieses Bestreben brachte ihn in lächerliche Situationen, in denen er sich unentwegt ruhelos hin und her bewegte, damit nur niemand sein Profil sehen konnte. Natürlich blieb seine Nervosität den Leuten nicht verborgen, und man lachte über seine Verschrobenheit. Schließlich überwand er sich und sagte seinen Eltern, wie sehr er unter seinem häßlichen Kinn leide; die Eltern brachten ihn dann zu mir.

Glücklicherweise konnte ich ihm helfen: Ich sagte ihm, daß sein Kinn ganz objektiv nicht im geringsten häßlich sei und daß das, was er bislang als „Wahrheit" betrachtet habe, pure Einbildung sei. Ich ging noch weiter und versuchte ihm klarzumachen, daß er kein Schwächling sei und nur erkennen müsse, daß er nicht schwächer, unbegabter und dümmer sei als andere Menschen. Ich bat die Eltern um ihre Mithilfe. Der Vater hatte natürlich längst vergessen, daß er diese Bemerkung je gemacht hatte – damals war sie ganz beiläufig und unbefangen geäußert worden. Mutter und Vater versicherten ihrem Sohn, daß er ein gutaussehender junger Mann sei, mit einem für die Familie zwar untypischen, aber nichtsdestoweniger durchaus normalen Kinn.

Natürlich kann man sich von einer Vorstellung, die man acht Jahre lang gehegt hat, nicht über Nacht freimachen. Aber nach einigen

Wochen gelang es ihm doch – mit Hilfe seiner Eltern –, die Wahrheit über sich selbst ganz zu erfassen, und allmählich schloß er seinen Frieden mit sich.

Langsam wandelte sich seine Selbstauffassung. Er trat in ein College ein, und mit seiner wachsenden Selbstachtung wurde er schließlich ein hervorragender Student. Er studierte mehrere Sprachen, wurde ein erfolgreicher Schriftsteller, heiratete, hat inzwischen mehrere Kinder und verschwendet heute keinen Gedanken mehr an absurde, seiner Selbstauffassung nicht gemäße Vorstellungen.

Die Handlungen eines Menschen hängen also immer von dem ab, was er für wahr erachtet, was er von sich selbst und seiner Umgebung hält. Er handelt stets so, als ob seine Vorstellung die einzig mögliche sei, so fehlgeleitet sie auch sein mag.

Diese Tatsache ist durch hypnotische Experimente erhärtet worden.

Don Newcomb, der bekannte Baseballspieler, hatte zeitweilig entsetzliche Angst vorm Fliegen. Dieser stattliche Sportsmann bildete sich ein, ausgerechnet das Flugzeug, das er benutzte, werde abstürzen.

Newcomb suchte schließlich einen Hypnotiseur auf. Dieser sagte ihm nun – unter Hypnose – eindringlich, daß sein Flugzeug nicht abstürzen werde. Dann kaufte er für sich und Newcomb Tickets für einen Rundflug von New York nach Detroit und zurück. Nunmehr offenbar aufrichtig von der ihm neu eingeprägten Wahrheit überzeugt, entspannte sich Don Newcomb im Flugzeug und genoß – ohne jede Angst – den Flug.

Ein anderer Baseballspieler, Maury Wills aus Los Angeles, fing eines Tages an, sich Sorgen um seine Beine zu machen. Er glaubte Schmerzen zu fühlen, für die es jedoch keine nachweisbare Ursache gab.

Ein Hypnotiseur versetzte ihn schließlich in Trance und erklärte ihm, daß es doch wahrhaftig schlimm wäre, wenn seine Ängste seine sportlichen Fähigkeiten untergraben würden. Zu Wills' Erstaunen verschwanden danach die Schmerzen. Auf indirektem Wege hatte ihm der Hypnotiseur die Wahrheit über seine Beine vermittelt, und Wills hatte sie akzeptiert.

Im Zustand der Hypnose haben sich übrigens viele Menschen schon den seltsamsten Wahrheiten unterworfen und nach ihnen gehandelt. Suggerierte man ihnen etwa, das Wasser, das sie tranken, sei Champagner, dann wurden sie betrunken. Sagte man ihnen, es sei drückend heiß, so fingen sie an zu schwitzen; hielt man ihnen bei der gleichen Temperatur vor, es sei bitterkalt, so begannen sie zu frösteln und zogen sich wärmer an.

Ein Patient, dem im Zustand der Hypnose suggeriert wurde, er sei Frank Sinatra, langte nach einem imaginären Mikrophon und fing an zu singen, bis ihm eine andere „Wahrheit" suggeriert wurde, auf die er sich ebenfalls sofort einstellte.

Alle diese Menschen nahmen unter Hypnose bedingungslos neue Wahrheiten auf, falsche wie richtige.

Wenden wir uns nun jedoch erneut Ihnen zu: Wie sieht die Wahrheit über Sie selbst aus? Unterschätzen Sie sich, wie es die meisten Leute tun? Sind Sie vielleicht davon überzeugt, Sie seien, beispielsweise, zu mager, hätten eine zu lange Nase, seien zu dumm, würden niemals in irgendeiner Sache Erfolg haben oder hätten ganz einfach Pech? Solche „Wahrheiten" – das liegt auf der Hand – sind nicht nur negativ, sondern sie sind ganz einfach falsch. Sie sollten sich klarmachen, daß Gott sie zu einem bestimmten Zweck geschaffen hat: auf dieser Welt Gutes zu tun, für sich selbst und für andere. Sie müssen sich klarmachen, daß jeder unter Ihnen, gleichgültig, wie schmerzlich die Erfahrungen der Vergangenheit gewesen sind, in sich etwas trägt, das einmalig und positiv ist. Sie müssen begreifen, daß jeder Mensch wenigstens eine gute Seite hat, so verborgen sie auch immer sein mag.

Zu viele Menschen hypnotisieren sich – und dieses Wort ist nicht zu stark – mit falschen Auffassungen von sich selbst. Sie sind selbst Ihr schlimmster Feind; Sie untergraben sich selbst mit krittelnden „Wahrheiten", die nicht einmal Ihr schlimmster Feind von Ihnen glauben würde. Sie leiten Minderwertigkeitsgefühle von Beweisen her, die jedes faire Gericht ablehnen würde. Ihre „Wahrheit" ist keine Wahrheit; sie ist nur zu oft ein gegen Sie selbst gerichtetes Vorurteil – ungerechtfertigter, als Sie es je über einen anderen Menschen fällen würden. Sie lassen sich selbst nicht mehr Gerechtigkeit widerfahren als die aufgebrachte Menge dem unschuldigen Angeklagten, den sie ihrer Lynchjustiz unterwerfen will.

Sie sind einzigartig

Gott hat Menschen aller Arten, Menschen verschiedener Größe und Hautfarbe geschaffen; er hat jedem Menschen seine Individualität gegeben.

Sie sind einzigartig, das ist eine unumstößliche Wahrheit. In dieser Tatsache sollten Sie einen positiven Impetus sehen – und keinen Grund für Minderwertigkeitsgefühle.

Und dennoch machen sich so viele Menschen das Leben mit ihren Minderwertigkeitsgefühlen schwer und errichten sich damit selbst Hindernisse auf ihrem Weg zu Glück und Erfolg.

Natürlich ist jeder Mensch in einer bestimmten Hinsicht anderen Menschen unterlegen. Ich kann zweifellos nicht so gut Geige spielen wie Yehudi Menuhin. Und wenn ich tanze, kann ich mich wahrhaftig nicht mit Fred Astaire vergleichen; noch weniger würde ich es darauf ankommen lassen, mich mit Cassius Clay im Ring zu messen. Trotzdem bereitet es mir keine Minderwertigkeitskomplexe, wenn ich diese Unterlegenheit zugeben muß. Nicht im geringsten! Ich *will* mich mit diesen Männern gar nicht vergleichen; ich nehme mich selbst so, wie ich bin. Täglich begegnen mir Leute – ob es nun Buchhalter, Kaufleute oder Präsidenten bestimmter Körperschaften sind –, die mir in einem bestimmten Bereich überlegen sind. Na und? Diese Menschen wiederum können einem entstellten Gesicht nicht seine frühere Schönheit wiedergeben – wie ich das gelernt habe –, und es gibt bestimmt noch andere Dinge, die ich besser kann als sie. Aber das ist – umgekehrt – kein Grund, weshalb sie sich mir unterlegen fühlen sollten.

Wenn wir uns minderwertig fühlen, liegt der Grund dafür darin, daß wir uns an anderen Menschen messen und uns die absolut falsche Idee in den Kopf gesetzt haben, wir müßten sein wie dieser oder jener oder gar „wie alle anderen". Diese Auffassung ist grundverkehrt, denn schließlich setzen sich „alle anderen" wiederum aus Individuen zusammen, von denen keiner dem anderen gleicht.

Wir stapeln in uns Beweise gegen uns selbst auf, und diese Beweise gründen sich oft auf falsche Voraussetzungen.

Viele Menschen sind in ihrer Grausamkeit gegen sich selbst davon überzeugt, so minderwertig zu sein, daß sie sich selbst nicht ertragen können. Um das Leben erträglich zu machen, bemühen sie sich darum, überlegen zu sein. Sie treiben sich selbst immer wieder an und machen sich schließlich mit der Verstrickung in diesem Netz der Unwahrheit vollends elend.

Minderwertigkeit und Überlegenheit verhalten sich zueinander wie die beiden verschiedenen Seiten einer Münze – und Sie müssen sich klarmachen, daß diese Münze Falschgeld ist; denn die einfache Wahrheit ist, daß Sie keinem Ihrer Mitmenschen „unterlegen" oder „überlegen" sind.

„Sie" sind „Sie", das ist das ganze Geheimnis!

Tatsache ist, daß Sie als Persönlichkeit mit niemandem im Wettstreit liegen. Sie sind einzigartig, und Sie können niemals genauso sein und handeln wie ein anderer Mensch; und darin liegt auch Ihre Aufgabe nicht.

Mit dieser Behauptung will ich Ihnen weder etwas vormachen, noch will ich etwas beschönigen, damit Sie sich besser fühlen. Ich halte Ihnen damit *die unverfälschte Wahrheit* vor Augen. Falsch ist die negative „Wahrheit", die Sie über sich selbst mit sich herumtragen.

Sehen Sie sich in einem neuen Licht!

Vielleicht denken Sie nun: „Das ist alles gut und schön. Aber wenn meine ,Wahrheiten' über mich selbst negativ sind, sind sie es schon immer gewesen. Kann ich sie trotzdem noch ändern?"
Ja, Sie können es. Ändern Sie Ihr Denken über sich selbst! Sehen Sie sich selbst in einem neuen Licht, als ein Individuum, das keinem anderen auf der Welt gleicht. Vergessen Sie die Fehler und Mißerfolge der Vergangenheit, begraben Sie sie und denken Sie an Ihre Erfolge – gleichgültig, wie geringfügig sie auch waren. Denken Sie daran, daß Sie sich selbst gegenüber eine Verpflichtung haben: die Verpflichtung, Ihr Leben auf dieser Welt so glücklich und erfüllt wie nur möglich zu gestalten.
Glauben Sie an diese neue Wahrheit, und handeln Sie nach ihr! Entschließen Sie sich, Ihr eigener Freund zu sein und nicht Ihr eigener Feind!
Ich will nicht behaupten, daß es Ihnen leichtfallen wird, die festverwurzelten, grundlegenden Vorstellungen in sich selbst zu ändern; wenn Sie jedoch in Ihren Bemühungen nicht nachlassen, wenn Sie den Vorschlägen dieses Buches folgen und sich den praktischen Übungen unterwerfen, kann ich Ihnen versichern, daß Sie es schaffen werden. Und damit werden Sie Ihre Selbstauffassung ändern, die – im Guten wie im Schlechten – den Verlauf Ihres Lebens bestimmt.

Nutzen Sie Ihre Vorstellungskraft

Das zweite Mittel, dessen Sie sich bedienen müssen, ist ebenso wirksam wie schöpferisch, und es wird Ihnen helfen, eine wahre und erfolgreiche Selbstauffassung zu entwickeln. Dieses Mittel ist Ihre Vorstellungskraft.
Die menschliche Vorstellungskraft, die Phantasie, ist ebenso schwer faßbar wie die Empfindungen von Freude und Schmerz. Sie ist gestaltlos, und dennoch kann sie Ihr Leben gestalten.
Es ist die Vorstellungskraft, die uns zum Handeln treibt. Es ist die Vorstellungskraft, die das Ziel setzt, dem wir zustreben. Wir handeln, oder wir versäumen zu handeln; unsere Handlungen werden von unserer Phantasie gesteuert – oder von vornherein blockiert.
Wenn Sie Ihre Vorstellungskraft sinnvoll anwenden, können Sie über Ihr früheres Selbst hinauswachsen.
Konstantin Stanislawski, der große Regisseur und Mitbegründer des Moskauer „Künstlertheaters", erläuterte in seinem Buch „Das Geheim-

nis des schauspielerischen Erfolges" eine Darstellungsmethode, die sich die Vorstellungskraft des Schauspielers zunutze macht. Danach muß ein Schauspieler, der etwa einen König aus einem Shakespeare-Drama spielt, so denken, *als sei* er dieser König. Er versucht, ganz in die Persönlichkeit dieses Königs zu schlüpfen. Er steht auf der Bühne und setzt für das Publikum dieses *als ob* in lebendige Wirklichkeit um.

In der Regel sind Schauspieler zu einer solchen Wandlung fähig. Vor einigen Jahren hatte ich Gelegenheit, eine Schauspielschule zu besichtigen, in der der Direktor gerade eine neue Klasse zusammenstellte. Ich mischte mich unter eine Gruppe von Schülern, die zwanglos herumstand und einer Szene zusah, die der Direktor für zwei junge Leute ausgesucht hatte, von denen eine Akteurin bereits eine bekannte Schauspielerin war. In dieser Szene spielte sie ein junges Mädchen aus dem 16. oder 17. Jahrhundert, das wegen Hexerei angeklagt wurde. Sie identifizierte sich mit dieser Gestalt so vollkommen, daß sie mir wie die Verkörperung des Bösen erschien, als sie während der Gerichtsverhandlung drohend zum Himmel aufblickte. Plötzlich konnte ich begreifen, warum die unaufgeklärten und abergläubischen Menschen jener Zeit an etwas (in Wirklichkeit) so Absurdes wie Hexerei glauben konnten.

Es gibt Schauspieler, die ihre Vorstellungskraft so zu nutzen verstehen, daß ihr Rollenrepertoire die größten Gegensätze aufweist. Dick Powell, zum Beispiel, wechselte vom Showman zur Darstellung eines zähen und gerissenen Detektivs, und er war in beiden Rollen gleich gut. James Cagney war als gutmütiger Bursche ebenso überzeugend wie als grausamer Mörder oder als exzentrischer Kapitän eines Schiffes. Und June Allyson spielte, nachdem sie jahrelang auf süße, unschuldige Mädchen festgelegt worden war, eine geriebene Intrigantin und wirkte in dieser Rolle überzeugend. In diesem Zusammenhang fällt mir auch Geraldine Page ein, deren rauschgiftsüchtige Schauspielerin in dem Film „Sweet Bird of Youth" wahrhaftig gar nichts mit ihrer verschämten Jungfer in „Summer and Smoke" gemein hatte.

Die Anwendung der Vorstellungskraft ist jedoch keineswegs auf den Schauspieler oder andere schöpferische Künstler beschränkt.

Sie selbst nutzen sie – täglich – genauso wie diese Künstler. Sind Sie zum Beispiel beunruhigt, besorgt? Nun, dieses Gefühl wird von Ihrer Vorstellungskraft heraufbeschworen; Sie sehen sich selbst und das, was Ihnen geschehen kann.

Lassen Sie sich von Ereignissen beunruhigen, die niemals eintreten?

Viele von uns nutzen ihre Vorstellungskraft negativ: sie machen sich Sorgen. Das soll nun nicht heißen, daß Sorge nicht gelegentlich auch eine positive Funktion haben kann: sie kann Katastrophen verhindern – ja uns sogar das Leben retten. Tatsache ist jedoch, daß die Sorgen der meisten Menschen zerstörerisch wirken. Mit Sorgen blockieren sie ihre schöpferischen Kräfte, kommen niemals zur Ruhe und stellen sich ständig Ereignisse vor, die doch nie eintreten.

Ich kenne einen Geschäftsmann, dessen Vater ein starker Raucher war und vor fünf Jahren an Kehlkopfkrebs starb. Seit dem Tod seines Vaters lebt dieser Mann nun in der ständigen Angst vor Krebs. Zunächst stellte er das Rauchen ganz ein, was ihn jedoch in keiner Weise von seinen Befürchtungen befreite. Beim ersten Anzeichen einer Erkältung – oder sogar, wenn er nur eine leichte Heiserkeit verspürt – sucht er unverzüglich einen Arzt auf.

Der Gedanke an Krebs setzte sich in ihm fest. Wenn er in Zeitungen und Zeitschriften Artikel über diese Krankheit las, wurden seine Ängste noch größer, obwohl er sich bemühte, die Artikel nicht mehr zur Kenntnis zu nehmen. Bald beherrschte seine Angst sein Leben völlig, und er zog sich schließlich ganz von seinem Geschäft zurück in der Hoffnung, das würde ihm helfen, endlich Ruhe zu finden. Er sorgt sich jedoch unablässig weiter, auch jetzt noch, obwohl sein Gesundheitszustand tadellos ist.

Eine ehemalige Patientin von mir läßt sich von ihrer Vorstellungskraft Tag für Tag aufs neue quälen. Nur hat sie keineswegs nur *eine* Sorge, sondern eine Vielzahl von Sorgen! Sie fürchtet sich vor einem Herzanfall, vor nuklearen Katastrophen, vor Börsenkrächen, sie erwartet ständig, daß jemand aus ihrer Verwandtschaft sterben könnte, und widmet so das göttliche Geschenk der Vorstellungskraft ausschließlich negativen Aspekten des Lebens.

Natürlich geschehen uns gelegentlich traurige Dinge, widerfährt uns im Lauf unseres Lebens das eine oder andere Unglück. Wenn ich sage, „Ereignisse, die nie eintreten", so meine ich dieses „nie" nicht buchstäblich. Aber Menschen, die sich ständig sorgen, stellen sich Dinge vor, die – um genau zu sein – *selten* eintreffen. Und die Sorge schadet ihnen viel mehr, als sie ihnen je nützen könnte.

Wie stellen Sie es an, eine Gehaltserhöhung zu erwirken?

Stellen Sie sich eine ganz alltägliche Situation vor und prüfen Sie, wie Sie Ihre Vorstellungskraft – positiv und negativ – anwenden und wie in beiden Fällen das Ergebnis aussehen würde.

Sie arbeiten in einem Büro. Diese Stellung haben Sie bereits seit zwei Jahren, und Sie meinen, es sei nun Zeit für eine Gehaltserhöhung. Sie sind davon überzeugt, daß Ihre Forderung berechtigt ist, da Sie in diesen beiden Jahren gute Arbeit geleistet haben. Vielleicht hat sich bei Ihnen inzwischen auch Nachwuchs eingestellt, und Sie brauchen daher mehr Geld.

Aber wenn Sie an die Reaktion des Chefs denken, fühlen Sie sich entmutigt. Sie stellen sich die bevorstehende Unterredung mit Ihrem Chef vor: Sie werden schüchtern an die Tür zu seinem Büro klopfen (denn Sie haben sich eigentlich immer ein bißchen vor ihm gefürchtet) und treten ein. Er telephoniert gerade und unterschreibt gleichzeitig ein paar Briefe. Sie setzen sich also und warten, bis er mit seinem Telephongespräch fertig ist. Sie rutschen unruhig auf Ihrem Stuhl herum und fragen sich, ob es wirklich eine so gute Idee war, schon jetzt um eine Gehaltserhöhung zu bitten – schließlich könnten Sie auch noch sechs Monate warten, oder nicht? Und außerdem: er ist so beschäftigt. Sie wissen nicht, was Sie zuerst sagen sollen. Vielleicht wird er sich ärgern, wenn Sie gleich mit der Tür ins Haus fallen. Vielleicht wäre es also besser, wenn Sie zunächst ein anderes, neutrales Thema anschneiden würden oder . . .

Lassen wir's damit genug sein: Meinen Sie ernstlich, Sie würden mit dieser Einstellung die Gehaltserhöhung bekommen? Ich bezweifle es. Sie sehen sich selbst erfolglos, weil Ihre Vorstellungskraft Sie in die Irre geführt hat; und so wird Ihnen wahrscheinlich auch kein Erfolg beschieden sein.

Lassen Sie uns nun Ihre Vorstellungskraft noch einmal anwenden, diesmal jedoch zu Ihrem Vorteil.

Stellen wir uns die Situation noch einmal vor: Sie klopfen an die Tür zum Büro Ihres Chefs. Sie werden zwar nicht in das Zimmer hineinstürmen, aber Sie fühlen sich auch nicht schüchtern, da Sie um eine Gehaltserhöhung bitten, die Sie vollauf verdient haben. Sie gehen sicher und entschlossen auf den Schreibtisch Ihres Chefs zu, nehmen Platz und warten, bis der Chef das Telephongespräch beendet hat. Ohne Umschweife tragen Sie ihm Ihren Wunsch vor, da Sie – ebenso wie er – genau wissen, daß Sie jeden Pfennig wert sind, den Sie verlangen. Sie sind davon überzeugt, daß Sie das erreichen, was Sie sich vorgenommen haben – nämlich Ihre Gehaltserhöhung.

Meinen Sie, daß Sie sie jetzt bekommen? Ich bin dessen sicher, denn Sie benutzen Ihre Vorstellungskraft, um Ihre Selbstauffassung zu heben. Sie setzen auf sich selbst.

Ich kenne Menschen, die ihre Vorstellungskraft dazu genutzt haben, Chancen wahrzunehmen, die andere Leute völlig übersahen. Ich erinnere mich zum Beispiel an einen Mann, der weder studiert noch eine besondere Ausbildung genossen hatte und der vor 25 oder 30 Jahren in New

York einige kleine Sandsteinhäuser aufkaufte, die etwa eine halbe Meile vom Central Park entfernt in einer noch unentwickelten Gegend lagen. Er war damals nicht wohlhabend, sondern hatte sich das Geld für diesen Besitz mühsam zusammengespart.

Damals wurde er wegen des Kaufs allenthalben ausgelacht, und die Leute hielten ihn für einen Dummkopf. In Wirklichkeit jedoch war er schlauer als sie: er hatte Weitblick. Er sah voraus, daß diese Gegend eines Tages attraktiver werden würde und daß der Wert des Bodens in der Nähe des Central Parks erheblich im Wert steigen würde. Heute ist er Millionär, und die Leute bezeichnen ihn als genialen Geschäftsmann. Sein Genie bestand jedoch lediglich darin, daß er seiner Vorstellungskraft vertraute.

Wenn ich selbst heute ein bekannter Facharzt für Plastische Chirurgie bin, dann allein deshalb, weil ich meine Vorstellungskraft nutzte und mir unbeirrbar eigene Ziele setzte. Als ich vor mehr als 30 Jahren mit dem Studium der Medizin begann und erklärte, ich interessiere mich für Plastische Chirurgie, lachte man mich aus. Damals war dieses Gebiet der Medizin noch wenig erschlossen. „Wo wollen Sie denn überhaupt studieren?" fragte man mich.

Meine Mutter war nachgerade verzweifelt. Es war ihr größter Wunsch, daß ich praktischer Arzt würde; ich sollte zunächst als Assistent in die Praxis unseres Hausarztes eintreten und mir dann selbst eine sichere, gutgehende Praxis aufbauen.

Ich hatte mein Ziel jedoch fest ins Auge gefaßt und mir bereits einen genauen Plan ausgedacht, wie ich anderen Menschen auf dem Gebiet der Plastischen Chirurgie helfen, wie ich ihre Gesichter wiederherstellen oder verschönern würde, um ihnen ein neues Lebensgefühl zu geben. Ich versicherte meiner Mutter, ich wisse, was ich tue, und setzte alles daran, mein Ziel zu erreichen.

Ich studierte in Paris, Berlin, Wien und London, wo man bereits während des Ersten Weltkrieges Methoden der Plastischen Chirurgie angewendet hatte. Dann kehrte ich nach Hause zurück und eröffnete meine eigene Praxis. Mir wurde von allen Seiten nur Mißerfolg prophezeit.

Ich war jedoch nach wie vor davon überzeugt, daß viele Menschen einen Facharzt für Plastische Chirurgie brauchen, und behielt recht. Der erste Monat meiner Tätigkeit war zwar schwierig, aber dann wuchs die Zahl meiner Patienten ständig.

Der Weg in ein neues Leben

„Wie steht es nun mit mir?" werden Sie vielleicht fragen. „Was kann ich tun?"

Sie können eine Menge tun. Ich werde Ihnen zeigen, wie Sie Ihre Vorstellungskraft zu Ihrem Freund machen können, um Ihre Selbstauffassung zu verbessern und ein neues Leben zu beginnen. „Neu" sage ich deshalb, weil viele von uns das Leben im Grunde bereits aufgegeben haben; ihre Vorstellungskraft hat sie im Stich gelassen.

Napoleon hat einmal gesagt: „Die Menschheit wird von ihrer Vorstellungskraft beherrscht."

Viele Menschen jedoch unterwerfen sich einer grausamen Herrschaft ihrer Vorstellungskraft, die in ihnen Versagen und Unglück heraufbeschwört.

„... die Vorstellungskraft jedoch ist sich einer unzerstörbaren Herrschaft bewußt", schrieb der große englische Dichter William Wordsworth.

Das ist wahr; aber wird die Herrschaft Ihrer Vorstellungskraft Sie zu Erfolg oder Versagen führen, zu Glück oder Elend? Mit Hilfe dieses Buches werden Sie lernen, Ihre Vorstellungskraft als Instrument des Glücks, als Grundlage einer gesunden Selbstauffassung zu nutzen.

Unsere neue Erkenntnis, daß unser Verhalten von unserer Selbstauffassung und unseren Überzeugungen getragen wird, gibt uns ein wirksames Mittel, unsere Persönlichkeit zu ändern. Sie weist uns den Weg zum guten Leben.

Denn Sie fühlen und handeln auf Grund der Vorstellungen, die Ihr Geist über die Dinge hegt und die von der Wirklichkeit abweichen können. Mehr noch: wenn auch unsere Selbstauffassung verzerrt ist, wird unsere Reaktion auf die Umwelt doppelt unrealistisch sein.

Wenn wir uns vorstellen, wie wir in einer bestimmten Situation reagieren werden, so entspricht das fast einer realen Situation. Geistige Übungen dieser Art helfen uns, im wirklichen Leben richtiger zu handeln.

Ein Psychologe konnte an Hand kontrollierter Experimente beweisen, daß geistige Übungen Versuchspersonen in die Lage versetzten, mit Wurfspeeren ein bestimmtes Ziel genau zu treffen. Die Versuchspersonen hatten täglich vor diesem Ziel gesessen und sich vorgestellt, Speere auf die Scheibe zu werfen; das verbesserte ihre Zielgenauigkeit so sehr, als ob sie seit langem täglich geübt hätten.

Zum Beispiel wenden Golfspieler diese Technik an. Wenn Sie jemals Gelegenheit haben, einem Golfturnier im Fernsehen zuzusehen, achten Sie einmal darauf, wie mancher Spieler seinen Schlag zunächst ohne Ball ausführt, wobei er sich seine ganze Aktion vorstellt, bevor er den Ball wirklich schlägt.

Auch Schattenboxen ist ein klassisches Beispiel für die Anwendung der Vorstellungskraft; so bereiten sich die Boxer auf einen Kampf im Ring vor.

Wie können Ihnen nun diese Beispiele helfen? Auch Sie können „schattenboxen", und zwar in Bereichen, die für Sie wichtig sind. Ich habe Ihnen an dem Beispiel der Gehaltserhöhung bereits die Technik der geistigen Übung demonstriert. Der Mann, der seine Gehaltserhöhung vermutlich bekommen hat, sah sich selbst gelassen und tüchtig und stellte sich vor, wie sein Chef auf die Integrität seiner Selbstauffassung reagieren mußte.

Diese Technik können auch Sie sich zunutze machen; mit ihr können Sie Ihre positiven Eigenschaften stärker entwickeln. Sie können das werden, was Sie sein wollen, und sich selbst in einer neuen Rolle sehen. Sie können Ihre Persönlichkeit ändern, wenn Sie Ihre Selbstauffassung neu ausrichten und stärken.

Eines muß jedoch von vornherein klargestellt werden: Das Ziel der Lehre von der Selbstauffassung kann nicht die Entwicklung eines fiktiven, allmächtigen Selbst bedeuten. Eine übersteigerte Selbstauffassung ist genauso falsch wie eine unterentwickelte Selbstauffassung. Unser Ziel heißt: das Beste zu finden, das wir in uns tragen, und es zu entwickeln. Warum sollten Sie weiterhin Ihr Licht unter den Scheffel stellen?

Ihr Erfolgsmechanismus

Ihre Vorstellungskraft ist deshalb von so großer Wichtigkeit, weil sie gleichsam wie ein Hebel Ihren Erfolgsmechanismus in Gang setzen kann, diesen großen schöpferischen Mechanismus in Ihnen, der Ihren Erfolg im Leben auslöst. Ich habe diesen Mechanismus ausführlich in meinem Buch *Psycho-Kybernetik* geschildert.

Die Kybernetik hat uns zu der Erkenntnis verholfen, daß das sogenannte „Unterbewußtsein" nicht geistig bestimmt ist; es handelt sich um einen Servo-Mechanismus, der aus dem Geist und dem Nervensystem besteht, das der Geist lenkt. Grundsätzlich funktioniert dieser Mechanismus wie ein elektronischer Servo-Mechanismus, ist jedoch bewunderungswürdiger als jedes vom Menschen erfundene Elektronengehirn.

Dieser innere Mechanismus ist neutral. Er treibt Sie automatisch den Zielen zu, die Sie sich und ihm gesetzt haben. Prägen Sie ihm Erfolgsziele ein, arbeitet er als „Erfolgsmechanismus". Prägen Sie ihm jedoch Unsicherheit und Zweifel ein, so arbeitet er als „Versagermechanismus".

Wie jedem Servo-Mechanismus muß ihm ein eindeutig definiertes Ziel gesetzt werden, dem er zustreben soll.

Unser automatischer Mechanismus sucht stets die Zielsetzungen aufzunehmen, die ihm in Form von bildhaften Vorstellungen zugeführt werden, Bilder, die wir durch die Anwendung unserer Vorstellungskraft produzieren.

Die umfassendste Zielvorstellung ist unsere Selbstauffassung, die die Grenzen unserer Fähigkeiten, die uns gemäßen Bereiche definiert.

Da dieser schöpferische Mechanismus stets auf Grund der ihm zugeleiteten Informationen arbeitet, werden die Ergebnisse bis zu einem gewissen Grad durch unsere Überzeugungen und unsere bildhaften Vorstellungen vorherbestimmt.

Wenn wir also diesen automatischen Mechanismus mit Informationen über unsere Minderwertigkeit füttern, wird er diese Anweisung aufnehmen und – da er nun als „Versagermechanismus" arbeitet – in objektive Erfahrung umsetzen.

Um Ihre Entschlossenheit, Ihrem Leben einen glücklicheren Verlauf zu geben, zu verstärken, müssen Sie vor allem lernen, Ihren schöpferischen Mechanismus als Erfolgsmechanismus zu nutzen. Sie müssen eine neue Art des Denkens und der Vorstellung entwickeln, so daß Sie sich schließlich eine starke, an der Wirklichkeit orientierte Selbstauffassung schaffen, die Ihrem Erfolgsmechanismus Nahrung gibt und Sie auf den Weg des Glücks führt.

In der ersten praktischen Übung dieses Kapitels (und in allen folgenden Kapiteln) werde ich Ihnen zeigen, wie Sie mit Ihrer Vorstellungskraft Ihre Selbstauffassung neu orientieren, wie Sie Ihren Bestrebungen neuen Auftrieb geben und dem Leben mit heiterer Gelassenheit begegnen können. Ich werde Ihnen zeigen, wie Sie mit Ihrer Vorstellungskraft die Erfolge der Vergangenheit – nicht Ihr Versagen – neu beleben und diese erfolgsbetonte Selbstauffassung auf Ihre zukünftige berufliche Arbeit übertragen können, die die Grundlage eines erfüllten Lebens ist.

1. praktische Übung: Systematischer Aufbau einer neuen Selbstauffassung

Ihre gegenwärtige Selbstauffassung ist aus Vorstellungen entstanden, die Sie in der Vergangenheit von sich selbst hegten, Vorstellungen, die durch die Einschätzung Ihrer Lebenserfahrungen geweckt wurden. Wir werden uns nun gemeinsam die Funktion Ihrer Vorstellungskraft zunutze machen und Ihre neue, gesunde Selbstauffassung aufbauen.

Lassen Sie mich jedoch noch einmal vorausschicken, daß sich ein Wandel nicht ohne Ihr Zutun einstellen kann! Sie müssen hart an sich arbeiten, um eines Tages beglückende Ergebnisse zu erzielen.

Sie müssen bereit sein, sich jeden Tag die für diese Übung notwendige Zeit zu nehmen, genauso wie für die anderen Übungen dieses

Buches. (Ich würde pro Tag etwa eine Stunde für angemessen halten.) Sie müssen sich zwar nicht sklavisch an einen Stundenplan halten; erziehen Sie sich aber dazu, daß Sie sich doch an neun von zehn Tagen jeweils eine Stunde diesen Übungen widmen – bis Sie die Ergebnisse erzielt haben, die Sie wünschen. Wenn Ihnen an einer neuen, besseren Selbstauffassung gelegen ist – und Ihnen sollte daran gelegen sein –, werden Sie auch die Zeit zu diesem Training finden.

Setzen oder legen Sie sich irgendwo hin, wo es friedlich und ruhig ist, und entspannen Sie sich. Dann schließen Sie die Augen und konzentrieren Sie sich ganz auf Ihre Vorstellungskraft.

Und nun sehen Sie sich so, wie Sie sein wollen. Stellen Sie sich vor, daß Sie – ich komme auf dieses Bild zurück – auf eine Filmleinwand blicken und einen Film über sich selbst sehen. Sehen Sie sich selbst in einer problematischen Situation – und zwar so, wie Sie in Ihren besten Augenblicken eine solche Situation gemeistert haben. Natürlich sind diese Vorstellungen individuell verschieden, und darum kann ich Ihnen hier nicht vorschreiben, auf welchen Bereich Sie sich konzentrieren sollen. Aber ich kann Ihnen einige fiktive Beispiele geben, nach denen Sie sich richten können.

Nehmen Sie an, Sie sind eine junge Frau, ledig, etwa 22 Jahre alt, und Sie haben gerade Ihre Stellung als Stenotypistin aufgegeben, da sie Ihnen nicht gefiel. Sie möchten gern als Privatsekretärin arbeiten, und Sie wissen, daß Sie sich in einer solchen Stellung bewähren würden.

Ihr Problem liegt darin, daß Sie sich stets nervös und gehemmt fühlen, wenn Sie einen Vorstellungsbesuch machen müssen. Jedesmal, wenn Sie nach einer Stellung gesucht haben, erwies sich Ihre Selbstauffassung also als äußerst labil.

Nein, das stimmt nicht ganz: Einmal war es anders – damals, als Sie sechzehn Jahre alt waren und sich um die Stellung einer Badeaufseherin in einem Ferienlager für Mädchen an der See bewarben. An diesem Tag fühlten Sie sich gut. Großartig! Stellen Sie sich genau vor, wie die Unterhaltung verlief, als Sie sich um die Stelle bewarben, *sehen und fühlen Sie in Ihrer Phantasie jede Einzelheit*.

Sie betraten das Bürogebäude, und Ihre hohen Absätze klapperten auf dem Steinfußboden der Vorhalle. Das Verwaltungsbüro dieses Ferienlagers lag im 13. Stock, und es amüsierte Sie, daß die Leute offenbar nicht im geringsten abergläubisch waren. Sie lächelten dem Liftboy zu, und er sagte: „Guten Morgen."

Obwohl das Verwaltungsbüro überraschend klein war, fühlten Sie sich nicht beengt. Sie setzten sich auf einen Stuhl und strichen Ihren

Rock glatt. Sie trugen Ihr schwarzes Kleid mit den goldenen Knöpfen, und Ihr frisch gewaschenes Haar glänzte. Sie hatten das Gefühl, hübsch auszusehen, und diese Unterredung machte Ihnen überhaupt nichts aus – Sie fühlten sich an diesem Tag viel zu gut. Der Herr, der das Ferienlager organisierte, saß auf einem lederbezogenen Drehstuhl, und er schien Ihnen sogleich freundlich gesinnt – weil Sie selbst freundlich gestimmt waren.

Bleiben Sie bei dieser Vorstellung, vergegenwärtigen Sie sich die Szene in allen Einzelheiten und empfinden Sie noch einmal das Selbstvertrauen, das Sie während dieser Unterredung erfüllte. Vergegenwärtigen Sie sich alles: den Mahagonischreibtisch, die Brille Ihres Gesprächspartners – bis dieser Erfolg aus der Vergangenheit zu einem Teil Ihrer selbst geworden ist und Sie nach ihm handeln können, bis Sie Ihre Angst vor persönlichen Bewerbungen vergessen haben, bis dieses neue Selbstvertrauen Teil einer wachsenden Selbstauffassung geworden ist.

Dieses Beispiel habe ich konstruiert, um Ihnen ganz allgemein zu zeigen, was ich meine und wie Sie vorgehen sollen. Nun wenden Sie diese wirksame Methode auf Ihren eigenen akuten Fall an.

Vielleicht sind Sie ein Mann in den Sechzigern. Sie arbeiten nicht mehr. Sie widmen einen großen Teil Ihrer Zeit der ehrenamtlichen Gemeindearbeit. Es macht Ihnen Spaß, den verschiedensten Organisationen anzugehören, aber sobald Sie an öffentlichen Diskussionen teilnehmen sollen, haben Sie das Gefühl, Sie könnten nicht so reden, wie Sie es gern wollen. Statt dessen verkriechen Sie sich in sich selbst vor lauter Angst, Mittelpunkt des allgemeinen Interesses zu sein. Dennoch, vor zehn Jahren waren Sie einmal ganz anders aufgetreten . . .

Vielleicht sind Sie ein junger Mann, Anfang Dreißig, haben eine Familie, für die Sie sorgen. Sie spielen gern Tennis, fühlen sich jedoch schüchtern und unbeholfen, sobald Sie den Tennisplatz betreten. Haben Sie das Match vergessen, das Sie – damals in prächtiger Form – gegen Frank gewonnen haben? . . .

Vielleicht sind Sie eine Frau – etwa fünfzig Jahre alt. Ihre Kinder sind erwachsen und verheiratet, und wenn Sie mit ihnen zusammen sind, fühlen Sie sich wie eine Fremde, unfähig, ihre Welt zu verstehen, unfähig, ihnen auf halbem Wege entgegenzukommen. Aber: erinnern Sie sich nicht mehr an das herzliche und aufrichtige Gespräch mit Ihrer Schwiegertochter vor sechs Monaten, bevor Sie sich beide wieder voneinander zurückzogen? . . .

Nur Sie selbst kennen Ihre problematischen Situationen. Während dieser Übungen müssen Sie sich auf Ihr Grundproblem konzentrieren.

Sagen Sie sich: *Ich sehe mich selbst, wie in einem Film, diese Situation so meistern, wie ich sie gern meistern würde.* Sie haben Erfolg, und Sie erleben diesen Erfolg in Ihrer Vorstellung immer wieder. Indem Sie in Ihrer Vorstellung Ihr Handeln und Ihre Reaktionen in einer schwierigen Situation unbeirrt wiederholen, setzen Sie Ihren Erfolgsmechanismus in Gang. Wie Sie gestern gehandelt haben, ist unwesentlich; auch wie Sie morgen handeln werden, ist unwesentlich. Sehen Sie sich selbst erfolgreich; geben Sie dieser Vorstellung immer wieder neue Nahrung. Stellen Sie sich die Gefühle vor, die Sie erfüllen, wenn Sie der Mensch werden, der Sie sein wollen. Wenn bestimmte Situationen Sie früher geängstigt haben, stellen Sie sich vor, Sie meistern gerade diese Situationen; wachsen Sie so über Ihre Hemmungen hinaus und überwinden Sie die Angst vor dem Versagen!

Die Macht Ihrer Phantasie ist so gewaltig, daß Sie möglicherweise lange Zeit brauchen, bis Sie sie ganz erfaßt haben. Aber im Lauf der Zeit, während Sie Ihre Vorstellungskraft positiv anwenden und Ihrem Erfolgsmechanismus bewußt Informationen zuführen, werden Sie eines Tages überrascht entdecken, daß Ihr neues Bild von sich selbst Wirklichkeit wird. Sie gehen mit mehr Selbstvertrauen durchs Leben, Sie handeln, wie Sie früher niemals handeln konnten. Ihre Selbstauffassung festigt sich von Tag zu Tag.

3. Kapitel

Die geheime Kraft der Entspannung

„Ach, was ist segensreicher, als die Sorge zu vergessen, wenn der Geist sich seiner Last entledigt und wir, von langer Reise ermüdet, heimkehren und auf dem Lager ruhen, nach dem wir uns gesehnt haben?" Diese Zeilen schrieb vor rund zweitausend Jahren der römische Dichter Catull.

Heute jedoch scheint der Mensch die Fähigkeit der Entspannung verlernt zu haben; sie ist zu einer Kunst geworden, die nur die wenigsten Menschen beherrschen. Ist die Menschheit dem Getriebe der modernen Zivilisation, dem immer schnelleren Tempo des wissenschaftlichen und technischen Fortschritts überhaupt noch gewachsen?

Zweifellos sind die heutigen Lebensbedingungen nicht ideal, aber bedenken Sie folgendes: Gott schuf den Menschen, damit er sich seines Lebens freue, und nicht, damit er sich in endlosen Ängsten vergräbt. Wir sollen die Welt in Frieden genießen und nicht in ratloser Verwirrung durchs Leben taumeln.

Man hat unsere Zeit einmal als „Zeitalter der Angst" bezeichnet. Und es gibt Menschen, die den Vorzug, in unserer Zeit zu leben, mit dem Preis von Angst, Schlaflosigkeit und nervösen Erkrankungen bezahlt haben.

Dieser Preis muß jedoch nicht sein. In diesem Kapitel werde ich Ihnen einige Hinweise geben, wie Sie sich entspannen und mit sich selbst in Frieden leben können, gleichgültig, ob sich Ihren Augen eine friedliche, ländliche Landschaft bietet oder ob Sie in einem überfüllten Büro arbeiten. Am Ende des Kapitels werden Sie eine praktische Übung skizziert finden, die Ihnen helfen soll, sich zu entspannen; ich werde Ihnen zeigen, wie Sie innere Ruhe erlangen können – wie immer auch die Situation aussieht, in der Sie sich befinden.

Machen Sie sich das Leben nicht so schwer!

Der moderne Mensch plagt sich viel zu sehr, er treibt sich unbarmherzig an. Er jagt jeder Möglichkeit nach, Geld und noch mehr Geld zu verdienen, übertreibt seine Anstrengungen, mehr zu leisten und seine Minderwertigkeitsgefühle zu überwinden. Allzuoft rechtfertigt das Ergebnis die Mittel in keiner Weise, und sicher kann ihn materieller Wohlstand nicht für den Verlust seiner Gesundheit entschädigen.

Täglich begegnen uns offenkundig von Angst und Sorge getriebene Menschen. Andere wiederum wirken zwar entspannt, sind aber doch nur Meister in der Kunst der Verstellung.

Wie steht es nun mit dem materiellen Erfolg? Ist er wirklich einen zu hohen Blutdruck wert? Hat es einen Sinn, ihm die Gesundheit zu opfern?

Heutzutage leiden mehr Menschen an nervösen Spannungen als an einer ganz gewöhnlichen Erkältung. Ein ruhiger, ausgeglichener Mensch begegnet uns nur ganz selten. Nervöse Spannungen können den Menschen unter Umständen mehr quälen und ihm mehr schaden als alle Krankheiten, vor denen wir uns fürchten – wie etwa Herz- und Kreislaufkrankheiten.

Es liegt auf der Hand: Wenn starke Anspannung zu Krankheiten führt, kann bewußte Entspannung auch die Gesundheit wiederherstellen.

Anerkannte Fachleute auf dem Gebiet der Inneren Medizin sehen in der Entspannung eine wesentliche Voraussetzung für die Heilung bestimmter Herzkrankheiten. Für die Behandlung von Herzkrankheiten bei Patienten, die starken beruflichen Belastungen ausgesetzt sind, ist die Entspannung unerläßlich.

Auf dem Gebiet der psychosomatischen Medizin ist man schon lange zu dem Ergebnis gekommen, daß zwischen psychischer und physischer Gesundheit – oder Krankheit – ein sehr enger Zusammenhang besteht.

Mein Interesse gilt in diesem Buch jedoch naturgemäß nicht in erster Linie physischen Krankheiten. Ich möchte Ihnen – ich wiederhole es – demonstrieren, wie Sie ein gutes Einvernehmen mit sich selbst herstellen und wie Sie so Ihre Selbstauffassung ändern und Ihr Leben mehr genießen können. In diesem Kapitel werde ich Ihnen zeigen, wie Sie sich bewußt entspannen können.

Warum fangen Sie nicht sofort damit an? Wenn Sie gerade in einem Sessel sitzen, nervös mit den Füßen wippen und die Stirn runzeln, entspannen Sie sich nun, lehnen Sie sich zurück, hören Sie auf, sorgenvoll zu grübeln, während ich Ihnen die Geschichte eines Freundes erzähle, den ich seit Jahren kenne.

Er ist Geschäftsmann und hat es zu einem Vermögen gebracht. Er hat Millionen verdient und einen Teil davon sicher angelegt. Er scheint jedoch nie – und ich habe ihn Hunderte von Malen beobachten können – entspannt zu sein.

Und nun versuchen Sie – entspannt in Ihren Sessel zurückgelehnt – die Szene, die ich Ihnen schildern werde, in Ihrer Phantasie mitzuerleben. Sehen Sie sie vor sich – mit eigenen Augen!

Mein Freund ist gerade nach Hause gekommen und betritt sein Eßzimmer. Es ist mit kostbaren Mahagonimöbeln eingerichtet und enthält eine lange Tafel mit sechs Stühlen; aber mein Freund hat keinen Blick für diesen schönen Raum. Er setzt sich, steht aber sofort wieder auf und wandert ruhelos durchs Zimmer. Geistesabwesend trommelt er mit den Fingern auf den Tisch und stolpert fast über einen Stuhl. Seine Frau tritt ein und setzt sich an die Tafel, nachdem er sie mit einem mechanischen „'n Abend" begrüßt hat. Er trommelt erneut auf die Tischplatte, bis der Diener das Essen aufträgt, das er hinunterschlingt, so schnell er nur kann.

Das Abendessen ist vorüber, er steht hastig auf und geht ins Wohnzimmer. Es ist ein erlesen schöner Raum mit eleganten Polstermöbeln, großen Teppichen und kostbaren Gemälden. Mein Freund wirft sich nun in einen Sessel, greift nach einer Zeitung, die er mit nervösen Bewegungen durchblättert. Er überfliegt die Schlagzeilen, wirft die Zeitung schließlich zu Boden und greift nach einer Zigarre. Er beißt die Spitze ab, zündet die Zigarre an, macht zwei Züge und läßt sie im Aschenbecher verglimmen ...

Er kann einfach nicht zu sich selbst finden. Plötzlich springt er auf, geht zum Fernsehapparat und schaltet ihn ein. Als das Bild kommt, schaltet er den Apparat ungeduldig wieder aus. Schließlich rafft er sich auf, geht zur Garderobe in der Vorhalle, nimmt Hut und Mantel und verläßt das Haus, um einen Spaziergang zu machen.

Diese Szene hat sich im Tageslauf meines Freundes Hunderte von Malen wiederholt. (Ich habe ihn oft genug so erlebt.) Trotz all seiner Erfolge hat er nie lernen können, sich zu entspannen. Er ist wie ein aufgeladener Dynamo und bringt Abend für Abend die Anspannung seiner beruflichen Tätigkeit aus dem Büro mit nach Hause.

Finanzielle oder geschäftliche Sorgen hat er nicht. Sein Haus ist der Traum eines jeden Innenarchitekten; er besitzt zwei Autos, seine Dienstboten lesen ihm jeden Wunsch von den Augen ab – aber entspannen kann er sich trotz dieser komfortablen Lebensbedingungen nicht. In die Jagd nach Erfolg und Prestige hat er seine ganze Kraft investiert und sich selbst damit zugrunde gerichtet.

Stellen Sie sich nun vor, dieser Mann unterhält sich mit einem Freund, der ihm helfen will. Diese Unterhaltung könnte etwa so aussehen:

Freund: Wer bist du?

Er: Was soll das? Du weißt genau, wer ich bin. Ich bin X.

Freund: Ist das alles? Nur ein Name?

Er: Bist du verrückt? Ich bin Leiter der Y-Gesellschaft, ja, ich beherrsche einen ganzen Industriezweig!

Freund: Natürlich, das weiß ich, aber dafür versagst du auf einem
anderen Gebiet völlig – und zwar dir selbst gegenüber. Du hast
vergessen, wer du bist, daß du aus Aktiva und Passiva bestehst.

Er: Wem sagst du das! Meinst du, ich wüßte das nicht?

Freund: Du verstehst mich überhaupt nicht. Ich spreche nicht vom Geschäft, sondern von anderen Passiva. Von deiner Existenz als
Mensch. Du bringst dir selbst weder Achtung noch Verständnis, noch Mitleid entgegen. Du investierst Unsummen in Forschungen, um die Produktion deiner Fabriken zu verbessern,
aber du verschwendest nicht einen Gedanken daran, was du
dir selbst, deiner Persönlichkeit, schuldest. Ist denn Geld alles?
Kannst du dich nicht auch für dich selbst interessieren? Wie
wäre es, wenn du dir selbst, deiner Selbstauffassung etwas
Mitleid entgegenbrächtest? Gib ihr die Entspannung, die sie
braucht! Kannst du dir nicht selbst genug sein, statt nur auf
Mittel und Wege zu sinnen, andere zu übertreffen?

Er: Ich weiß, was ich von mir zu halten habe. Ich...

Freund: Nein, das weißt du nicht! Du gefällst dir in der Rolle des Ge-
schäftsmannes, nicht als Mensch. Wenn du nicht arbeitest,
weißt du nicht, was du mit dir anfangen sollst. Warum mußt
du immer andere übertreffen, statt dich einmal auf dich selbst
zu beschränken? Finde dich selbst! Nur so wird es dir jemals
gelingen, ruhig zu werden und dich zu entspannen. Du mußt
herausfinden, wer du in Wirklichkeit bist, und an dir selbst
arbeiten, um deiner Persönlichkeit zu ihrem Recht zu verhelfen.

Vielleicht hat dieser Freund ihm helfen können, vielleicht hat ihn sein
Rat zur Einsicht und auf den richtigen Weg gebracht. Aber wie steht es
mit Ihnen? Können Sie sich selbst helfen, können Sie selbst die Voraussetzungen für eine Entspannung schaffen?

Oder wenden Sie ein: „Ihr Freund hat schließlich seine Existenz und
Geld genug, so daß er wahrhaftig keinen Grund hat, sich solchen Spannungen auszusetzen. Aber ich habe nichts, keinerlei Sicherheit."

Das ist unwichtig. Sie, auch Sie, können sich entspannen. Voraussetzung dafür ist, daß Sie Ihr Bestes geben und sich selbst als die Persönlichkeit akzeptieren, die Sie in Wirklichkeit sind, und Ihre Grenzen
anerkennen. Hören Sie auf, sich selbst zu bestrafen! Haben Sie doch
Mitleid mit sich selbst! Sehen Sie Ihre Stärken ebenso wie Ihre Schwächen. *Sehen Sie sich selbst so, wie Sie sind, als menschliches Wesen mit
einzigartigen, individuellen Eigenschaften. Sehen Sie sich selbst in einem
freundlicheren Licht, und diese mildere Selbstauffassung wird Ihr Ver-*

hältnis zu anderen Menschen entkrampfen und schließlich zu einer freundlicheren Anerkennung Ihrer Persönlichkeit führen.

Wenn Sie ein bestimmtes Problem anpacken, geben Sie Ihr Bestes, Ihr Allerbestes. Wenn Sie Ihr Ziel erreichen – großartig! Wenn nicht – und Sie haben Ihr Möglichstes getan –, geben Sie sich den kleinen, vernünftigen Rat: daß Sie nicht mehr tun konnten! Machen Sie einen Spaziergang, gehen Sie ins Kino, schlafen Sie – kurz: entspannen Sie sich, lösen Sie sich von der bewußten Verantwortung für das Ergebnis.

Sie werden mit Überraschung registrieren, daß die Antwort, die Lösung, um die Sie gerungen haben, plötzlich wie aus dem Nichts zu kommen scheint, während Sie irgendeine ganz andere Arbeit tun oder an etwas völlig anderes denken.

Natürlich soll sich ein intelligenter Mensch seine Ziele setzen, alle Maßnahmen treffen, um sie zu erreichen, und ernsthaft und zielstrebig arbeiten. Ich behaupte nicht, daß Ihnen ein Zauber zu Hilfe kommen wird. Wenn Sie jedoch die Grenzen Ihrer Leistungsfähigkeit erreicht haben und immer noch nicht dort stehen, wo Sie stehen wollen, lernen Sie, eine solche Situation leichtzunehmen. Lernen Sie, sich zu entspannen, und behandeln Sie sich selbst wie ein menschliches Wesen, das sich seines Lebens freuen soll. Ihre Vorstellungskraft braucht in solchen Augenblicken eine Pause, wenn Sie sie sich als guten Freund erhalten wollen.

Lassen Sie die Vergangenheit ruhen

„... auf daß ihnen ihre Sünden vergeben werden." (Mark. 4, 12) „Vater, vergib ihnen, denn sie wissen nicht, was sie tun." (Luk. 23, 34)

Diese Bibelzitate machen deutlich, wie wichtig die Vergebung ist – Vergebung, die Sie sich selbst und anderen gewähren. Sie können sich nicht entspannen und mit sich selbst in Frieden leben, wenn Sie ständig Groll mit sich herumtragen.

Man täuscht sich häufig über den Charakter der Vergebung, und einer der Gründe, warum ihr therapeutischer Wert noch immer keine volle Anerkennung gefunden hat, liegt in der Tatsache, daß aufrichtige Vergebung etwas sehr Seltenes ist. Zwar hat man uns gelehrt, wir seien „gut", wenn wir vergeben; aber man hat uns kaum je geraten, um unserer selbst willen zu vergeben, denn eben dieser Akt der Vergebung kann uns entspannen, kann die Last der Feindseligkeit – nicht nur gegen andere, sondern auch gegen uns selbst – verringern.

Eine andere Auffassung der Vergebung dagegen verhilft uns gewissermaßen zu strategischen Vorteilen: Wenn wir vergeben, stehen wir über unseren Feinden. Und geht man nur einen Schritt weiter, so kann die

Vergebung bereits zu einer wirksamen Waffe der Rache werden. Rachsüchtige Vergebung ist jedoch offenkundig ein Widerspruch in sich und darum natürlich unaufrichtig.

Aufrichtige Vergebung zu gewähren, ist nicht schwer – es ist viel leichter, als die Feindseligkeit mit sich herumzutragen. Die einzige Voraussetzung besteht darin, daß Sie die Gefühle des Verwünschens und Verdammens aufgeben müssen; Sie müssen die Schuld ohne jeden Vorbehalt in sich löschen.

Wenn wir es dennoch als schwer empfinden, zu vergeben, dann allein darum, weil wir dieses Gefühl des Verdammens, das grollende Nachtragen, gelegentlich auch genießen. Es bereitet uns eine morbide Befriedigung. Solange wir nämlich einen anderen Menschen verurteilen, können wir uns ihm überlegen fühlen.

Viele Menschen entwickeln aus ständig genährtem Groll gegen andere Selbstmitleid und empfinden dabei eine perverse Befriedigung. Wenn wir jedoch einem Menschen aufrichtig vergeben, beweisen wir ihm damit weder unseren Großmut noch unsere Rechtschaffenheit. Wir löschen die Schuld nicht aus, weil wir den anderen nun lange genug für das Unrecht haben zahlen lassen, das uns von ihm widerfahren ist, sondern weil wir zu der Einsicht gekommen sind, daß seine Schuld im Grunde unwesentlich ist. Wahre Vergebung kann sich nur einstellen, wenn wir uns klarmachen, daß es letztlich nichts zu vergeben gab. Wir hätten den anderen Menschen nicht sofort verurteilen sollen.

Wesentlicher Gesichtspunkt ist jedoch, daß Sie lernen müssen, den Groll aus sich zu tilgen, die Vergangenheit zu begraben, wenn Sie sich entspannen und inneren Frieden erlangen wollen. Sie müssen ein Mensch werden, der stets vergeben kann, ein Mensch, der nicht haßt, sondern liebt. La Rochefoucauld hat einmal gesagt: „Man verzeiht in dem Maße, in dem man liebt."

Das Geheimnis, mit sich selbst zu leben

Wir alle leben mit anderen Menschen zusammen – oder wenigstens in ihrer Nähe –, und wir müssen lernen, mit ihnen in Harmonie zu leben. Wir müssen lernen, Kompromisse zu schließen, zu geben und zu nehmen, im Scheinwerferlicht zu stehen und mit Anstand abzutreten.

Es ist nicht leicht, mit anderen Menschen, mit immer komplizierteren Maschinen, sich ändernden Sitten und der Angst vor einem Atomkrieg zu leben. Aber noch schwieriger ist es, mit sich selbst zu leben. Wenn Sie diese Kunst erlernen können, werden Sie Ihr Leben in den Griff bekommen – gleichgültig, was um Sie herum vorgeht. Und Sie werden in der Lage sein, sich zu entspannen.

In seinem Essay „Selbstvertrauen" schreibt Ralph Waldo Emerson:

„In der Entwicklung jedes Menschen gibt es ein Stadium, in dem er davon überzeugt ist, daß Neid Unwissenheit sei, Nachahmung Selbstmord, daß er sich selbst für besser oder schlechter halten müsse als seinesgleichen; er ist zwar davon überzeugt, daß das weite Universum voll des Guten ist, jedoch ein Same dieses kostbaren Getreides nur durch die Mühe in seine Hände gelangt ist, mit der er den Acker bearbeitet, der ihm zum Bestellen anvertraut worden ist. Die Kraft, die in ihm wohnt, ist etwas Neues für ihn, und nur er weiß, was er mit ihr erreichen kann; aber auch er weiß es erst, wenn er versucht, diese Kraft anzuwenden... Vertrau dir selbst: jedes Herz zittert an dieser eisernen Kette."

Diese Botschaft gilt auch heute noch. In den letzten dreißig Jahren hat der Mensch wissenschaftliche Entdeckungen gemacht, die unsere Vorstellungskraft überfordern. In technischer Hinsicht scheinen wir unübertrefflich. Der menschliche Geist scheint keine Grenzen zu kennen, wenn es darum geht, technische Probleme zu lösen. Sicher haben auch Sie die immer neuen technischen Fortschritte der Raumfahrt mit Staunen verfolgt... Und obwohl ich die Wolkenkratzer von New York täglich vor Augen habe, bleibe ich auch heute noch gelegentlich staunend stehen und frage mich, wie man sie so großartig aus Stahl und Beton errichten konnte, wie perfekt sie geplant worden sind – schließlich ist noch keiner von ihnen eingestürzt.

Solcher Leistungen ist der Mensch fähig, und dennoch können wir noch immer nicht mit anderen Menschen zusammen leben, ohne in Spannungszustände zu geraten. Mehr noch, es ist den meisten Menschen heutzutage unmöglich, allein zu sein – nicht einmal für eine kurze Zeitspanne –, und das Alleinsein erträglich zu finden.

Es ist kein Zufall, daß ein Rundfunksender in New York seinen Hörern versicherte, sie seien niemals allein, wenn sie die Programme dieses Senders einstellen; man war sich darüber klar, daß diese Behauptung vielen Menschen Trost suggerieren mußte.

David Riesman betont in seinem bekannten Buch *The Lonely Crowd* (Yale University Press, 1950, Dt. Die einsame Masse) die Furcht des modernen Menschen vor dem Alleinsein: „Was treibt die Menschen dazu, sich abends oft mit denselben Menschen und ihren Problemen zu befassen, mit denen sie tagsüber zusammengearbeitet haben? Vielleicht zum Teil die panische Angst vor der Einsamkeit... "

„... bei einer Umfrage, die ich unter jungen Leuten veranstaltete, fragte ich, wie sie sich fühlen würden, wenn sie aus irgendeinem Grunde plötzlich nicht mehr Radio hören könnten. Diese Vorstellung versetzte

eine ganze Reihe von ihnen in Schrecken ... Ein alter Soldat, der an der
Schlacht im Pazifik teilgenommen und zwei Jahre in Korea gekämpft
hatte, erzählte mir, er habe einmal seinen Urlaub in Wisconsin verbracht
und dort zwei Wochen lang nicht Radio hören können. Er sagte, das sei
ihm unerträglich gewesen; nicht einmal in der Armee, wo man immer
den Soldatensender habe hören können, habe er etwas so Fatales erlebt.
Ohne die Geräuschkulisse des Radios scheinen diese Leute das Gefühl
zu haben, ihre eigenen ‚Antennen‘ seien tot. Und in der Tat haben sie
alle das Geräusch dazu benutzt, jedes innere Geräusch abzustumpfen.‘‘

Ich kenne Menschen, für die ein Tag – oder sogar nur wenige Stunden – ohne Gesellschaft eine Qual ist. Das erinnert mich an den Fall
eines tüchtigen Handelsvertreters, der der Typ des „fröhlichen, unbeschwerten jungen Mannes‘‘ war, der jedem etwas verkaufen konnte, der
es jedoch nie fertigbrachte, sich mit sich selbst auseinanderzusetzen. Sein
Interesse galt ausschließlich seinen geschäftlichen Angelegenheiten. Wenn
er Golf spielen ging, fand er keine Freude am Spiel; mit den Gedanken
war er noch bei den Verkaufsverhandlungen mit seinen Geschäftspart-
nern. Er kannte weder Ausruhen noch Entspannung und konnte es nicht
ertragen, allein zu sein; er tat alles mögliche, um dem Alleinsein zu entrinnen, selbst wenn es bedeutete, daß er irgendwelche Leute zum Abendessen oder zu einem Drink einladen und sie mit seinem unerschöpflichen
Anekdotenrepertoire unterhalten mußte.

Dieser arme Bursche starb mit Anfang Vierzig an einem Herzkollaps,
und ich bezweifle sehr, daß er jemals in seinem Leben ein freundliches,
ehrliches Selbstgespräch geführt hat.

Ich bin sicher, daß auch viele unter Ihnen es nur schwer ertragen
können, allein zu sein. Beim ersten Anzeichen von Ruhe und Frieden
geraten Sie in Panik und stürzen zum Radio oder zum Fernseher, um
sich etwa von dem Geräusch donnernder Pferdehufe trösten zu lassen,
während Sie zusehen, wie „anständige Kerle‘‘ die „Schurken‘‘ über die
Prärien des Wilden Westens jagen – Prärien, die Sie schon in- und aus-
wendig kennen.

Die Zeiten, die der amerikanische Schriftsteller Henry David Thoreau
in seinem Buch „Walden‘‘ schildert, sind vorüber. In diesem Buch preist
er das Einsiedlerleben:

„... Ich zog in die Wälder, weil ich bewußt leben, weil ich mich den
wesentlichen Tatsachen des Lebens stellen wollte, um zu erfahren, ob
ich nicht das lernen konnte, was es zu lehren hatte – um nicht eines
Tages angesichts des Todes zu entdecken, daß ich nicht gelebt hatte.‘‘

Ich will die Einsamkeit wahrhaftig nicht als die einzig sinnvolle
Lebensweise propagieren; aber es ist nur gut, wenn man gelegentlich

auch allein ist. Danach können Sie erfrischt zu den Menschen Ihrer Umgebung zurückkehren, um ihnen das Beste zu geben, das Sie in sich tragen. Als eigentliche Lebensform jedoch übersteigt die Einsamkeit Ihre Kraft. Man sollte aber die Fähigkeit besitzen, seine eigene Gesellschaft – genauso wie die Gesellschaft anderer Menschen – zu genießen. Und man sollte die Fähigkeit besitzen, sich zu entspannen – allein oder in der Gesellschaft anderer Menschen.

Die Kunst der Entspannung besteht einzig darin, sich selbst zu akzeptieren, sich als Teil der menschlichen Gemeinschaft zu sehen, die nach dem Prinzip des Gebens und Nehmens lebt; sie besteht darin, seine Mitmenschen auch mit ihren Fehlern – und damit sich selbst – zu respektieren.

Wenn Sie es lernen, zu sich selbst zu finden, werden Sie zwangsläufig zu einer neuen, gesunden Selbstauffassung gelangen. Wenn Sie sich selbst realistisch sehen, wenn Sie sich selbst die Achtung entgegenbringen, die Sie verdienen, wenn Sie in Ihrer Vorstellung Ihre Erfolge beleben, in sich den Glauben an sich selbst trotz aller Fehler aufrechterhalten und es fertigbringen, sich Ihre Fehler zu vergeben – dann haben Sie das Geheimnis gelöst, ohne Angst mit sich selbst zu leben.

Entspannung bei der beruflichen Arbeit

Der Mensch muß arbeiten, muß Geld verdienen, um zu leben; daher kreisen seine begründetsten Ängste um seine berufliche Stellung. Da Angst und Spannung unlösbar zusammengehören, ist es kein Wunder, wenn man immer wieder Leute darüber klagen hört, sie könnten sich bei ihrer beruflichen Arbeit nicht entspannen.

Ein Mann zum Beispiel, der sich während des zweiten Weltkriegs als Bomberpilot vielfach bewährt und dabei unerschütterliches Selbstvertrauen bewiesen hatte, gestand mir, daß er dieses Selbstvertrauen bei seiner Routinearbeit im Büro einfach nicht aufbringen und sich von Unsicherheit und Angst nicht freimachen könne.

Dr. Richard E. Gordon, Katherine K. Gordon und Max Gunther schildern in ihrem Buch *The Split Level* (Bernard Geis Associates 1960/61) einige interessante psychische Fälle, die zum großen Teil auf die beruflichen Sorgen der Patienten zurückzuführen waren.

Ein junger Mann verließ nach dem Ende des Zweiten Weltkriegs die Armee und fand eine lukrative Stellung als Handelsvertreter. Er zog mit seiner Frau und seinen drei Kindern in eine größere Wohnung, deren Einrichtung er mit Hilfe von Krediten gekauft hatte. Kurz darauf verlor er diese Stellung, als seine Gesellschaft mit einer anderen fusionierte. Man sagte ihm, er könne entweder kündigen oder eine andere, schlechter bezahlte Stellung in der Verkaufsabteilung haben. Er nahm diese Stellung an.

Sein Streben nach Erfolg war indessen sehr stark. Da er Geld verdienen mußte, trieb er sich rücksichtslos an, er konnte schließlich alle Schulden bezahlen und avancierte im Lauf der Zeit zum besten Handelsvertreter seiner Firma. Als ihm eine Position im Management der Firma angeboten wurde, wollte er sie eigentlich nicht annehmen, hatte aber das Gefühl, er könne das Angebot nicht ausschlagen.

Inzwischen hatte er sich ein Haus in einem Vorort gekauft, neue Möbel und Küchenmaschinen sowie ein neues Auto. Er begann sich ein selbstsicheres Auftreten zuzulegen, das seinem neuen Status entsprechen sollte. Seine Frau strebte nach sozialer Anerkennung, gab aufwendige Cocktailparties und trat in den Country Club ein.

Er konnte sich jedoch nicht entspannen. „Der Trieb voranzukommen, beherrschte ihn nun ganz, und alles, was diesem Ziel nicht entsprach, bedeutete für ihn nur eine Ablenkung. Ein unbeschwerter Tag mit seinen Kindern, ein ruhiger Nachmittag unter den Bäumen im Garten, ein gutes Buch, eine Symphonie – alle diese Dinge hatten ihren Zauber verloren, da sein Geist zu stark von materiellen Zielen okkupiert war … Entspannung stellt sich nur durch Beschäftigungen ein, die nichts mit Gefahr, Strafe, Angst oder nervlicher Belastung zu tun haben.“

Der erfolgreiche Geschäftsmann bekam schließlich ein Magengeschwür. Er fühlte sich nämlich auf seine Stellung festgenagelt, denn er wußte nicht, wo er eine gleichwertige Position finden würde, wenn er in seiner gegenwärtigen Tätigkeit versagen würde. Und so konzentrierte er sich immer angestrengter auf seine Arbeit.

Schließlich entdeckte er, daß er sich von seiner ständigen Furcht ablenken konnte: Er plauderte mit den verschiedensten Leuten über die Möglichkeit, in anderen Firmen eine angemessene Stellung zu finden, und entdeckte, daß die Chancen für ihn gar nicht so ungünstig waren. Diese Gewißheit verringerte seine Furcht, in seiner gegenwärtigen Stellung zu versagen und sie zu verlieren. Damit bestand für ihn nun kein Grund mehr zu ständiger Anspannung, und es gelang ihm, sein persönliches Leben und das seiner Familie von allen Spannungen zu befreien.

Diese Studie, aus der sich grundsätzliche soziologische Schlußfolgerungen ziehen lassen, zeigt Ihnen einen durchaus gangbaren Weg, wie Sie sich trotz aller beruflichen Probleme entspannen können: vergewissern Sie sich Ihrer Unabhängigkeit. Fühlen Sie sich so unabhängig wie Ihr Arbeitgeber, und Sie brauchen in Wahrheit nichts zu fürchten.

Wir leben in einer unsicheren, sich ständig ändernden Welt, und je mehr Verdienstmöglichkeiten Sie sich erschließen, desto mehr entspannte

Gelassenheit können Sie sich leisten. Kürzlich charterte ich mir ein Taxi und kam während der Fahrt mit dem Taxifahrer ins Gespräch. Er erzählte mir, er mache diese Arbeit erst seit zwei Monaten und er besitze seit Jahren zusammen mit einem Freund einen Schlachterladen in Bronx. Früher hätten sie gute Geschäfte gemacht, aber seit sie mit den Supermärkten konkurrieren müßten, gehe es ständig bergab. Das hatte er natürlich nicht voraussehen können, und so hatte er sich monatelang schwere Sorgen gemacht, wie er diesen Verdienstverlust ausgleichen könnte. Da er ein einfallsreicher Mann war, hatte er sich schließlich dazu entschlossen, halbtags als Taxifahrer zu arbeiten, und er verdiente recht gut dabei. Mit einer zweiten Einnahmequelle brauchte er sich nun keine Sorgen mehr um den schlechter gehenden Schlachterladen zu machen.

Versuchen also auch Sie, Ihrer Arbeit ohne Sorgen und Ärger nachzugehen. Grollen Sie dem Kollegen nicht, der mehr verdient als Sie. Ärgern Sie sich auch nicht mehr über Ihren Vorgesetzten, weil er Ihnen befehlen kann.

Am leichtesten können Sie sich von den Spannungen befreien, die mit Ihrer beruflichen Arbeit zusammenhängen, wenn Sie stets Ihr Bestes geben und darin Ihre Befriedigung finden. Vielleicht bekommen Sie eines Tages eine bessere Stellung; bis dahin aber seien Sie stolz auf Ihre tägliche Leistung und sehen Sie sich selbst so, wie Sie sind – ein Mensch, der sein Bestes gibt und der in dieser Gewißheit das Recht hat, sich zu entspannen.

Sie können anderen Menschen helfen, sich von ihren Spannungen zu befreien

Innere Ruhe und heitere Ausgeglichenheit können so ansteckend sein wie ein herzliches Lachen. Wenn Sie mit sich selbst in Frieden leben, können Sie anderen Menschen Entspannung – und auch Glück – schenken. Entspanntheit ist die erste Stufe des Glücks.

Ich kenne einen faszinierenden Mann, der einen ungewöhnlichen inneren Reichtum ausstrahlt. Seine Augen blicken gelassen und freundlich, und er hat für jeden ein herzliches Lächeln. Er hilft anderen, sich von ihren Spannungen zu befreien – viel besser, als es je ein Beruhigungsmittel vermöchte –, da er selbst voller Frieden und Liebe ist.

Einmal in der Woche geht er regelmäßig in ein Krankenhaus und besucht dort die Patienten, von denen viele unter den Spannungen und Sorgen leiden, die ihre Krankheit und die Angst vor der Zukunft mit sich bringen. Er setzt sich zu ihnen und hört ihren Sorgen und Ängsten zu. Diese Menschen sind Fremde für ihn; dennoch geht er zu ihnen, um sie aufzuheitern.

Er erwartet keine Belohnung; es ist ihm ein Bedürfnis, anderen Menschen beizustehen, Anteil zu nehmen und ihnen das Gefühl zu geben, daß es jemanden gibt, der ein Ohr für ihre Sorgen hat.

Wie oft hat dieser Mann einem leidenden Menschen den Tag verschönt! In der Tat, man sollte wünschen, daß sich eine solche heitere Gelöstheit verbreiten könnte wie eine ansteckende Krankheit, um die Welt wie ein freundliches Licht zu erhellen.

Zwingen Sie sich nicht!

Vor einigen Jahren sagte mir einmal ein guter Freund: „Meine Arbeit macht mir Freude, ich liebe meine Familie, ich führe ein schönes Leben, und ich kann mich wunderbar entspannen, wenn ich abends nach Hause komme. Ich glaube, ich bin ein glücklicher Mensch. Aber sobald ich in ein Auto steige und über die Autobahn in die City fahren muß, gerate ich in einen derartig angespannten Zustand, daß ich danach Stunden brauche, bis ich mein inneres Gleichgewicht wiederhabe."

Darauf gab es nur eine einzige Antwort: „Dann darfst du auf keinen Fall Auto fahren! Du mußt ja auch gar nicht mit dem Auto fahren; nimm die Bahn, um ins Büro zu kommen! Wenn du nur im Zustand äußerster Anspannung Auto fahren kannst, schadet dir das nur."

Er folgte meinem Rat, und seither lebt er wirklich ganz ohne Spannungen.

Ich will mich hier nicht über die Vor- und Nachteile des Autofahrens auslassen. Manche Leute macht es nervös, während es andere beruhigt und entspannt. Ich will Ihnen mit diesem Beispiel nur demonstrieren, daß es sinnlos ist, sich zu etwas zu *zwingen*.

Viele Menschen zwingen sich dazu, bestimmte Dinge zu tun, weil sie meinen, es würde von ihnen erwartet. Die meisten Erwachsenen haben heutzutage einen Wagen, obwohl so mancher von ihnen – wie mein Freund – ungern Auto fährt.

Zwang und Entspannung widersprechen sich. Zwar gibt es im Leben einige Dinge, die man zwangsläufig tun *muß*, aber man hat doch oft genug die Möglichkeit zu wählen; man nimmt sie nur leider nicht wahr.

Wir haben jedoch das Recht, für uns das Leben zu wählen, das gut für uns ist.

Verlangen Sie von sich selbst nichts Unmögliches

Leider ist der Mensch oft selbst sein schlimmster Feind. Viele Menschen treiben sich selbst unablässig und unbarmherzig an. (Kennen Sie die „Weihnachtserzählungen" von Charles Dickens? Erinnern Sie sich an den alten Mr. Scrooge? Nun – noch erbarmungsloser, als er seine Angestellten antreibt, zwingen sich viele Menschen zu immer neuen und größeren Leistungen!) Sie haben zwar immer vernünftige Erklärungen für ihre Rekordleistungen und behaupten, sie müßten eben Geld verdienen, um etwas vom Leben zu haben, aber in Wirklichkeit ruinieren sie sich. Sie tun ihrer eigenen Persönlichkeit Gewalt an.

Um sich entspannen zu können, müssen Sie Ihre Grenzen sehen, müssen Sie wissen, wann es Zeit ist, Arbeit und Anstrengungen zu unterbrechen und eine Weile nur für sich selbst da zu sein. Wenn Sie große Verantwortungen zu tragen haben, müssen Sie wissen, wann und wie Sie vorübergehend den notwendigen Abstand von ihnen gewinnen können, um sich zu entspannen.

Sie müssen sich klarmachen, daß Sie eben nur ein Mensch sind und nicht die Kräfte einer ganzen Organisation oder Armee haben. Erwarten Sie nichts Unmögliches von sich selbst.

Gelegentlich werden die Menschen von den Umständen dazu gezwungen, über ihre eigenen Grenzen hinauszuwachsen, und geraten so in einen Zustand der Spannung und Reizbarkeit. In solchen Situationen ist es besser, auch einmal zu explodieren, um den Ärger loszuwerden. Denn wenn man seinen Ärger ständig hinunterschluckt, staut er sich im Innern an und gefährdet den gesamten Organismus, so daß Entspannung vollends unmöglich wird.

Sie können Ihren Schlaf nicht erzwingen

Schlaf ist der Zustand höchster Entspanntheit, er ist die Zeitspanne, in der wir alle Sorgen, allen Zorn auf andere Menschen vergessen und uns unseren Grenzen unterwerfen sollten.

> „Träume, der Träume liebt, vergiß allen Schmerz;
> Im Nichts des Schlafes befreie dein Herz."
>
> *Lionel Johnson*

Ja, Schlaf sollte uns Vergessen, Erleichterung schenken. Er sollte uns erfrischen und neue Kraft für den vor uns liegenden, anstrengenden Tag geben.

Für zahllose Menschen jedoch ist sogar der Schlaf ein Gegenstand der Sorge. Für sie ist er gleichsam eine Herausforderung – etwas, das sie bewältigen müssen. So gehen sie denn allabendlich mit dem grimmigen Vorsatz zu Bett: „Schlafen! Ich *will* schlafen!" Das ist nicht mehr und nicht weniger als ein strenger Befehl, mit dem sie freilich kaum etwas ausrichten können. Diese Menschen werfen sich Nacht für Nacht von einer Seite auf die andere und quälen sich mit ärgerlichen oder sorgenvollen Gedanken.

Schlaf ist Entspannung: Entspannen Sie sich ganz bewußt, bis Sie spüren, wie Wellen der Schläfrigkeit Ihren Körper und Geist sanft einhüllen, bis Sie ganz ruhig geworden sind und nichts mehr wissen.

Die in unserer Zeit so weitverbreitete Schlaflosigkeit weist wieder einmal auf die Größe unseres Grundproblems hin: die Unfähigkeit, uns zu entspannen. Schlaflosigkeit ist ein allgemeines Symptom innerer Not.

In der Tat können Sie am leichtesten einschlafen, wenn Sie aufhören, sich über das Einschlafen Gedanken zu machen. Viele Menschen, die sich mit dem Gedanken ins Bett legen, Ihre Gesundheit sei gefährdet, wenn sie nicht mindestens sieben oder acht Stunden schlafen können, halten sich mit ihren Befürchtungen bis spät in die Nacht wach. Man hat jedoch mit wissenschaftlichen Untersuchungen bewiesen, daß Menschen, die fast hundert Stunden ohne Unterbrechung wach blieben, keine anhaltenden Gesundheitsschäden davontrugen. Natürlich ließ ihre Konzentrationsfähigkeit nach, und sie wurden reizbar; es genügten jedoch zwölf Stunden gesunden Schlafs, um sie wieder in einen normalen Zustand zu versetzen.

Unsere Angst, nicht genug Schlaf zu bekommen, ist also ganz unbegründet. Wir machen jedoch bei unseren Bemühungen um ausreichenden Schlaf denselben Fehler wie etwa bei der beruflichen Arbeit: wir treiben uns an, zwingen und quälen uns.

Wie leicht das Schlafen tatsächlich ist, beweisen die Schlafgewohnheiten der Menschen anderer Kulturen. Die Maoris in Neuseeland zum Beispiel schlafen in Hockstellung und werden dabei nur von einer Matte gegen den Regen geschützt. Japaner schlafen häufig auf einem Holzbrett. Und Sie wollen behaupten, Sie könnten auf einer schönen, bequemen Matratze, unter einer weichen Daunendecke nicht schlafen?

Erleben Sie Ihren Tag frohen Herzens, tun Sie Ihr Bestes, Ihr Ziel zu erreichen und mit Ihren Mitmenschen in Harmonie zu leben, nehmen Sie sich selbst als den Menschen, der Sie sind – und Sie brauchen sich keine Sorgen um Ihren Schlaf zu machen. Er kommt von selbst.

Tun Sie Ihre berufliche Arbeit, der Sie nicht länger als acht oder neun Stunden pro Tag widmen sollten. Dann entspannen Sie sich und genießen Sie die Stunden, die Ihnen noch verbleiben, und lassen Sie Ihre beruflichen Sorgen dort, wohin sie gehören: im Büro oder in der Fabrik. Dann werden Sie für den Schlaf bereit sein, und niemand wird Sie mahnen müssen, es sei schon spät; denn Sie werden es selbst wissen. Sie werden sich angenehm müde fühlen, Sie werden sich ins Bett legen, noch eine Weile gelassen Ihren Gedanken nachhängen und in den Schlaf hinübergleiten, ohne sich dessen bewußt zu sein.

Wenn Sie am Morgen aufwachen, werden Sie sich wie ein neuer Mensch fühlen, voller Kraft und bereit für den Tag, der vor Ihnen liegt.

Ihre Selbstauffassung und die Entspannung

Um ein glückliches Leben zu führen, müssen Sie in der Lage sein, sich zu entspannen, und ich halte diesen Bereich für so wichtig, daß ich ihm zwei Kapitel gewidmet habe. Lesen Sie in diesem Zusammenhang auch das 14. Kapitel aufmerksam; denn dort werden Sie einige weitere Hinweise finden, die Ihnen helfen werden, innere Ruhe zu finden.

Die Vorschläge, die ich Ihnen in diesem Kapitel bereits gemacht habe, können für Ihr Wohlbefinden von großer Bedeutung sein. Sie können nicht nur Ihr Leben verlängern, sondern auch dazu beitragen, Ihr Leben lebenswerter zu machen.

Ich möchte noch einmal betonen, daß alle meine Vorschläge auf jahrzehntelanger beruflicher und persönlicher Erfahrung beruhen, die sich aus Erfolgen wie auch aus Fehlern zusammensetzt. In einigen Fällen werden Sie Entscheidendes gerade aus meinen Fehlern lernen können.

Meine Vorschläge werden Ihnen zu innerer Ruhe verhelfen, und wenn Sie sich angespannt und nervös fühlen, sollten Sie sich nicht scheuen, mein Buch erneut zur Hand zu nehmen und dieses Kapitel noch einmal zu lesen.

Um es noch einmal zu wiederholen: Die diesem Buch zugrunde liegende Idee gilt der Gesundheit Ihrer Selbstauffassung. Denn es ist allein Ihre Vorstellung von sich selbst, die Ihnen Erfolg und Versagen einbringt und als Auslöser für Ihren inneren Mechanismus funktioniert.

Da Ihre Selbstauffassung von so grundlegender Bedeutung für Ihr Lebensglück ist, werde ich dieses Thema detailliert und in aller Eindringlichkeit behandeln müssen. Wenn Sie unermüdlich daran arbeiten, Ihre Selbstauffassung zu ändern, wenn Sie sich selbst mit wachsender Toleranz sehen und mit wachsendem Selbstvertrauen an sich glauben, werden Sie den Zustand der Entspannung und Ausgeglichenheit finden, den Sie suchen.

2. praktische Übung: Hilfen zur Entspannung

Wieder haben Sie sich in eine ruhige Umgebung zurückgezogen, wo Sie sich auf Ihre Gedanken konzentrieren können.

Im letzten Kapitel habe ich versucht, Sie mit einer Ihrer größten und wirksamsten Fähigkeiten vertraut zu machen: *Ihrer Vorstellungskraft.* Auch jetzt werden wir die menschliche Gabe, geistige Bilder zu produzieren, benutzen, um Ihre Probleme zu lösen.

Diese Übung wird Ihnen helfen, wenn Sie sich angespannt, beunruhigt, nervös fühlen. Wiederholen Sie diese Übung jedesmal, wenn Ihre Nerven zu großen Belastungen ausgesetzt sind, wenn Sie das Gefühl haben, jeden Augenblick zu explodieren oder Ihre Gereiztheit an anderen Menschen auslassen zu müssen.

Versenken Sie sich in die Welt Ihrer Phantasie, stellen Sie sich eine Landschaft vor, die eine entspannende Wirkung auf Sie ausübt.

Wenn Sie das Meer lieben, wenn der Blick über die scheinbar endlose schimmernde Wasserfläche Sie beglückt, wenden Sie sich dorthin – in Ihrer Vorstellung. Entspannen Sie sich in der Umgebung, die Sie lieben. Nehmen Sie die ganze Schönheit der Szenerie, die sich Ihren Augen bietet, mit jeder Einzelheit in sich auf: Spüren Sie die Wärme der Sonne auf Ihrer Haut, hören Sie das Rauschen der Wellen, die sich am Ufer brechen, riechen Sie die erfrischende salzige Meeresluft und lauschen Sie auf das unbeschwerte Lachen der am Strand spielenden Kinder. Fühlen Sie sich als Teil der Natur.

Wenn Ihnen eine solche Szene Frieden schenkt, stellen Sie sie sich immer wieder vor, fühlen Sie, daß Sie wirklich dort sind: entspannt, von allen Sorgen befreit. Halten Sie an dieser Vorstellung fest, bis Sie ganz von Sonne und Helligkeit durchströmt sind und alle dunklen Gedanken sich verflüchtigt haben. Betrachten Sie jede Einzelheit dieser Szenerie und bringen Sie das glückliche Gefühl, das Sie in der imaginären Umgebung empfinden, mit in die Gegenwart zurück.

Sie werden überrascht sein, wie schnell Ihnen eine so positive Anwendung Ihrer Vorstellungskraft zu innerer Ruhe verhelfen kann.

Natürlich soll die eben skizzierte Szenerie nur ein Beispiel sein. Vielleicht finden Sie das Meer nicht im geringsten entspannend. Stellen Sie sich also eine Umgebung vor, die *Sie* lieben, die Ihnen ein Gefühl der Zufriedenheit schenkt.

Wenn Sie sich schon etwas weniger angespannt fühlen, konzentrieren Sie sich auf die beiden Haupthindernisse, die Ihnen den Weg zur Entspannung versperren:

1. *Akzeptieren Sie Ihre Grenzen.* Begreifen Sie, daß Sie nicht mehr tun können, als ein Mensch zu leisten vermag. Sagen Sie sich, daß Sie aufhören müssen, sich selbst wie einen Sklaven anzutreiben, daß Sie Ihr Tempo verringern müssen. Wenn Sie merken, daß Sie ein Leben der ständigen Hetze führen, fragen Sie sich, was Sie eigentlich damit er-

reichen wollen. Einen Herzanfall? Oder ist Ihnen ein ruhiges Leben innerhalb Ihrer Leistungsgrenzen lieber? Diese Frage müssen Sie sich stellen – und Ihre Vernunft antworten lassen.

2. *Begreifen Sie die heilende Kraft der Vergebung.* Sagen Sie sich, daß Sie allen Groll – *gegen andere Menschen und sich selbst* – aufgeben müssen. Sie können sich diese Last der Ressentiments einfach nicht leisten; Sie können nicht ausgeglichen sein, wenn Sie hassen. Mitleid und Liebe sind Voraussetzungen für die Ausgeglichenheit Ihrer Gefühle. Wenn Sie inneren Frieden erlangen wollen, lernen Sie, mit sich selbst und anderen Menschen nachsichtig zu sein und sich von allem Groll zu befreien.

Nun lassen Sie noch einmal die Szene vor Ihren Augen abrollen, das Drama, das wir zu Anfang dieses Kapitels miterlebt haben. Stellen Sie sich noch einmal den Mann vor, der sich nicht einmal in seinem eigenen Heim entspannen konnte, ja der sich nicht einmal niedersetzen konnte, ohne sofort wieder aufzuspringen.

Es ist wichtig, daß Sie diesen Mann in aller Deutlichkeit vor sich sehen: die sorgenvoll gefurchte Stirn, die zu Fäusten geballten, nervösen Hände, die steifen Bewegungen. Beleben Sie dieses Bild in Ihrer Vorstellung. Sehen Sie ihn, gewissermaßen in Großaufnahme, denn Sie sollen nicht über ihn nachdenken, sondern ihn mit eigenen Augen *sehen*. Denn wenn Ihnen das gelingt, werden Sie alles tun, was in Ihrer Macht liegt, um nicht so zu werden wie er.

Konzentrieren Sie sich auf dieses geistige Bild, denn es ist ein Bild des Unglücks, es ist das Bild unseres Feindes.

Danach stellen Sie sich ein anderes Bild vor: Vergegenwärtigen Sie sich, was Sie sein wollen. Schaffen Sie sich in Ihrer Vorstellung ein Modell, auf das sich Ihre Bemühungen, Ihre Selbstauffassung zu ändern, ausrichten. Denken Sie an einen Menschen, von dem Sie wissen, daß er glücklich ist. Beleben Sie sein Bild in Ihrer Vorstellung; sehen Sie ihn, so deutlich Sie können. Wenden Sie Ihren Blick auf sein Gesicht und registrieren Sie jede Einzelheit: die ruhigen Augen, das herzliche Lächeln, die entspannten Gesichtsmuskeln.

Verhalten Sie sich in Ihrer Vorstellung so wie er und empfinden Sie dabei das gelassene Selbstvertrauen, das Sie an ihm schon oft beobachtet und bewundert haben. Versuchen Sie, bestimmte Probleme und Situationen mit seinen Augen zu sehen, durchdenken Sie seine Lebensauffassung. Vergegenwärtigen Sie sich seine Beziehungen zu anderen Menschen und prägen Sie sich ein, mit welcher Herzlichkeit er Ihnen die Hand reicht und Ihnen zuhört, wenn Sie mit ihm sprechen.

Beleben Sie dieses Bild in Ihrer Vorstellung immer wieder, sehen Sie es wie einen Film, den man nicht versäumen darf; denn dieses Bild ist ein Bild des Glücks! Ihm wollen Sie nachstreben: Darum prägen Sie es sich ein als ein Vorbild, auf das Sie Ihre Selbstauffassung ausrichten, um sich selbst zu einem gelassenen, unbeschwerten Menschen zu machen, der den Weg des Glücks geht.

So wollen Sie sich sehen, nicht nur im Spiegel, sondern mit den Augen Ihres Geistes. Wenn Sie sich selbst so sehen, werden Sie den Erfolgsmechanismus in sich selbst auslösen und endlich auf dem richtigen Weg sein.

Eines muß ich jedoch betonen: Sie können sich selbst nicht als genau den Menschen sehen, dem Sie nacheifern wollen. Sie und er sind einzigartige, voneinander unterschiedene Individuen. Es ist das Wesen des Glücks, das Gesicht des Glücks, die Identität mit dem Glück, was Sie gewinnen wollen.

Wenn Sie diese Übungen unbeirrt wiederholen und die phantastische Kraft, die in Ihrer Selbstauffassung liegt, immer besser begreifen, werden Sie Ihre Selbstauffassung entscheidend ändern können. Ihre Vorstellung von sich selbst wird glücklicher werden, und damit sind Sie bereits auf dem Weg, ein glücklicher Mensch zu werden. Sie werden ruhig und gelassen sein, da Sie wissen, daß Sie sich selbst keinen Schaden mehr zufügen.

Ihnen, meine Leser, wünsche ich vor allem die Fähigkeit zur Entspannung. Wenn Sie sich in unserer turbulenten Zeit entspannen können, sind Sie ein vom Glück begünstigter Mensch – und so können Sie glücklich sein. Wer jedoch diese Fähigkeit noch nicht besitzt, darf versichert sein, daß er sie mit Hilfe dieses Buches erlangen kann.

4. Kapitel

Warum nicht Sieger sein?

Treten Sie hinaus auf die Bühne des Lebens und bereiten Sie sich darauf vor, sich dem Kampf zu stellen. Denn es ist ein Kampf, was Sie erwartet. Sie sind einer von vielen, und nur zu leicht kann man im Getümmel untergehen.

Nehmen Sie den Spiegel zur Hand und vollenden Sie Ihre Maske. Aber zunächst: Welche Rolle wollen Sie spielen? Den Clown – oder den Bösewicht? Den Versager – oder den Helden?

Vielleicht sagen Sie nun: „Mein ganzes Leben lang habe ich mich stets als Versager gesehen."

Das ist unwichtig. Sie können von nun an Erfolg haben – wenn Sie es wirklich wollen und wenn Sie bereit sind, hart an sich zu arbeiten.

„Aber ich bin nicht mehr jung", sagen Sie. „Ich bin weder zwanzig noch dreißig. Ich habe meine besten Jahre bereits hinter mir. Es ist schwer, sich in meinem Alter noch zu ändern."

Es stimmt, daß es mit zunehmendem Alter etwas schwerer wird, sich zu ändern, aber wichtig ist allein, *daß Sie sich noch immer ändern können.* Der Weg zum Erfolg ist selten frei von Hindernissen. Wissen Sie, daß Albert Einstein ein ziemlich mäßiger Schüler war? Und Louis Pasteur, der bedeutende französische Bakteriologe, wurde jahrelang für eine Niete gehalten. Clark Gable war zunächst Büroangestellter mit 95 Dollar im Monat und arbeitete später als Automechaniker. Thomas Edison hatte in der Schule zeitweise solche Schwierigkeiten, daß sein Vater befürchtete, er sei geistesschwach.

Sie alle fanden nicht sofort Anerkennung – auch Sie werden Ihre Zeit brauchen. Vielleicht werden Sie sich selbst bescheidenere Ziele setzen müssen; seien Sie sich selbst gegenüber realistisch! Nur wenige Wissenschaftler haben das Format eines Albert Einstein und nur wenige Schauspieler die Zugkraft eines Clark Gable.

Setzen Sie sich also vernünftige Ziele, aber unterschätzen Sie Ihre Leistungsfähigkeit auch nicht. Sehen Sie sich so – ich wiederhole auch dies –, wie Sie in Ihren besten Augenblicken waren.

Selbst wenn Ihr Leben zum großen Teil aus Mißerfolg und Versagen besteht, können Sie sich ändern – wenn Sie Ihre Selbstauffassung ändern.

Sehen Sie sich erfolgreich

Treten Sie auf die Bühne des Lebens und betrachten Sie Ihr Publikum. Kümmern Sie sich nicht darum, ob es Ihnen zujubelt oder Sie mit Tomaten bewirft! Denken Sie daran, daß Ihre Rolle gut ist, die beste, die Sie je gespielt haben, und daß Sie Erfolg haben werden.

Vielleicht werden Sie im Scheinwerferlicht nérvös; machen Sie sich darüber keine Sorgen. Etwas Nervosität schadet Ihnen nicht, wird Ihr Auftreten nicht beeinträchtigen, wenn Sie sie als natürlich hinnehmen und sich nicht von ihr überwältigen lassen.

Es kann sein, daß Sie Ihre Stichworte zunächst verpassen. Machen Sie sich nichts daraus! Sie können nicht vollkommen sein, werden es nie werden; aber wenn Sie Ihr Leben lang Zuschauer gewesen sind und die Erfolge anderer bewundert haben, müssen Sie sich nun an Ihre neue Rolle, an Ihre neue Selbstauffassung gewöhnen.

Sie sollten sich jedoch stets darüber klar sein, *daß Sie sich ändern und Erfolg haben können.* Während Sie im dunkeln hinter der Szene sitzen, sehen Sie sich als der Mensch, der Sie sein wollen, und entschließen sich, so zu werden. Greifen Sie nicht nach den Sternen, seien Sie nicht unrealistisch! Wenn Sie während Ihrer Schulzeit in Mathematik versagt haben, werden Sie wohl kaum zum Physiker berufen sein. Vergegenwärtigen Sie sich vielmehr Ihre besten Leistungen, entwickeln Sie ein Gefühl dafür, *was Sie im Leben sein und tun können.* Das Rohmaterial für künftige Leistungen liegt in Ihnen, in jedem von Ihnen. Bringen Sie diesen verborgenen Schatz ans Licht und fürchten Sie sich nicht, ihn sich selbst und aller Welt sichtbar zu machen.

Die Bedeutung des Erfolgs

Erfolg bedeutet jedem Menschen etwas anderes. Für manche Leute sind Erfolg und Geld ein und dasselbe. Andere wiederum sehen in einer glücklichen Ehe und in einem harmonischen Familienleben die Essenz des Erfolgs. Wieder andere dagegen fühlen sich nur dann erfolgreich, wenn sie sich schöpferisch oder künstlerisch betätigen können.

Ich kenne einen Mann, der sein Streben nach Erfolg befriedigt fühlt, wenn er ein gutes Geschäft abgeschlossen hat; er freut sich nicht an dem Geld, das er dabei verdient, sondern ihn befriedigt das Gefühl, daß seine Taktik sich als richtig erwiesen hat, daß er auf dem Schlachtfeld des

Geschäftslebens wieder einmal gewonnen hat. Er plant seine Geschäfte mit derselben Phantasie, wie einstmals Napoleon die Schlacht von Austerlitz plante. Wenn seine Manipulationen wirkungsvoll waren, empfindet dieser Mann die berauschende Freude des Erfolgs.

Ein anderer Bekannter wiederum empfindet alles Geschäftliche als niedrig und gemein und sieht darin eine unerfreuliche Notwendigkeit, mit der man sich abfinden muß. Er fühlt sich erfolgreich, wenn er sich in seinem Landhaus handwerklich betätigen kann: das Haus anstreichen oder neu verputzen oder im Garten einen Grill bauen.

Da Erfolg also etwas Individuelles ist, müssen Sie für sich selbst eine Definition des Erfolgs finden. Fragen Sie sich, was Sie erreichen wollen, fragen Sie sich, was Ihnen das Gefühl verleiht, am Leben voller Freude teilzuhaben. Vergessen Sie, was andere Menschen Ihnen vorschlagen – denken Sie selbst! Sie sind ein einzigartiges menschliches Wesen, niemand auf der Welt ist so wie Sie, und nur Sie selbst wissen, was Sie unter Erfolg verstehen.

Gehen Sie unbeirrbar Ihrem Ziel entgegen

Wenn Sie sich darüber klargeworden sind, was Sie für sich als Erfolg verstehen, haben Sie bereits den ersten tastenden Schritt getan. Es liegt kein leichter Weg vor Ihnen. Glauben Sie nicht, Sie führen nun eine gut beschilderte Straße entlang, mit Hinweisen auf den Erfolg wie auf eine nahe Kreuzung ... Sie folgen Ihrem Weg allein, ohne Hilfe.

Sie haben jedoch Ihren angeborenen „Erfolgsinstinkt" zur Seite. Dieser Instinkt lebt zwar auch im Tier und hilft ihm, sich seiner Umgebung anzupassen und zu überleben. Freilich ist dieser Instinkt beim Menschen viel stärker entwickelt als beim Tier. Der Mensch ist mit der Gabe ausgestattet, sich ein Ziel zu setzen, dem er entgegenstrebt, während das Tier ausschließlich seinen Instinkten gehorcht: Fortpflanzung, Nahrungssuche, Selbsterhaltung ...

Der Mensch jedoch verfügt über den natürlichen Instinkt hinaus über die schöpferische Kraft der Phantasie, die dem Tier fehlt. Mit Hilfe seiner bildhaften Vorstellung ist er in der Lage, sich Ziele zu setzen. So ist er gleichsam Herr seines Lebensschiffs und kann es in jede Richtung lenken, die er anstrebt.

Ferner kann er sich auf seinen ihm angeborenen Erfolgsmechanismus verlassen, den er nur auslösen muß und dessen Funktion er sich anvertrauen kann.

Wählen Sie also zunächst Ihre Ziele – aber überzeugen Sie sich davon, daß es wirklich *Ihre* Ziele sind. Viele Menschen nämlich streben in

Wahrheit nur nach Zielen, die *andere* für wünschenswert halten. Solche Menschen sind natürlich nicht Herr ihres Lebensschiffes, sondern allenfalls Hilfskräfte, die zum Beispiel Kohle in einen nimmersatten Ofen schaufeln; und obwohl sie im Schweiße ihres Angesichts arbeiten, ist das Schiff, das sie in Gang halten, doch nicht das ihre. *Selbst wenn sie in ihren Bemühungen Erfolg haben, versagen sie, da sie einem ihnen aufgezwungenen Ziel zustreben.*

In dem Augenblick jedoch, in dem Sie zu sich selbst vorgedrungen sind und wissen, was *Sie* wollen, sind Sie auf dem Weg zu wirklichem Erfolg. Sie sind ein freier Mensch, und Sie beginnen jeden neuen Tag mit klaren Zielen vor Augen, denen Sie entgegenstreben.

Ich rekapituliere: Wählen Sie sich Ziele, die wahrhaft *Ihre* Ziele sind. Vergegenwärtigen Sie sich diese Ziele immer wieder und nutzen Sie Ihre schöpferische Phantasie, die Sie zur Realisierung Ihrer Pläne führen wird.

Sie haben dieselben Rechte wie Ihre Mitmenschen

Börsenmakler kaufen und verkaufen die Aktien der Aktiengesellschaften. Wenn eine Aktie für hundert Dollar verkauft wird und ein Makler davon überzeugt ist, sie sei nur fünfzig Dollar wert, kann er auf Baisse spekulieren. Er weiß, daß das Aktienkapital überbewertet ist, und er rechnet damit, daß andere Leute das bald merken werden. Wenn er auf Baisse spekuliert, hofft er zu profitieren, wenn der Börsenkurs der Aktie sinkt.

Es gibt auch Menschen, die sich selbst gegenüber auf Baisse spekulieren – und davon nicht einmal profitieren. Ganz im Gegenteil: es bleibt ihnen nichts weiter als die Verachtung ihrer Sehnsüchte und damit Selbstverachtung, mit der sie sich ruinieren.

Zahllose Menschen sind davon überzeugt, als Versager geboren worden zu sein. Wenn man ihnen den Erfolg auf einem silbernen Tablett präsentierte, würden sie dennoch Mittel und Wege finden, ihn in einen Mißerfolg zu verwandeln. Es ist ihnen einfach nicht klar, daß sie ein Recht auf Erfolg haben.

Haben Sie schon jemals versucht, einen Garten zu bestellen. Nun – wenn Sie Petersilie säen, ernten Sie bestimmt keinen Spargel! In gleicher Weise können Sie nicht erwarten, Erfolg zu ernten, wenn Sie in sich Mißerfolg säen.

Sie müssen also Ihren Geist „neu bestellen" und in ihn die Samen des Erfolgs säen. Sie müssen begreifen, daß Sie genauso viele Rechte wie jeder Ihrer Mitmenschen haben – gleichgültig, wie erfolgreich sie sind.

Es ist mitunter kaum glaublich, auf welche (nachgerade geniale Weise) manche Menschen Mißerfolge produzieren. Ich kenne – zum Beispiel – einen Mann, der mehrere Mietshäuser im Wert von etwa einer halben Million Dollar erbte. Sie werden es nicht glauben: Dieser Mann hatte das Gefühl, sein Erbe nicht verdient zu haben, und vernachlässigte die Häuser, kümmerte sich nicht einmal um das Kassieren der Mieten und warf auf diese Weise innerhalb weniger Jahre 70.000 Dollar zum Fenster hinaus. Glücklicherweise erkannte er seinen Willen zu versagen noch rechtzeitig und korrigierte sich selbst, bevor er sein Glück endgültig zerstören konnte...

Einer meiner Patienten fühlte sich durchaus wohl, solange er finanziell einen Mißerfolg nach dem anderen zu verzeichnen hatte. Dann machte er jedoch den „Fehler", dennoch eine Menge Geld zu verdienen, und sofort hatte er den Kopf voller Sorgen. Er schwebte nicht nur ständig in Angst, andere Leute seien darauf aus, ihn um sein Vermögen zu bringen, sondern wurde obendrein auch noch zum Hypochonder. Er rannte von einem Arzt zum anderen, schloß Versicherungen ab und sorgte sich unablässig – ihm war nicht zu helfen. Mißerfolge waren ihm offenbar lieber als Erfolge.

Eine Frau suchte mich in meiner Praxis auf und bat mich um eine Schönheitsoperation an ihrer Nase, die jedoch makellos war. Da es ein Verbrechen gewesen wäre, eine solche Nase zu operieren, weigerte ich mich. Meine Diagnose war jedoch klar: diese Frau versuchte aus irgendeinem Grund unbewußt sich zu zerstören.

Offenbar glauben viele Menschen, die ständig versagen, Erfolg und Geld seien ein und dasselbe. Das ist jedoch ein schwerwiegender Irrtum. Ein Mensch kann erfolgreich sein – und nicht einen Pfennig auf seinem Bankkonto haben. Wahrer Reichtum lebt im Herzen des Menschen. Dieser innere Reichtum kann mit der Fähigkeit, materiellen Wohlstand zu erlangen, gekoppelt sein – muß es aber nicht.

Eines jedoch haben alle erfolgreichen Menschen gemeinsam: die Überzeugung, daß sie ihr Glück verdienen, daß sie ein natürliches Recht auf Glück haben, daß der Sonnenaufgang jeden Morgen einen neuen glücklichen und erfolgreichen Tag ihres Lebens ankündigt.

Erfolgreiche Menschen: Wie sie es schafften

Zu den Menschen dieses Typs gehörte Clark Gable. Wahrscheinlich haben auch Sie einen oder mehrere Filme gesehen, in denen er eine

Hauptrolle spielte. Er verkörperte meistens selbstsichere, gelassene Männer, die sich ihres Lebens freuten.

Bevor er berühmt wurde, sah Gables Leben so aus: Er zögerte niemals, etwas Neues anzufangen; im Gegenteil, es machte ihm Spaß, sich immer neuen Abenteuern zuzuwenden. Er fing als Wasserträger in einem Bergwerk an, wurde Büroangestellter in einer Stahlwarenfabrik. Nach dem Ersten Weltkrieg arbeitete er zeitweilig in einem Textilkaufhaus. Mit zwanzig Jahren war er Automechaniker, und einige Zeit später arbeitete er täglich mehrere Stunden, um das Zurichten von Werkzeugmaschinen zu lernen. Dann trat er zwei Jahre lang für zehn Dollar pro Woche in einer Wanderbühne auf, bis er schließlich Holzfäller wurde ...

Für Clark Gable waren dies keine Jahre des Mißerfolgs, die am Ende von märchenhaften Triumphen abgelöst wurden. Er war sogar damals erfolgreich. Für ihn waren Erfolg und Leben ein und dasselbe, und daher war er – trotz geringer finanzieller Erfolge – ein durchaus erfolgreicher Mann.

Für Harlow Curtice, den ehemaligen Präsidenten von General Motors, gründete sich der Erfolg zum großen Teil auf seine Energie, seinen Elan im Wirtschaftsleben.

Auf dem Lande geboren, hatte Curtice kaum mehr vorzuweisen als sein Abgangszeugnis der High School, als er 1914 bei einer Tochtergesellschaft von General Motors eine Stellung als Buchhalter bekam. Im Alter von 35 Jahren war er bereits Präsident dieser Gesellschaft, und als er von General Motors zum Generaldirektor der Abteilung berufen wurde, die den preisgekrönten Buick herstellte, war er erst 40 Jahre alt.

Curtice hat sich immer voll eingesetzt. Als dynamischer Abteilungsdirektor drang er darauf, neue, revolutionäre Buick-Modelle zu konstruieren, er reformierte die Verkaufsmethoden und reiste selbst durch das Land, um die Autohändler aufzusuchen und ihnen Vertrauen in die Produkte zu vermitteln, die sie verkauften.

Im Zeitraum von vier Jahren gelang es ihm – während des Höhepunkts der Depression! –, den Verkauf von Buicks zu vervierfachen; er machte damit seine Abteilung zur zweitgrößten der General-Motors-Gruppe.

Dieser Erfolg brachte Curtice ein Gehalt von 750.000 Dollar netto im Jahr ein, aber sein Erfolg war noch weit größer, als es dieses enorme Gehalt vermuten läßt. Denn Curtice genoß es, sich selbst und seinen Untergebenen Ziele zu setzen, es freute ihn, wenn Hindernisse überwunden wurden. So machte er es sich zur Gewohnheit, aus jeder Schwierigkeit siegreich hervorzugehen.

Althea Gibson, der bekannte schwarze Tennisstar, beschreibt in ihrem Buch *I Always Wanted to be Somebody* (Harper & Row, 1958), ihr Erfolgsrezept:

„Ich wollte immer jemand sein. Ich glaube, das war auch der Grund, weshalb ich als Kind von zu Hause weglief, obwohl ich dafür eine schreckliche Tracht Prügel bekam. Darum wandte ich mich dem Tennis zu und trainierte hart, obwohl ich die wildeste Range war, die je einen Tennisplatz betreten hat, und obwohl meine Vorstellungen von dem, was ich erreichen wollte, denen meiner Trainer nicht im geringsten entsprachen ... “

„... ich war entschlossen, etwas aus mir zu machen – auch wenn es mich umbringen würde.“

Althea Gibsons Wille zu siegen war so stark, daß sie tatsächlich „jemand“ wurde: nämlich eine der besten Spielerinnen in der Geschichte des amerikanischen Tennissports.

Der französische Romancier Romain Gary war in seinem Innersten davon überzeugt, daß er mit seinem Erfolg seiner Mutter ein Geschenk machen würde, mit dem er ihr für ihre Zärtlichkeit und Aufopferung danken konnte.

In „Erste Liebe, letzte Liebe“ (Promesse de l’Aube) schreibt Gary:

„Ich wußte, daß die künstlerischen Ambitionen meiner Mutter sich nie erfüllt hatten und daß sie für mich eine Karriere erträumte, die ihr versagt geblieben war ...

Ich war entschlossen, alles zu tun, um sie – gleichsam stellvertretend – durch meine Leistungen zu einer berühmten und gefeierten Künstlerin zu machen: Es handelte sich nur darum, den richtigen Bereich zu finden; und nachdem wir lange Zeit zwischen Malerei, Schauspielkunst, Gesang und Tanz geschwankt hatten, nach vielen herzzerreißenden Mißerfolgen, wandten wir uns schließlich der Literatur zu, die schon immer für diejenigen, die nicht wissen, wo sie ihre träumenden Köpfe betten sollen, die letzte Zuflucht in dieser Welt gewesen ist.“

In welchem Bereich auch immer – Erfolg kommt nicht von ungefähr, und manchmal muß man sogar eine ordentliche Portion Mut haben, um im Leben auf der Seite der Sieger zu stehen.

Glauben Sie an sich selbst, und Sie werden Erfolg haben

Ralph Waldo Emerson schrieb einmal, Selbstvertrauen sei „das erste Geheimnis des Erfolges“, und damit hat er zweifellos recht. Es gibt jedoch Menschen, die Erfolg mit „Glück“ gleichsetzen. Die Sieger, so meinen sie, seien eben jene, die immer „Glück“ haben.

Ich glaube nicht an dieses „Glück", und ich halte eine solche Vorstellung sogar für gefährlich; denn wenn ein Mensch glaubt, er sei ein notorischer Pechvogel, gibt er mit ziemlicher Sicherheit sich selbst auf. Natürlich sieht es manchmal so aus, als ob es gute und schlechte Tage gebe, als ob einem gestern mehr gelungen sei als heute; aber das gleicht sich auf lange Sicht aus. Der Mensch, der an das „Glück" glaubt, wartet nur zu oft darauf, daß ein anderer ihm aus einer bestimmten Situation heraushilft – er wartet, statt auf sich selbst zu vertrauen und die Initiative zu ergreifen.

Ich habe Ihnen bereits eine Reihe von Erfolgsprinzipien erläutert. Grundsatz ist jedoch stets: *Glauben Sie an sich selbst, und Sie werden Erfolg haben!*

Die erfolgreichen Menschen, die ich Ihnen in diesem Kapitel vorgestellt habe, unterscheiden sich sowohl in ihren Auffassungen vom Erfolg als auch in ihren Bestrebungen, in ihren Stärken und Schwächen stark voneinander. Eines haben sie jedoch alle gemeinsam: den Glauben an sich selbst. Bei einigen von ihnen mußte dieser Glaube durchaus gegen die Furcht vor dem Versagen ankämpfen, aber der Glaube an sich selbst war stets Teil ihrer Persönlichkeit.

Alles was zu Ihrem Erfolg gehört, liegt in Ihrer Reichweite. Der große englische Staatsmann Edmund Burke hat es so ausgedrückt: „Dinge, die nicht durchführbar sind, sind auch nicht wünschenswert. Auf der Welt gibt es nichts wahrhaft Wünschenswertes, das nicht durch vernünftige Einsicht und zielgerichtetes Streben zu erreichen wäre."

Ja, mit einer Einschränkung: *wenn* Sie an sich selbst glauben, wenn Sie davon überzeugt sind, daß Sie Erfolg und Glück verdienen.

Viele Menschen jedoch nutzen die ihnen gegebenen Möglichkeiten nicht.

In der Ausgabe der *New York Times* vom 24. November 1957 veröffentlichte Dr. Joseph Still folgenden Artikel:

„Die an dieser Stelle abgebildeten Diagramme sind das Ergebnis neunjähriger Forschungsarbeit, in der das physische und intellektuelle Verhalten des Menschen im Rahmen der Altersforschung, der Geriatrie, beobachtet wurde. Diese Diagramme stellen die Möglichkeiten normaler Männer und Frauen im Vergleich zu ihrer realen Leistung dar. Jedes Diagramm weist eine obere ‚Erfolgs'-Kurve und eine untere ‚Versagens'-Kurve auf. Ich schätze, daß nur etwa fünf Prozent der Bevölkerung dieser oberen Kurve folgen. Der Rest versagt, da es ihm an Motivierung und Kenntnis der eigenen Fähigkeiten mangelt.

Zum Diagramm physischen Wachstums: Niemand kann bezweifeln, daß die ‚Versagens'-Kurve für viele Menschen heute zugleich der physischen Entwicklung entspricht. Sie setzen sich kaum einer körperlichen Betätigung aus. Sie essen, trinken und rauchen zuviel. Die physische Gesundheit bröckelt ab, sobald sie die Dreißig überschritten haben.

Zum Diagramm psychischen Wachstums: Wieder geht die ‚Versagens‘-Kurve einher mit der intellektuellen Entwicklung der meisten Menschen. Sie erreichen den Höhepunkt ihres Wissensdurstes und ihres intellektuellen Wachstums während der Schulzeit oder des Studiums, allenfalls noch zu Beginn des Berufslebens. Dann aber hört das Wachstum auf, und die Entwicklung wird rückläufig.“

Warum findet dieser sachkundige Beobachter stets eine „Versagens“-Kurve statt einer „Erfolgs“-Kurve? Irgend etwas kann nicht stimmen, wenn so viele Menschen ihren intellektuellen Höhepunkt so früh erreichen. Das Leben sollte doch ein Prozeß ständigen Wachstums bis zum Tode sein . . .

Die Antwort auf diese Frage ist einfach: Die meisten Menschen glauben nicht an sich selbst. Wir sehen uns im Fernsehen Sportveranstaltungen an, statt selbst Sport zu treiben. Wir ergötzen uns an unrealistischen Filmen und Fernsehstücken, statt bewußt am Leben teilzunehmen. Wir sind nicht mehr „Handelnde“, sondern „Zuschauer“ und haben so den Glauben an unsere schöpferischen Kräfte verloren. Wir sind zu einer passiven Gesellschaft geworden, die dem Leben zusieht, während es an ihr vorüberzieht.

Um aber zu den Siegern des Lebens zu gehören, müssen Sie den Glauben an sich selbst wiedergewinnen. Sie müssen sich lohnende Ziele setzen und an ihren Wert glauben – gleichgültig, wie unbedeutend sie anderen Menschen scheinen mögen.

Niemand ist vollkommen

Sicher kennen Sie das alte Sprichwort: „Es ist noch kein Meister vom Himmel gefallen.“ Ich glaube, ich habe dieses Sprichwort zum erstenmal als kleiner Junge in der Grundschule gehört, und ich habe wohl niemals ein zutreffenderes Sprichwort gehört. Lernen können wir alle daraus.

Wenn Sie meinen, Sie müßten überall und zu jeder Zeit erfolgreich sein, werden Sie versagen – denn niemand ist vollkommen.

Eine Hausfrau, die sich beispielsweise einbildet, ihr Haushalt müßte stets und ausnahmslos blitzsauber sein, macht sich zum Sklaven eines Ticks. Ein Haushalt ist schließlich kein steriles Labor!

Ein Schüler, der glaubt, er müsse in jedem Fach eine Eins haben, wird sein Ziel sicherlich nicht erreichen. Selbst wenn er in allen Fächern ungewöhnliche Begabungen aufweist, wird er früher oder später auf einen Lehrer treffen, der nur selten die besten Zensuren gibt.

Der Mann, der glaubt, er dürfe niemals seine Gefühle zeigen, umgibt sich lediglich mit einer Mauer. Er ist weder besonders nobel noch vollkommen männlich.

Die Frau, die sich einbildet, sie müsse alles tun, um klassisch schön zu werden, degradiert sich selbst, da sie sich zu einer Puppe umstilisiert ...

Kehren wir zu unserem Sprichwort zurück. Viele Menschen *können* nicht erfolgreich sein, weil sie gar nicht versuchen wollen, bestimmte Dinge anzupacken. Sie geben sich keine Chance, da sie meinen, sie müßten – wenn überhaupt – schon beim ersten Versuch Erfolg haben. Wenn ihr Perfektionismus extrem ausgeprägt ist, wagen sie niemals etwas Neues – aus Angst, sie könnten versagen.

Perfektionismus – der Drang zur unbedingten Vollkommenheit – ist der schlimmste Feind des Erfolgs!

Irren ist menschlich

Sie werden auf keinem Gebiet einen Erfolg erreichen, wenn Sie sich nicht selbst wie ein menschliches Wesen behandeln. Und ein Mensch macht Fehler. Irren ist nur menschlich, und wenn Sie wahrhaft perfekt wären, hätten sie keine Freunde, denn Sie wären Ihren Mitmenschen unheimlich.

Wenn Kleinkinder laufen lernen, können sie zunächst das Gleichgewicht nicht halten und fallen immer wieder hin. Was diese Versuche betrifft, sind wir bereit einzusehen, daß das Laufen eine schwere Sache ist, die das Kind schließlich nur lernen kann, wenn es immer neue Ansätze macht und sich von Stürzen nicht beirren läßt.

Nehmen wir jedoch einmal an, Sie müßten etwas tun, das für Sie, für einen erwachsenen Menschen, genauso schwierig ist wie das Laufenlernen für ein kleines Kind. Stellen Sie sich vor, Sie sind eine junge Hausfrau, und Ihr Mann bringt seinen Chef zum Abendessen mit nach Hause: eine Situation, der Sie sich bisher noch nie gegenübersahen. Sie sind nervöser als sonst, machen einen kleinen Witz, der nicht ankommt, werden rot, stellen eine peinliche oder taktlose Frage. Nun, Sie haben sich nicht richtig benommen, Sie haben einen Fehler gemacht. Bedeutet das nun, daß Sie gesellschaftlich unmöglich sind?

Natürlich nicht. Sie sind ein menschliches Wesen in einer ungewohnten, unangenehmen Situation und haben einen Fehler gemacht. Warum sollten Sie da nicht ebensoviel Nachsicht und Mitleid mit sich haben wie mit einem kleinen Kind, das beim Laufenlernen auf die Nase fällt?

Vergessen Sie Ihren Fehler so schnell wie möglich und versuchen Sie, den Rest des Abends so angenehm wie möglich zu gestalten. Vielleicht gefallen Sie dem Chef sogar noch besser, wenn er sieht, daß Sie ein Mensch sind wie andere auch. Sie wissen nicht, mit welchen Problemen er selbst sich herumschlagen muß.

Vor 300 Jahren schrieb der englische Dichter John Dryden:
„Geistesgegenwart und Mut in allem Ringen
Sind stärker als ein Heer und führen zum Gelingen."

So wie eine Hausfrau ihre Aufgaben erfolgreich bewältigen will, strebt der jungverheiratete Mann danach, als Ernährer seiner Familie erfolgreich zu sein. Es ist bereits ein zwei Monate altes Baby da, und niemals vorher war sein Wunsch, seiner Familie ein gesichertes Leben zu bieten, so stark ausgeprägt. Mit diesem Wunsch ist jedoch ein ihm bislang unbekanntes Gefühl verbunden – das Gefühl der Verpflichtung.

Achtzehn Monate lang hat er erfolgreich als Versicherungsagent gearbeitet, aber die Verpflichtung, eine Familie ernähren zu *müssen*, hat seine Persönlichkeit etwas verändert. Wenn er mit einem Kunden verhandelt, ist er unruhig, sein Auftreten ist ein bißchen gezwungen, und er denkt mehr an die Provision, die er dringend braucht, als an seinen Kunden, der eine günstige Versicherung abschließen will. Er macht sich Vorwürfe, weil er einige Abschlüsse verpfuscht hat, die ihm eigentlich hätten gelingen müssen, und hält sich plötzlich für einen Versager.

Ist er das wirklich? Natürlich nicht. Er macht lediglich eine Periode durch, in der er sich seinem veränderten Status anpassen muß, und ist deshalb vorübergehend etwas aus dem Gleichgewicht geraten. Sein einziger wirklicher Fehler liegt darin, *daß er seine Fehler nicht akzeptiert*.

Alle Probleme sind Teil unseres Lebens, und um erfolgreich leben zu können, müssen wir *mit* ihnen leben. Gelegentliche Not, Irrtümer, Fehler und Spannungen gehören ebenso zum Leben, zum Schicksal des Menschen. Manchmal fühlen wir uns den Forderungen, die sich uns stellen, nicht gewachsen.

Der Römer Publius Syrius schrieb einst: „Wenn du das Höchste erreichen willst, fang beim Niedrigsten an" – und dieser Rat ist wahrhaftig nicht der schlechteste.

Wenn Sie selbst sich nicht mögen – wer wird es sonst tun?

In diesem Kapitel habe ich Ihnen bereits einige Hinweise gegeben, die Ihnen dazu verhelfen können, sich selbst gleichsam zum Sieger zu machen. Wenn Sie die nun folgende praktische Übung überdies unbeirrt und gewissenhaft befolgen, werden Sie sicherlich auch darin eine zusätzliche Hilfe finden.

Alles in allem ist der entscheidende Faktor Ihre Selbstauffassung. Ihr Erfolg oder Versagen hängen einzig davon ab, ob Ihre Selbstauffassung angemessen ist oder nicht. Im ersten Kapitel dieses Buches habe ich Ihnen den Typ des Handelsvertreters geschildert, dem es einfach nicht gelingen will, gut zu verkaufen, weil seine Selbstauffassung zu armselig ist.

Dieser Mann kann sich ändern – und auch Sie können es. Sie können Ihre Selbstauffassung und damit den Verlauf Ihres Lebens ändern, wenn Sie sich so sehen, wie Sie in Wahrheit sind, wenn Sie Ihre Vorstellungskraft nutzen und sich so sehen, wie Sie in Ihren besten Augenblicken und bei Ihren herausragenden Leistungen waren, und sich durch Ihre Vorstellungskraft in neue Rollen versetzen, die innerhalb der Grenzen Ihrer physischen und psychischen Fähigkeiten liegen. Wenn Sie sich entspannen und auch Ihre Schwächen akzeptieren können, wenn Sie sich selbst ein bißchen Nachsicht entgegenbringen, werden Sie Ihre guten Seiten entdecken und aufhören, sich selbst mit Ihren negativen Eigenschaften zu quälen. Denn – um es noch einmal zu wiederholen – es ist immer die Vorstellung eines Menschen von sich selbst, in der er sich als Versager sieht, die ihn dann tatsächlich versagen läßt. Und es ist die hochherzige, liebende und vergebende Selbstauffassung, die im Grunde einen Menschen glücklich und erfolgreich macht.

Das bedeutet jedoch nicht, daß man sich ein idealisiertes Bild von sich selbst schaffen soll. Wir alle haben mit Problemen zu ringen und bemühen uns, unser Bestes zu geben, um jeden Tag unseres Lebens sinnvoll zu gestalten. Wir alle haben Fehler und versuchen, sie zu überwinden; manchmal gelingt es uns, und manchmal versagen wir. Jeder von uns hat Freunde und Feinde.

Und wenn es jemanden gibt, den Sie sich unbedingt zum Freund machen sollten, dann sind Sie das selbst! Denn wenn Sie sich selbst nicht mögen – wer sollte Sie da schätzen können?

Wenn Sie sich selbst zu Ihrem Freund machen, wenn also Ihre Selbstauffassung Ihnen angemessen ist, wenn Sie wissen, was Sie wollen, und Ihren Blick auf realistische Ziele richten, wenn Ihre Bemühungen, sie zu erreichen, von Ihrer Vorstellungskraft unterstützt werden – dann werden Sie eines Tages Sieger sein.

3. *praktische Übung: Wie Sie Erfolg haben können*

1. *Ermutigen Sie Ihren Erfolgsmechanismus,* indem Sie alle negativen

Gedanken des Versagens auslöschen; stellen Sie sich statt dessen sich selbst als erfolgreichen Menschen vor. Beleben Sie Ihre Vorstellungskraft durch jede glückliche Erfahrung, an die Sie sich erinnern können. Geben Sie sich jedoch nicht einem vagen „positiven Denken" hin, sondern vergegenwärtigen Sie sich bildhaft die Augenblicke Ihres Triumphes. Erheben Sie sich über alle Vorstellungen des Versagens; statt dessen sehen Sie sich selbst, wie Sie alle Hindernisse überwinden.

2. *Setzen Sie sich eindeutige, realistische Ziele.* Nachdem Sie sich darüber klargeworden sind, was Sie erreichen wollen, unternehmen Sie in Ihrer Phantasie alle Schritte, die notwendig sind, Ihre Vorhaben erfolgreich zu vollenden. Lassen Sie sich von Fehlern der Vergangenheit nicht entmutigen! Wenn Ihre Ziele im Bereich Ihrer Möglichkeiten liegen, sind sie sinnvoll und erreichbar. Ihr Erfolgsmechanismus braucht Ziele, um seine maximale Leistung zu geben.

3. *Begreifen Sie Ihre Rechte.* Viele Leute denken etwa so: „Ich habe diese langweilige Stellung schon seit 12 Jahren, aber einer anderen Stellung wäre ich kaum gewachsen." Oder: „Ich tue in meiner Freizeit nichts weiter, als vorm Fernseher zu sitzen, aber ich habe eben keinen Schwung." Wenn Sie so denken, liegt Ihr Problem darin, daß Sie eine zu schlechte Meinung von sich haben; Sie begreifen überdies nicht, daß Sie dieselben Rechte haben wie Ihre erfolgreichen Mitmenschen. Sagen Sie sich, daß Erfolg Ihr gutes Recht ist. Denken Sie an einen Menschen, den Sie für erfolgreich halten, und sagen Sie sich, daß Sie dieselben Rechte haben wie er. Halten Sie diese Vorstellung in sich wach, bis Sie von ihrer objektiven Wahrheit ganz überzeugt sind.

4. *Glauben Sie an sich selbst.* Wenn Sie meinen, Sie hätten zu viele schlechte Eigenschaften, Sie hätten in Ihrem Leben zu viele Fehler gemacht, denken Sie daran, daß kein Mensch vollkommen ist. Erfolgreich sein heißt: sich über Fehler und Mißerfolge erheben. Es ist eine viel größere Leistung, Fehler zu überwinden und dennoch zum Erfolg zu kommen, als ohne Ringen Erfolge zu erzielen; denn mit dem Überwinden verbessern Sie gleichzeitig Ihre Selbstauffassung und erhöhen Ihre Selbstachtung. Sagen Sie sich immer wieder, daß Ihre Mißerfolge der Vergangenheit angehören, daß Sie in diesem Augenblick anfangen, erfolgreich zu sein.

5. Kapitel

Gewohnheiten beherrschen unser Leben

Ein Sprichwort behauptet, der Mensch sei „ein Gewohnheitstier", und es hat durchaus seine Berechtigung. Wir alle neigen dazu, in unserer Lebensführung bestimmten Gewohnheiten zu folgen.

Einige Gewohnheiten werden von der Zivilisation bestimmt, und fast jeder folgt ihnen. Fast jeder Mitteleuropäer oder Amerikaner wird sich morgens nach dem Aufwachen als erstes die Zähne putzen, und diese Gewohnheit ist selbstredend sinnvoll, denn Ihre Zähne bleiben gesund, und das Frühstück schmeckt besser.

Es gibt jedoch auch individuelle Gewohnheiten. Einer meiner Freunde zum Beispiel, mit dem ich gelegentlich über philosophische Fragen diskutiere, gestikuliert grundsätzlich mit seiner Pfeife, sobald er ein gewichtiges Argument in die Debatte wirft. Das tut er, so lange ich denken kann ...

Wenn Ihre Gewohnheiten gesund und sinnvoll sind, müssen Sie ein glücklicher Mensch sein. Wenn sie es jedoch nicht sind, müssen Sie sich alle Mühe geben, sie zu ändern – denn auch das trägt dazu bei, ein erfüllteres Leben zu führen.

Vielleicht meinen Sie, es sei schwer, tiefverwurzelte Gewohnheiten aufzugeben. Das ist jedoch ein Irrtum. Sie können sich ändern, nur müssen Sie zunächst die negativen Gewohnheiten, die seit langem Teil Ihrer Persönlichkeit sind, ausmerzen.

Mit dem Wort „Gewohnheit" verbindet man heute fast automatisch etwas Negatives. In einem Zeitalter des Materialismus, in dem Moral und geistige Werte im Schwinden begriffen sind, in dem von Schriftstellern mit Vorliebe der Lump, der destruktive Menschentyp, zum Helden gemacht wird, sind uns negative Gewohnheiten wie etwa Trinken Rauchen und Rauschgiftsucht durchaus vertraut.

Gewohnheiten können jedoch auch gut, ja anregend und förderlich sein, und die Kunst des Lebens besteht im wesentlichen darin, schlechte Gewohnheiten zu überwinden und sich gute und förderliche Gewohnheiten zu eigen zu machen.

Die Bedeutung der Gewohnheit

Gewohnheiten beherrschen Ihr Leben, und Sie können sie nicht ent-

behren, wenn Sie Ihren Platz im Leben behaupten wollen. Um ein einfaches Beispiel zu nennen: Sie wachen an einem Wochentag morgens
auf, putzen sich die Zähne, waschen sich, ziehen sich an und früh-
stücken... Wenn Sie diese und andere von der Gesellschaft entwickelte
Gewohnheiten nicht auch zu Ihren eigenen gemacht hätten, würden Sie
von eben dieser Gesellschaft schwerlich akzeptiert werden. Ohne die
Hilfe von Gewohnheiten würden Sie Ihre tägliche Arbeit kaum bewältigen können. Ja, Sie wären nicht einmal in der Lage, die einfachsten
Funktionen zu erfüllen.

Sind Sie Hausfrau? Nun – was würde aus Ihnen (und aus Ihrer
Familie), wenn Sie plötzlich alles vergessen würden, was Ihnen schon
zur Gewohnheit geworden ist: Kochen, Saubermachen, Abwaschen?

Sind Sie Abteilungsleiter in einem Kaufhaus? Was würde wohl geschehen, wenn Sie die Gewohnheit aufgäben, sich sorgfältig zu kleiden,
alle Kunden freundlich zu begrüßen und sich den Preis jeder Ware sofort
einzuprägen?

So nützlich und wichtig viele Gewohnheiten jedoch sind, so zersetzend
sind dagegen manche anderen. Der Mensch, der sich zum Beispiel daran
gewöhnt hat, pro Tag drei Schachteln Zigaretten zu rauchen, ist das
Opfer einer verhängnisvollen Gewohnheit.

Die Entstehung von Gewohnheiten

Das langsam heranwachsende Kind lernt von seinen Eltern und später
auch von seinen Freunden, wie es bestimmte Dinge zu tun hat. Schon
bald werden diese Handlungen und gedanklichen Vorgänge zu einem
Teil von ihm; sie geschehen fast automatisch. Das Kind wiederholt sie
immer wieder – vielleicht sogar sein ganzes Leben lang.

Gewohnheiten steuern nicht nur Handlungen wie etwa das Binden
von Schnürsenkeln oder das Autofahren. Auch unsere emotionellen
Reaktionen und die Gefühle selbst hängen von Gewohnheitsmustern ab.

Sie können die gute Gewohnheit entwickeln, sich selbst als ein nützliches, konstruktives Mitglied der menschlichen Gesellschaft zu sehen,
das für jeden Tag seines Lebens ein Ziel vor Augen hat und ihm entgegenstrebt. Oder Sie können sich selbst als einen Versager sehen, als
einen Menschen ohne jeden Wert – und diese Denkweise ist eine
schlechte Gewohnheit.

In seinem Buch *The Road to Emotional Maturity* (Prentice Hall, 1958)
schreibt Dr. David Abrahamsen:

„Alle unsere Gewohnheiten spiegeln eine Grundhaltung, denn sie sind
Ausdruck unserer unbewußten Gefühle. Aus diesem Grunde verschwen-

den wir keinen Gedanken daran, wie wir essen, reden, gehen oder wie wir unsere routinemäßigen Alltagsaufgaben erledigen.

Pawlows einfache Experimente mit Hunden erbrachten den ersten Beweis, daß Gewohnheiten das Ergebnis ständig wiederholter Reaktionen auf bestimmte Reize sind und daß diese Gewohnheiten sogar beibehalten werden, wenn sich die Situation verändert.

Um diese Theorie zu beweisen, hielt Pawlow einem Hund ein Stück Fleisch hin und läutete im selben Augenblick mit einer Glocke. Beim Anblick des Fleisches begannen die Speicheldrüsen des Hundes sofort zu arbeiten. Diese Reaktion stellte sich jedesmal ein, wenn Pawlow die Prozedur wiederholte. Nach einiger Zeit ließ er jedoch das Fleisch weg und läutete nur noch die Glocke. Die Speicheldrüsen des Hundes arbeiteten trotzdem, denn die Reaktion hatte sich inzwischen automatisiert – sie erfolgte unbewußt. Es würde eine lange Zeit brauchen, bis diese auf ständiger Wiederholung beruhende Verhaltensweise von den ursprünglichen Faktoren, von denen sie abhängt, wieder getrennt werden könnte.

Damit ist bewiesen, daß unsere Gewohnheiten, die wir für einen Bestandteil unserer Persönlichkeit halten, in Wahrheit von uns während der Kindheit und Jugend angenommen wurden ... "

Ebenso wie Pawlows Hund wird auch der Mensch durch Gewohnheiten bestimmt. Sie können sich als Sieger oder als Verlierer sehen; beide Denkweisen sind ein Gewohnheitsmuster, das Sie entweder zu einem aktiven, zielbewußten Menschen werden läßt oder Sie dazu zwingt, sich in sich selbst zurückzuziehen.

Vor einiger Zeit erzählte mir ein Freund die Geschichte eines jungen Mädchens, einer begabten Pianistin, die sich angewöhnt hatte, ihre Leistungen für unzureichend zu halten. Schon in ihrer frühesten Jugend hatte sie am Klavier außergewöhnliche Fähigkeiten bewiesen. Wenn sie jedoch auch nur den geringsten Fehler machte, wurde sie von ihrer ehrgeizigen Mutter unnachsichtig gescholten.

Heute ist sie selbst in die Rolle der Mutter geschlüpft und kritisiert ihre eigenen Leistungen ständig. So hat sie ihr großes Talent gleichsam in eine Zwangsjacke gesteckt, und mit ihrer schädlichen Gewohnheit, einem extremen Perfektionismus zu huldigen, hat sie sich die so aussichtsreiche Karriere selbst ruiniert.

So werden in unserer Kindheit und frühen Jugend Gewohnheiten entwickelt, die lange – oder gar für alle Zeiten – in uns haften bleiben, wenn wir uns ihrer nicht kritisch bewußt werden und sie ändern. Gewohnheiten lassen sich durchaus ändern, und in diesem Kapitel werde ich Ihnen zeigen, was Sie dazu tun müssen.

Hören Sie mit dem Trinken auf – und fangen Sie ein neues Leben an

Trinken ist eine destruktive Gewohnheit. Natürlich meine ich damit nicht die Angewohnheit, abends, nach der Arbeit, zur Entspannung einen oder zwei Drinks zu sich zu nehmen. Gegen maßvolles Trinken ist nichts einzuwenden. Ich meine vielmehr die Gewohnheit, in jeder schwierigen Lage zur Flasche zu greifen und ein Glas Alkohol nach dem anderen zu trinken, um allen Problemen zu entfliehen. Kurz: ich meine den „Alkoholismus".

Irrtümlicherweise denkt so mancher, der Alkoholiker sei glücklich, und vielleicht rührt diese Ansicht von den unrealistischen Darstellungen des „weinseligen, glücklichen Trinkers" in zahllosen Filmen her. Wenn das Trinken zur Gewohnheit geworden ist, der der Mensch nicht mehr widerstehen kann, ist es eine schreckliche Krankheit.

Unter dem Einfluß des Alkohols kann man für eine kurze Zeitspanne den Problemen des Lebens und den Schwierigkeiten mit sich selbst entfliehen. Ein paar Drinks, und Sie vergessen die leidige Einkommensteuererklärung und den Streit mit Ihrer Schwiegermutter. Ein paar weitere Drinks, und Sie vergessen sogar, wie unbedeutend Sie sich bei Ihrer beruflichen Arbeit fühlen. Und noch ein paar Drinks, und Sie würden eine vor Ihren Augen explodierende Atombombe allenfalls mit einem dümmlichen Grinsen zur Kenntnis nehmen.

Wenn Sie Sorgen haben, ist die Erleichterung, die der Alkohol bringt, natürlich nur vorübergehend. Am nächsten Tag werden Sie das Gefühl haben, man hätte Ihren Kopf mit einem Hammer bearbeitet. Ihre „Flucht" vor der Wirklichkeit hat Ihnen nichts eingebracht. Auf die Dauer stumpft unmäßiges Trinken Ihre Sinne ab und ruiniert Ihre Gesundheit.

Gewohnheitstrinker trinken nicht nur, um aktuellen Nöten zu entrinnen; sie rennen vor ihrer negativen Selbstauffassung davon, vor dem Gefühl ihrer eigenen Wertlosigkeit.

Gewohnheitsmäßiges Trinken ist gefährlich, und wenn Sie zuviel trinken, sollten Sie sich die Gefahr, in der Sie schweben, klarmachen und diese Gewohnheit aufgeben. Bevor Sie jedoch mit einer Gewohnheit brechen, müssen Sie vor sich selbst zugeben, daß Sie das Opfer einer Gewohnheit sind.

Es gibt in allen Ländern der Welt Organisationen, die es sich zur Aufgabe gemacht haben, Alkoholiker von ihrer Sucht zu befreien. Zu ihnen gehört in Amerika die Organisation *Alcoholics Anonymous*. Neue Mitglieder, die sich das Trinken abgewöhnen wollen, müssen zunächst im Gespräch wörtlich erklären: „Ich bin Alkoholiker." Dieses aufrichtige

Eingeständnis ist wichtig, denn die meisten Alkoholiker machen sich etwas vor und sagen sich, sie seien keine Alkoholiker, sondern nur „gesellige Trinker".

In seinem Buch *The Life Extension Foundation Guide to Better Health* (Prentice Hall, 1959) schreibt Dr. Harry J. Johnson: „Eine fachmännische Untersuchung der Geschichte von mehr als 5000 Familien, die drei bis fünf Generationen erfaßte, führte zu der Schlußfolgerung, daß maßvolles Trinken das Leben auch nicht um einen einzigen Tag verkürzt. Allerdings verlängert es auch das Leben nicht. Ich möchte diese Fakten betonen, weil im Zusammenhang mit dem Genuß von Alkohol viele Irrtümer ausgeräumt werden müssen. Wir haben genug Beweise dafür, daß gelegentliches Trinken durchaus eine Wohltat ist."

Haben Sie also keine Angst, gelegentlich ein Glas Alkohol zu trinken! Zwischen dem geselligen Trinken und echtem Alkoholismus besteht ein himmelweiter Unterschied.

Wenn Sie sich jedoch das Trinken zur Gewohnheit gemacht haben, müssen Sie sich dazu entschließen, mit dieser Gewohnheit zu brechen. *Wie* Sie das Trinken einstellen und damit ein neues Leben anfangen können, werde ich Ihnen am Ende dieses Kapitels demonstrieren.

Die Gewohnheit maßlosen Essens

Ein anderes Zivilisationsübel ist die Gewohnheit maßlosen Essens, deren eindeutige Folge ein ungesundes Übergewicht ist. Ist der Mensch erst einmal Opfer dieser Gewohnheit geworden, stellt sich eine gefährliche Kettenreaktion ein: Er lebt gelegentlich Diät oder macht eine Hungerkur, fühlt sich dadurch hungriger als je zuvor, wird schwach und ißt sich danach sein altes Übergewicht wieder an.

„Langes Leben und Übergewicht lassen sich nicht miteinander vereinbaren", schreibt Dr. Johnson. „Übergewicht ist vielleicht das größte Gesundheitsrisiko des 20. Jahrhunderts. Es ist wie eine sich ständig weiterverbreitende Seuche. Es gibt eindeutige Beweise dafür, daß bereits bei zehn Prozent Übergewicht die Wahrscheinlichkeit eines früheren Todes um 20 Prozent wächst.

Als Todesursache tritt Übergewicht in entsprechenden Statistiken natürlich nicht in Erscheinung. Aber wie viele meiner Fachkollegen bin ich davon überzeugt, daß Übergewicht direkt und indirekt für Invalidität und Krankheit verantwortlicher ist als jedes andere Leiden für sich. Herzkrankheiten, Infarkte, Nierenleiden und Diabetes treten bei Menschen mit 25 Prozent Übergewicht zweieinhalbmal häufiger auf als bei Leuten desselben Alters mit Normalgewicht.

In mehr als neun von zehn Fällen wird das Übergewicht ausschließlich durch übermäßiges Essen verursacht. Nur selten ist es das Ergebnis einer organischen Störung."

Das ist in der Tat ein unerfreuliches Bild, und man muß sich wirklich fragen: Warum essen die Leute so viel? Warum wissen sie nicht, wann sie Schluß machen müssen?

Die Antwort ist einfach: Das Essen ist bei solchen Menschen zur Gewohnheit geworden, die ihnen vorübergehend Befriedigung verschafft und die sie daher nicht aufgeben wollen. Menschen, die ein erfülltes Leben führen, essen nicht zuviel. Denn im Mittelpunkt ihres Lebens stehen Ziele, für die es sich zu leben und zu arbeiten lohnt. Ihr Interesse gilt ihren Aufgaben und ihren Mitmenschen, und sie leben aus dem Gefühl heraus, daß jeder Tag ein Abenteuer ist, das sie nicht missen möchten. Sie sind in der Lage, sich zu entspannen, sie schlafen den Schlaf des Glücklichen – und essen nur so viel, wie sie zum Leben brauchen.

Wenn Sie zuviel essen und zu dick sind, ist Ihre Gewohnheit, übermäßig zu essen, ein Ergebnis bewußter oder unbewußter emotioneller Störungen. Sie essen übermäßig, um sich für etwas zu entschädigen, das Ihnen fehlt oder Ihnen schon Ihr ganzes Leben lang gefehlt hat. Sie versuchen das Gefühl der Zurücksetzung oder der Minderwertigkeit mit Essen zu kompensieren – und das ist sinnlos. (Auch auf die Möglichkeit, wie Sie dieser Gewohnheit Herr werden können, komme ich noch zurück.)

Rauchen Sie nicht zuviel!

Der Gewohnheit des Rauchens unterliegen zahllose Menschen, die täglich Zigaretten, Zigarren oder Pfeife vor sich hin paffen. Meines Wissens ist das Rauchen von Zigaretten am stärksten verbreitet, und es hat genug Untersuchungen gegeben, die beweisen, daß ein Zusammenhang zwischen dem Zigarettenrauchen und Krankheiten wie Krebs, Herz- und Kreislaufleiden besteht. Erstaunlicherweise haben diese Ergebnisse in keiner Weise dazu beigetragen, diese schädliche Gewohnheit zu eliminieren oder auch nur wesentlich einzudämmen.

Besonders in Amerika sind von verschiedenen Organisationen alarmierende Statistiken publiziert worden. So konnte von der *American Cancer Society* und vom *Public Health Service* ein eindeutiger Zusammenhang zwischen dem Rauchen und dem Lungenkrebs statistisch bewiesen werden. Eine weitere Untersuchung, die den Rauchgewohnheiten von 188.000 Männern zwischen 50 und 70 Jahren galt, enthüllte einen erschreckend hohen Anteil tödlicher Herzkrankheiten bei Rauchern – die

Sterblichkeitsrate lag um mehr als 70 Prozent höher als bei Nichtrauchern.

Selbst die von *Reader's Digest* (Gesamtauflage 23,000.000) veröffentlichten Statistiken und Berichte über die Gefahren des Rauchens scheinen – trotz ihrer weiten Verbreitung – keinen wesentlichen Effekt zu haben. Viele Menschen *müssen* offenbar rauchen, um sich zu entspannen.

Überdies scheint mir, daß das Rauchen verbreitet als künstliche Aufwertung der Persönlichkeit betrieben wird. Die intensive Werbung der großen Tabakfirmen hat ihre Früchte getragen: Das junge Mädchen, das geziert an einer Zigarette zieht, identifiziert sich unbewußt mit der hübschen Blondine, die mit flatterndem Haar an einem Wasserfall steht und raucht; der junge Mann, der heftig vor sich hin pafft, hält sich für das Ebenbild des smarten und stattlichen Twen, der laut Werbung der Prototyp des Rauchers ist ...

Abgesehen von den Gefahren, die eine solche Gewohnheit für Ihre Gesundheit mit sich bringt, müssen Sie sich darüber klar sein, daß Sie mit dem Rauchen Ihre Selbstauffassung gewiß nicht stärken können, denn die Zigarette gehört nicht zum Persönlichkeitsbild eines Menschen.

Ich will nicht behaupten, daß gelegentliches Rauchen Ihrer Gesundheit schaden könnte; aber sobald es zur Gewohnheit wird und sobald ein Mensch glaubt, er könne ohne zwei Schachteln Zigaretten pro Tag nicht existieren, wird das Rauchen zur Gefahr, wenn wir den medizinischen Berichten glauben.

Wie können Sie das Rauchen aufgeben?

In seinem Buch *How To Stop Killing Yourself* (Wilfred Funk, 1962) schreibt Dr. Peter J. Steincrohn: „Einem unverbesserlichen Raucher mag vielleicht folgender Trick helfen: Machen Sie sich klar, daß das Rauchen zum großen Teil nur eine Reflexhandlung ist. Der einfachste Weg, mit einer Gewohnheit zu brechen, besteht darin, sie durch eine andere zu ersetzen. Halten Sie also statt einer Schachtel Zigaretten Süßigkeiten griffbereit. Und jedesmal, wenn Sie der Wunsch überkommt, zu rauchen, greifen Sie nach der Süßigkeit, statt nach einer Zigarette. Dieser Griff, das Auswickeln und In-den-Mund-Stecken und das Lutschen sind Reflexhandlungen, die dem Griff nach der Zigarettenschachtel, dem Anzünden einer Zigarette und dem Rauchen entsprechen. Versuchen Sie's! Es ist eine einfache Methode, Ihre Reflexe zu täuschen. Und sie führt zum Erfolg."

Arbeiten Sie sich nicht tot!

Ein erfüllter Mensch hat seine Arbeitsgewohnheiten. Als Mitglied der menschlichen Gesellschaft kann man durch seine Arbeit anderen am meisten nutzen. Ein Mensch, der aus irgendeinem Grunde nicht arbeitet, wird sich – oder sollte sich – als Schmarotzer fühlen; er wird oft von sich selbst nicht allzuviel halten, und seine Mitmenschen werden diese Meinung mit ziemlicher Sicherheit bestätigen.

Es gibt jedoch Menschen, die sich aus Gewohnheit überarbeiten. Sie arbeiten den ganzen Tag im Büro und können es nicht lassen, sich auch noch für den Feierabend Aktenstöße mit nach Hause zu nehmen. Die Arbeit ist nicht ein Teil ihres Lebens, *sondern ihr Leben ist Arbeit.*

Das ist jedoch mehr, als ein Mensch zu leisten vermag. Um ein geordnetes Leben zu führen, muß der Mensch arbeiten, sich entspannen und schlafen können. Und er sollte jedem dieser Erfordernisse Zeit und Aufmerksamkeit schenken. Arbeit ohne Entspannung und Ablenkung kann keinem Menschen auf die Dauer guttun, sondern nur die Gesundheit ruinieren.

Warum überarbeiten sich die Menschen? In erster Linie, weil sie von der Idee materiellen Erfolgs wie besessen sind. Zweitens, weil sie durch die ständige Arbeit den Schwierigkeiten ausweichen können, die sie mit sich selbst und anderen Menschen haben.

John Trebbel schreibt in seinem Buch *The Magic of Balanced Living* (Harper & Row, 1956):

„Die Jagd nach materiellem Erfolg, Arbeit ohne Rücksicht auf die Gesundheit, das ist der Irrtum, der das gesamte amerikanische Leben beherrscht. Die meisten Männer unterwerfen sich ihm und sollten doch den Feind so früh wie möglich erkennen, wenn sie nicht von ihm besiegt werden wollen.

Diese Jagd ist beides: ein Irrtum und ein Feind. Kein Mensch ist erfolgreich, wenn er zwar ein Vermögen gemacht hat, ihm jedoch Zeit und Gesundheit fehlen, es zu genießen. Wir kennen sie alle: die einseitig nach materiellem Erfolg strebenden Männer, die ihr Ziel schließlich mit Ende Vierzig oder Anfang Fünfzig erreichen und dann an einem Herzinfarkt oder anderen Krankheiten sterben, die durch Sorge, Hetze und jahrelange Überarbeitung entstanden sind. Natürlich ist es möglich, erfolgreich *und* gesund zu sein, aber der Prozentsatz der Amerikaner, die dieses Ziel erreicht haben, ist erschütternd gering."

Denken Sie also daran: *Wenn für Sie Erfolg einzig aus materiellem Gewinn und Vorwärtskommen im Beruf besteht – dann wünsche ich Ihnen alles Gute! Sehen Sie sich selbst erfolgreich und streben Sie Ihren Zielen entgegen. Sich jedoch zu überarbeiten und sich zu schinden, die Gesundheit zu ruinieren und sich Belastungen auszusetzen, denen man auf die Dauer nicht gewachsen ist – das ist reiner Wahnsinn!*

Es gibt Menschen, die sich selbst nur akzeptieren können, wenn sie arbeiten. Wenn sie nicht arbeiten, fühlen sie sich überflüssig; sie finden den Zugang zum Leben und zu anderen Menschen nur über ihre Arbeit. Wenn sie sich überarbeiten, befriedigen sie damit ihr Bedürfnis, ihre Nützlichkeit zu beweisen. Und damit können sie ihre Gesundheit ruinieren. Das Traurige daran ist, daß sie auch ohne Hetze genauso nützlich sind wie andere Menschen, es leider nur nicht wissen.

Wenn Sie beobachten, daß Sie dabei sind, sich zu überarbeiten, sagen Sie sich, daß Sie nur einmal leben und daß es mehr zu erleben als zu arbeiten gibt. Entschließen Sie sich, sich den Problemen zu stellen, vor denen Sie davonlaufen und die Sie zwingen, sich in Arbeit zu vergraben.

Ihre Kleidung verrät Ihre Selbstauffassung

Ihre Art, sich zu kleiden, gehört zu Ihren wichtigsten Gewohnheiten. Obwohl Kleider nicht unbedingt „Leute machen", werden Sie doch oft genug – manchmal ungerechtfertigt – nach Ihrer äußeren Erscheinung beurteilt. Wenn Sie sich gut kleiden, zeigen Sie der Welt ein positives Bild von sich. Man legt zwar heute im allgemeinen zu großen Wert auf Kleidung und vergißt darüber oft den inneren Wert eines Menschen; aber trotzdem ist es eine schlechte Angewohnheit, sich schlampig zu kleiden. Wenn Sie sich nachlässig kleiden, zeigen Sie sich von Ihrer schlechtesten Seite.

Es kostet nicht viel Mühe und Geld, sich adrett zu kleiden, und wenn Sie die Gewohnheit haben, Ihr Äußeres zu vernachlässigen, sollten Sie sich fragen, warum Sie sich eigentlich für so wertlos halten – denn das ist die Grundhaltung, die Sie mit Ihrer Kleidung verraten. Wenn Sie mehr von sich hielten, würden Sie sich die Mühe machen, sich gemäß Ihrem Wert zu kleiden.

Sie können Ihre Gewohnheiten ändern

Wenn Sie Ihre Gewohnheiten ändern wollen, müssen Sie zunächst fest davon überzeugt sein, daß dies möglich ist.

In der Oktoberausgabe 1957 des *Science Digest* wird in einem Artikel über ein interessantes Experiment berichtet. Mehr als die Hälfte einer Gruppe von 57 Studenten hatte sich innerhalb eines Jahres von der Gewohnheit des Nägelkauens befreit oder doch wenigstens Fortschritte dabei gemacht.

Der verstorbene Dr. Knight Dunlap widmete mehrere Jahre seines Lebens dem Studium menschlicher Gewohnheiten und half vielen Leuten, sich beispielsweise das Nägelkauen oder Daumenlutschen abzugewöhnen.

Alcoholics Anonymous hat zahllosen Menschen geholfen, mit einer Gewohnheit zu brechen, die ihr Leben ruinierte. Der *U. S. Health Service* in Lexington hat sogar Menschen, die dem Rauschgift verfallen waren, helfen können, ihre Selbstkontrolle und Selbstachtung zurückzugewinnen und die Gewohnheit, Rauschgift zu nehmen, endgültig aufzugeben.

Auch Sie können Ihre Gewohnheiten ändern. Es ist nicht immer leicht, aber Sie können es schaffen, wenn Sie es wirklich wollen. Ihre schlechten Gewohnheiten stehen zwischen Ihnen und dem Glück. Warum sollten Sie ihnen nicht abschwören? Warum sollten Sie immer in dem einen Kreis herumlaufen, der Sie nirgendwo hinführt?

Wenn Sie die Gewohnheit haben, zuviel zu essen oder zu trinken, oder wenn Sie von anderen schlechten Gewohnheiten geplagt werden, müssen Sie folgendes tun:

1. *Glauben Sie fest daran, daß Sie Ihre Gewohnheit ablegen können.* Vertrauen Sie auf Ihre Fähigkeit, sich selbst zu kontrollieren und Ihr Verhalten positiv zu ändern.

2. *Machen Sie sich die möglichen Gesundheitsschäden Ihrer Gewohnheiten gründlich klar,* so daß Sie bereit sind, vorübergehende Entbehrungen oder gar Leiden zu ertragen. Sehen Sie der Wirklichkeit ins Auge, daß Sie zum Beispiel durch Übergewicht Ihre lebenswichtigen Organe stark belasten, daß Alkohol Ihre Leistungskraft schwächt, daß ständige Überarbeitung zu Ihrem vorzeitigen Tod führen kann usw.

3. *Lenken Sie sich bewußt ab,* wenn Sie eine bestimmte Gewohnheit – etwa das Rauchen – aufgeben wollen. Tun Sie etwas, was Sie befriedigt und Ihnen Freude macht. Intensiv betriebene Hobbies wie etwa das Photographieren oder die Gärtnerei (es gibt noch so viele andere!) tragen dazu bei, die Gewohnheit zu vergessen.

4. *Suchen Sie nach den Problemen,* die Ihre schlechten Gewohnheiten (wie maßloses Essen oder Arbeiten) verursacht haben. Was sollten diese Gewohnheiten kompensieren? Unterschätzen Sie sich? Warum sind Sie sich selbst feindlich gesinnt?

5. *Setzen Sie sich mit diesen Problemen auseinander.* Richten Sie Ihr Denken neu aus; vergessen Sie frühere Fehler und Mißerfolge und rufen Sie sich Ihre Triumphe ins Gedächtnis zurück.

6. *Machen Sie sich eine positive Grundhaltung zur Gewohnheit,* die das Leben lebenswert macht. Setzen Sie sich neue Ziele. Entwickeln Sie ein Gefühl für Erfolg in allen Ihren Handlungen, das Ihre Fähigkeiten und Ihre Begeisterung vergrößern wird.

Wenn Sie auf die Wirksamkeit dieser Vorschläge vertrauen und sich bemühen, sie in die Tat umzusetzen, können Sie *jede* schlechte Gewohnheit ablegen. Sie können auf den Alkohol verzichten, der Ihnen mehr Leiden als Befriedigung einbringt, Sie können auf die vielen zusätzlichen Kuchen- oder Fleischportionen verzichten, die Sie doch nicht für frühere Entbehrungen entschädigen. Lesen Sie sich meine Vorschläge noch einmal durch, und wenn Sie in Ihrem Entschluß wankend werden, lesen Sie sie immer wieder. Sie werden Ihnen helfen, wenn Sie von ihnen überzeugt sind, wenn Sie Geduld haben und bereit sind, an sich zu arbeiten, bis Sie die Ergebnisse erreicht haben, die Sie sich wünschen.

Die wichtigste Gewohnheit

Sie können – auf der anderen Seite – gute Gewohnheiten entwickeln, die Ihre Selbstauffassung verbessern werden.

Ein Kind zum Beispiel sieht, daß die Eltern sich jeden Morgen die Zähne putzen, und es wird dieses Beispiel nachahmen, bis es ihm zur Gewohnheit geworden ist. Genauso lernt es, sich die Schuhe zuzubinden, sich allein die Hände zu waschen oder die Haare zu kämmen. Bald kann es diese Funktionen automatisch erfüllen und kann dabei an ganz andere Dinge denken.

Wenn also schon diese einfachen alltäglichen Gewohnheiten einem Kind helfen können, mit dem Leben fertigzuwerden – um wieviel wertvoller ist es dann, bewußt noch wichtigere Gewohnheiten zu entwickeln: Die Eltern können zum Beispiel schon früh damit anfangen, bei ihren Kindern Toleranz zur Gewohnheit werden zu lassen, etwa indem sie Geschwister zur gegenseitigen Tolerierung und Achtung erziehen.

Die Grundlage für gute Gewohnheiten kann gelegt werden, wenn Kindern schon früh klargemacht wird, daß sie nicht allein auf der Welt sind und nicht nur ihre eigenen Wünsche, sondern auch die anderer Menschen respektieren müssen.

Das heranwachsende Kind sollte als seine stolzeste Eigenschaft eine ihm selbstverständliche, auf guten Gewohnheiten beruhende geistige Grundhaltung haben: Selbstachtung und Würde. Zwar wird in den Schulen viel gelehrt – Rechnen, Geographie, Geschichte, Sprachen –, ebenso wichtig aber ist es, daß das Kind so früh wie möglich lernt, sich selbst zu achten, denn nur so kann es auch lernen, andere zu achten.

Die Pfadfinder, die es sich zur Pflicht gemacht haben, an jedem Tag wenigstens eine gute Tat zu tun, zeichnen sich durch ihr entgegenkommendes, freundliches Auftreten aus, das ihnen zur selbstverständlichen Gewohnheit geworden ist. Wenn ihre Herzenshaltung ihrem Tun entspricht, werden sie dafür belohnt werden – nicht mit Geld oder materiellen Vorteilen, sondern mit der aus ihrer Haltung erwachsenden Selbstachtung.

Der Mensch ist nicht von Natur aus mutig. Wenn er jedoch seine Mitmenschen achtet, gegebenenfalls Mitleid für sie empfinden kann, wird er sie auch gegen Ungerechtigkeit verteidigen – und so finden wir die Grundlage für persönlichen Mut letztlich in unserer Selbstachtung, ohne die wir nicht in der Lage wären, unsere Mitmenschen zu achten.

Um eine gesunde Selbstauffassung zu entwickeln, müssen Sie sich die entscheidende Gewohnheit zu eigen machen, sich selbst als das zu akzeptieren, was Sie sind, statt sich in eine Rolle zu zwingen, die Ihnen nicht entspricht – eine Gewohnheit, die wohl zu den verhängnisvollsten Gepflogenheiten des Menschen unserer Zeit zu rechnen ist. Wenn Sie sich als den Menschen akzeptieren, der Sie sind, können Sie auf sich selbst vertrauen und haben es nicht nötig, mit Nachbarn, Freunden oder Kollegen zu konkurrieren und sich ständigen Spannungen auszusetzen.

Wenn Sie das begreifen, werden Sie einsehen, daß die ständige Bereitschaft, sich Sorgen zu machen, eine schlechte Gewohnheit ist, während der Mensch durchaus eine Fähigkeit zum Glücklichsein entwickeln kann. Glück ist letztlich das stets vorhandene Gefühl der Freude, das Ihnen aus der Gewißheit erwächst, im Rahmen Ihrer Möglichkeiten das Richtige zu planen, zu tun und zu erreichen. Daher können Sie es sich sehr wohl zur Gewohnheit machen, glücklich zu sein.

Verhängnisvolle Gewohnheiten sind Haß und Groll, denn sie führer zu einer Kettenreaktion. Aus Haß erwächst Angst vor Vergeltung, aus Angst wiederum neuer Haß und das Gefühl der Unsicherheit – eine schädliche Kette ohne Ende. Wahrhaftig – es lohnt sich nicht. Vielleicht können Sie einen Menschen mit Ihrem Haß kränken – *schaden* tun Sie allein sich selbst.

Wenn Sie im Lauf Ihres Lebens schlechte Gewohnheiten wie Bereitschaft zu Sorge, Angst, Groll und Furcht vor der Zukunft entwickelt haben, müssen Sie sich vor allem eindeutig klarmachen, wie diese Gewohnheiten Ihre Selbstauffassung zerstören. Nur wenn Sie sich so sehen, wie Sie wirklich sind, können Sie Ihre Gewohnheiten erfolgreich ändern, die die Würde Ihrer Selbstauffassung zerstören.

Was für ein Mensch wollen Sie sein? In Ihrer Vorstellungskraft, im Theater Ihres Geistes, können Sie sich unter die Zuschauer mischen und sehen, was der Mensch sein kann: Held, Narr, Schurke...

Es liegt an Ihnen, was sie verkörpern wollen. Sie können ein Bösewicht sein oder ein Ritter in schimmernder Rüstung. Sie können Dr. Jekyll und Mr. Hyde sein – ein Mensch, in dem Gut und Böse nebeneinanderleben. Mit Sicherheit aber wäre es für Sie günstiger, wenn Sie

Ihre guten Eigenschaften und guten Gewohnheiten bewußt entwickeln würden; sie werden Sie auf den Weg des Glücks führen.

Unsere Gewohnheiten beweisen, welchen Gebrauch wir – im Guten wie im Schlechten – von unserer Vorstellungskraft machen. Wenn Sie Ihre Vorstellungskraft als Ihren Verbündeten nutzen, werden Sie Ihr Wohlergehen sichern. Es handelt sich um *Ihre* Vorstellungskraft, und wenn Sie davon überzeugt sind, daß Sie die Rechte haben, die jedem Menschen zustehen, können Sie sie dazu nutzen, sich eine Grundhaltung zu schaffen, die Ihnen das Leben lebenswert machen wird.

4. praktische Übung: Die Gewohnheit als Freund

Ihre Gewohnheiten können Ihre Freunde oder Ihre Feinde sein; sie können Ihnen helfen oder schaden. Investieren Sie Ihre ganze Kraft, um förderliche, nützliche Gewohnheiten anzunehmen, die Ihr Leben glücklich beeinflussen können.

1. *Machen Sie es sich zur Gewohnheit, die praktischen Übungen* dieses Buches auszuführen, denn sie sollen Ihnen helfen, mehr von sich zu halten, d. h. eine gesunde Selbstauffassung zu entwickeln. Ich bin sicher, daß diese Übungen dazu beitragen werden – jedoch nur, wenn Sie es sich zur Gewohnheit machen, diesen Übungen zu folgen. Nehmen Sie sie also ernst; Ihre Selbstauffassung sollte Ihnen genauso wichtig sein, wie Ihre äußere Erscheinung und Sauberkeit.

2. *Nutzen Sie die Kraft Ihres Geistes.* Die Themen, die ich bislang behandelt habe – das Produzieren geistiger Bilder, Ihre Auffassung von sich selbst und Ihrer Umwelt, Ihre Einstellung zu Glück, Erfolg und Ihren Mitmenschen –, gehören alle zu dem großen, übergeordneten Thema: die unsichtbare, aber wirksame Kraft des menschlichen Geistes.

Vielleicht sagen Sie sich: „Letztlich handelt es sich ja doch nur um Vorstellungen, nicht um Wirklichkeit. Wie können sie entscheidend sein?"

Lassen Sie sich nicht beirren! Die Bilder, die Sie mit der Kraft Ihres Geistes produzieren, formen die Grundlage Ihrer Persönlichkeit. Oft kann die Fähigkeit, eine einzige Vorstellung zu produzieren und sie zu bewahren, wichtiger sein als jeder materielle Erfolg. Ihre Vorstellungen, Ihre geistigen Bilder sind Ihr *wahres* Ich. Darum müssen Sie sich über die entscheidende Bedeutung Ihrer geistigen Kräfte klarwerden, wenn Sie sie wirksam nutzen wollen.

3. *Erkennen Sie die Ihrer Selbstauffassung innewohnende Kraft.* Zwar ist die Selbstauffassung ebensowenig greifbar wie die Kraft Ihres Geistes – aber sie ist nicht weniger wirklich. Sie stehen und fallen, Sie schaffen

und versagen mit Ihrer Selbstauffassung. Vergessen Sie das niemals!

Machen Sie mit der Gewohnheit Schluß, sich über Ihre Fehler und Niederlagen zu täuschen und sich grollend in sich selbst zurückzuziehen, weil die Welt Sie verkennt. Bevor man Sie anerkennen kann, müssen Sie selbst Ihre guten Seiten erkennen und sie der Welt zeigen. Machen Sie sich immer wieder klar, welche Kraft in einer gesunden Selbstauffassung lebt, und entwickeln Sie die Gewohnheit, bewußt daran zu arbeiten, Ihre Selbstauffassung zu verbessern, denn sie ist Ihr unerschöpflicher, verborgener Reichtum.

Nehmen wir als Beispiel den ermordeten amerikanischen Präsidenten John F. Kennedy. Die Wege der Politik sind nicht schnurgerade und eben, und im Laufe seiner Karriere hat Kennedy mit den verschiedensten Widerständen kämpfen müssen, denen er sich jedoch niemals beugte. Was war das Geheimnis seines Erfolges? Die Stärke seiner Selbstauffassung. Wenn Sie jemals Gelegenheit hatten, Kennedy reden zu hören, werden Sie die Gelassenheit dieses Mannes gespürt haben, die unerschütterliche Selbstsicherheit sogar vor der – viele Menschen verwirrenden – Fernsehkamera. Nur ein Mensch, der eine vorteilhafte Auffassung von sich selbst hat, kann so zwanglos auftreten, wenn Millionen Augen auf ihn gerichtet sind und jedes seiner Worte, von denen manchmal das Schicksal der Welt abhängt, weithin gehört wird.

Als weiteres anschauliches Beispiel für die Vorstellungskraft des Menschen nehmen Sie das Folgende: Noch Jahre nach seinem Tod können Sie sich diesen Mann vergegenwärtigen. Sie können ihn klar und lebendig mit Ihrem geistigen Auge sehen.

Warum sollten Sie diese Kraft, geistige Bilder zu produzieren, nicht zu Ihrem eigenen Vorteil anwenden? Nutzen Sie sie, um sich in Ihren glücklichsten, in Ihren erfolgreichsten Augenblicken zu sehen, um zu wachsen, statt tiefer zu sinken. Lassen Sie Ihre Erfolge nicht sterben, sondern halten Sie sie in ihrer Vorstellung lebendig als einen Teil Ihrer Persönlichkeit, und eines Tages wird das Wirklichkeit werden, was heute noch Wunschbild ist.

6. Kapitel

Sieben Regeln für ein glückliches Leben

„Es ist ein wesentliches Kriterium des Glücks, daß der glückliche Mensch sich seines Glücks bewußt ist und sich selbst als glücklichen Menschen sieht", schrieb der englische Dichter Samuel Taylor Coleridge. Wenn Sie glücklich sind, werden Sie es wissen. Sie werden das Glück als Teil Ihrer selbst spüren; Sie werden sich beispielsweise sogar für Dinge begeistern können, die andere Leute langweilig finden.

Jeder Mensch hat das Recht zu wissen, was es bedeutet, glücklich zu sein. Dieses Recht müssen Sie sich nicht erwerben. Sie sind mit ihm geboren worden.

Die Unabhängigkeitserklärung der Vereinigten Staaten bestätigt dieses Recht. Sie stammt zum großen Teil aus der Feder Thomas Jeffersons und betont: „Folgende Wahrheiten erachten wir als selbstverständlich: daß alle Menschen gleich geschaffen sind; daß sie von ihrem Schöpfer mit gewissen unveräußerlichen Rechten ausgestattet sind; daß dazu Leben, Freiheit und das Streben nach Glück gehören . . ."

Jedoch: wie viele wahrhaft glückliche Menschen kennen Sie? Wenn Sie sich diese Frage ehrlich beantworten, werden Sie zugeben müssen, daß Sie sie an den Fingern einer Hand herzählen können.

Sie leben nur einmal

Immer wenn ich an die vielen unglücklichen Menschen in der Welt denke, kann ich nicht umhin, mich zu wundern. Ganz sicher sind wir nicht geschaffen worden, um unsere Tage im Elend zu verbringen – dazu ist das Leben zu kurz. Und wenn wir als Menschen die Krone der göttlichen Schöpfung sind, haben wir geradezu die Verpflichtung zum Glück.

Sie leben nur einmal – denken Sie daran, wenn Sie sich niedergeschlagen fühlen. Machen Sie aus jedem Tag Ihres Lebens das Beste; widmen Sie Ihre ganze Kraft Ihrem persönlichen Glück und dem anderer Menschen. Statt trübsinnig nach Mitteln und Wegen zu suchen, wie Sie die Zeit totschlagen können, müssen Sie sich über den Wert der Zeit klarwerden. Würden Sie Geld fortwerfen, wenn Sie einigermaßen bei Verstand sind? Natürlich nicht. Warum verschwenden Sie dann Ihre Zeit, die noch viel wertvoller ist als Geld?

Nichts sollten wir so hoch schätzen, wie die Zeit, die uns gegeben ist. Alfred Lord Tennyson schrieb einmal:

> „Die Zeit drängt schnell voran,
> Und bald schon sind unsere Lippen stumm."

Das sind die Worte eines weisen Mannes. Sie sollten auf ihn hören: Verschwenden Sie also Ihre Zeit nicht damit, daß Sie das Leben an sich vorüberziehen lassen.

Leben Sie jeden Tag so, als wäre er Ihr letzter!

Ich kenne viele Menschen, die nur für die Zukunft leben. Sie sparen entweder für „schlechte Zeiten", sie legen Geld beiseite, damit sie sich „zur Ruhe setzen können", oder sie arbeiten sich tot, damit sie „im Alter versorgt" sind.

Vorsorge ist durchaus vernünftig; ich würde nicht im Traum daran denken, diesen Drang des Menschen zu kritisieren, aber ...

Viele dieser Menschen planen die Zukunft *auf Kosten der Gegenwart.* Und das ist mir unbegreiflich. Das Leben ist ungewiß, es bietet uns keinerlei Garantien, und ein Mensch, der die Gegenwart einer Zukunft opfert, die vielleicht niemals sein wird, opfert möglicherweise sein Glück.

Wenn Sie jeden Tag Ihres Lebens voll auskosten und *dennoch* die Grundlage für eine glückliche Zukunft legen können – großartig! Aber wenn Sie dafür auf die Freuden der Gegenwart verzichten müssen, rate ich Ihnen: Tun Sie's nicht!

Diesen Rat gibt Ihnen ein Mann, der auf mehr als sechzig Jahre Lebenserfahrung zurückblickt und der im Verlauf seines Lebens oft Zeuge trauriger Schicksale geworden ist. Und die traurigsten darunter waren die Schicksale der Menschen, die für „morgen" lebten und es niemals erreichten; oder die die besten Jahre ihres Lebens damit verbrachten, um für „bessere Zeiten" zu sparen, und dann von unvorhergesehenen Ereignissen ihrer Ersparnisse beraubt wurden und mit leeren Händen dastanden; oder die sich ihr Leben lang überarbeiteten und die „goldenen Jahre" zwar mit viel Geld, aber ruinierter Gesundheit erreichten.

Wenn Sie in Gegenwart und Zukunft glücklich leben wollen, rate ich Ihnen:

1. *Kosten Sie jeden Tag Ihres Lebens voll aus.*

2. *Setzen Sie sich für jeden Tag ein Ziel.* Kümmern Sie sich nicht darum, wenn andere Leute diese Ziele für trivial halten; wichtig ist allein die Bedeutung, die die Ziele für Sie selbst haben.

3. *Sagen Sie sich, daß Sie ein Anrecht auf Glück haben.* Lassen Sie sich von anderen Menschen in dieser Haltung nicht beirren.

4. *Nehmen Sie sich jeden Tag einige Stunden Zeit, sich zu entspannen.* Tun Sie Dinge, die Ihnen zu innerer Ausgeglichenheit verhelfen und Ihnen Abstand verschaffen zu den praktischen Problemen des Lebens.

5. *Akzeptieren Sie sich als den Menschen, der Sie sind,* mit Ihren Stärken und Schwächen. Versuchen Sie nicht, jemand anderer zu sein!

Sie sollten auch versuchen, *jeden Tag Ihres Lebens so zu leben, als wäre er Ihr letzter.* Wenn Sie diese Möglichkeit in Ihrer Vorstellung als Wahrheit voraussetzen, werden Sie letztlich all dem unbedeutenden Ärger von vornherein ausweichen, der Sie normalerweise heimsuchen würde. Sie werden sich nicht mehr um die vielen unerheblichen Dinge sorgen, die in ihrer Gesamtheit das Glück zerstören. Denn warum sollten Sie sich am letzten Tag Ihres Lebens noch über Bagatellen den Kopf zerbrechen?

Glück ist ein Zustand des Geistes

Geldbesitz ist natürlich eine schöne Sache – Glück aber können Sie sich letztlich mit Geld nicht kaufen. Sie können sich jedoch in einen Zustand des Glücks *hineindenken.*

Wenn Sie mit sich selbst im reinen und davon überzeugt sind, daß Sie es verdienen, glücklich zu sein, wird es Ihnen gelingen, auf allen Ihren Wegen Ihr Glück zu begründen.

Wenn Sie glücklich sein wollen, werden Sie überall auf der Welt Glück finden. Auch die kleinen Dinge des Alltags werden in Ihnen ein Glücksgefühl hervorrufen: das morgendliche Bad, das Frühstück, ein hübsches Kleid, ein schöner Spaziergang. Auch der Umgang mit Ihren Mitmenschen – unvollkommen wie Sie – wird zu Ihrem Glücksgefühl beitragen, denn Sie wissen, daß Sie ihrer Gemeinschaft angehören. Sie geben ihnen Ihr Bestes, und schon der Akt des Gebens wird Sie glücklich machen.

Auch das unbehaglichste Regenwetter kann Sie nicht deprimieren: Sie freuen sich an dem trommelnden Geräusch der Regentropfen auf Ihrem Regenschirm, und wenn Sie trotzdem naß geworden sind, genießen Sie das Wohlgefühl, das Sie durchströmt, wenn Sie sich zu Hause trockene Sachen angezogen haben.

Es gibt so viel Gutes in unserer unvollkommenen Welt – wenn Sie nur danach Ausschau halten wollen.

Kennen Sie das Reimpaar „Glücklicher Gedanke" von Robert Louis Stevenson?

„So viel herrliche Dinge gibt es auf Erden.
Glücklich wie Könige müßten wir werden."

Sie können „glücklich wie Könige" sein, aber zunächst müssen Sie sich
innerlich auf das Glück vorbereiten. Sie müssen sich von allen negativen
Empfindungen befreien, die dem Glücksgefühl keinen Raum lassen:
Angst, Sorge, Groll. Wenn Sie mit diesen Scheinkrankheiten infiziert
sind, können Sie sich nicht wohl fühlen – ja Sie können nicht einmal
wissen, was es bedeutet, glücklich zu sein.

Wenn sich in Ihrer Wohnung plötzlich Ungeziefer einnistete, würden
Sie sicher nicht versuchen, mit dem Ungeziefer zu leben. Sie würden
es mit einem Schädlingsbekämpfungsmittel vertreiben oder gar einen
Kammerjäger zu Hilfe rufen. Betrachten Sie Angst, Sorge und Ärger als
schädliches Ungeziefer, das aus Ihrem Geist getilgt werden muß. Sie
müssen es zerstören, bevor es Sie zerstören kann. So wie der den Welt-
frieden bedrohende Nationalsozialismus im Zweiten Weltkrieg vernichtet
werden mußte, müssen Sie alle negativen Empfindungen und Gedanken
in sich vernichten, die Ihren inneren Frieden bedrohen.

Sie können glücklich sein, wenn Sie es wirklich wollen

Grundsätzlich hängt es von Ihrer Selbstauffassung ab, ob Sie glücklich
oder elend sind. Sehen Sie sich selbst als Schwächling, als Versager?
Dann sind Sie zwangsläufig unglücklich. Hegen Sie eine hohe Meinung
von sich selbst? Dann können Sie sich glücklich schätzen.

Sie können glücklich sein, wenn Sie es *wollen*. Eine positive geistige
Haltung – getragen von Ihrer Vorstellungskraft – wird Ihnen allen
Erfolg und alles Glück schenken, das Sie sich wünschen. Zu einer solchen
Haltung gehören Selbstvertrauen, Bereitschaft zur Nächstenliebe, eine
Portion gesunder Menschenverstand und schließlich eine voll ausge-
nutzte, lebendige Vorstellungskraft.

Diese Fähigkeiten werden Ihnen – vorausgesetzt, Ihre Selbstauffassung
ist so gesund, daß Sie freudig jeden Tag Ihres Lebens genießen – das
Glück erschließen.

In seinem Buch *The Power of the Subconscious Mind* (Prentice Hall,
1963) berichtet Dr. Joseph Murphy von einem Mann, dessen Leben von
seiner Bereitschaft zum Glücklichsein entscheidend geprägt wurde.

„Vor einigen Jahren hielt ich mich eine Woche lang im Haus eines
Farmers an der Westküste Irlands auf. Der Hausherr strahlte eine ungewöhnliche Lebensfreude aus, er ging seiner Arbeit mit so viel Begeisterung nach und bewies bei den verschiedensten Gelegenheiten einen so

gesunden Humor, daß ich ihn schließlich fragte, warum er stets so ausgeglichen und glücklich sei.

Er antwortete mir: ‚Es ist eine Gewohnheit von mir, glücklich zu sein.
Jeden Morgen, wenn ich aufwache, und jeden Abend, bevor ich schlafen
gehe, segne ich meine Familie, meine Felder, mein Vieh und danke Gott
für die reiche Ernte.‘“

Dr. Murphy fand auch heraus, daß andere Menschen das Unglück
nachgerade herbeisehnen:

„Ich kenne eine Engländerin, die jahrelang unter starkem Rheumatismus litt. Oft genug habe ich mit angesehen, wie sie sich das Knie rieb.
‚Mein Rheuma ist heute wieder ganz schlimm‘, pflegte sie zu sagen.
‚Ich kann heute auf keinen Fall ausgehen. Mein Rheumatismus macht
mich ganz elend.‘

Diese gute alte Dame wurde von ihrem Sohn und ihrer Tochter und
von Nachbarn mit rührender Aufmerksamkeit betreut. In Wahrheit aber
war ihr die Krankheit nur recht, und sie genoß ‚das Elend‘, wie sie es
nannte. Diese Frau wollte in Wirklichkeit gar nicht glücklich sein.“

Dr. Murphy betont, „daß das Glücklichsein von einem bestimmten
Faktor abhängt. Sie müssen aufrichtig *wünschen*, glücklich zu sein. Es
gibt Menschen, die so lange deprimiert und unglücklich waren, daß sie
bei einer plötzlichen erfreulichen, glücklichen Nachricht nur mit Bedenken reagieren und etwa sagen: ‚Es ist nicht gut, so glücklich zu sein!‘
Sie sind an ihre Unglücksvorstellungen so sehr gewöhnt, daß sie das
Glück nicht verkraften können. Und so sehnen sie nachgerade den alten
deprimierten, unglücklichen Zustand zurück.“

Die Gewohnheit der Zufriedenheit

Im fünften Kapitel habe ich Ihnen die wichtige Rolle dargelegt, die die
Gewohnheit in Ihrem Leben spielt. Die Bereitschaft zum Glücklichsein
ist, wie wir gesehen haben, eine schöne, erstrebenswerte Gewohnheit.
Sie gehört zu den Gewohnheiten, die Sie bewußt in sich zu entwickeln
versuchen sollten.

Den Farmer, von dem Dr. Murphy berichtet, kenne ich zwar nicht,
aber ich halte es für sehr wahrscheinlich, daß er nicht besonders wohlhabend ist (das sind nur wenige Farmer) und daß er in seinem Leben
sehr wohl auch einigen persönlichen Kummer erfahren hat. Seltsam ist,
daß sich sein Schicksal wohl kaum von dem der meisten Menschen
unterscheidet, aber *dennoch* hat er diese Bereitschaft zum Glücklichsein
in sich entwickelt. Während andere Menschen über ihre Schwierigkeiten
und Probleme sorgenvoll die Stirn runzeln und sich bei jedem, der nur

zuhört, beklagen, bringt es dieser Mann fertig, seinem Alltag, seiner Arbeit mit einem fröhlichen Gesicht und dankbarem Herzen nachzugehen.

Wir alle haben unsere Sorgen. Probleme gehören zum Leben. Sie begleiten uns auf unseren Wegen, und „ist's das eine nicht, so ist's das andere".

Fragen Sie sich jedoch folgendes: Wenn Sie mit Schwierigkeiten konfrontiert werden, akzeptieren Sie dann dieses Unglück klagend – oder suchen Sie zuversichtlich und frohen Mutes nach einer Lösung? Blasen Sie Trübsal und versinken Sie in Selbstmitleid – oder denken Sie an ähnliche, frühere Situationen, die Sie schließlich auch gemeistert haben, und schöpfen aus ihnen die Kraft, eine erfolgreiche Zukunft zu planen?

Unterschätzen Sie die Kraft Ihres Geistes nicht! Indem Sie mit Hilfe Ihrer Vorstellungskraft die Auffassung von Ihrem Ich neu formulieren und so den Weg des Erfolgs betreten, können Sie die Kraft Ihres Geistes dazu benutzen, Ausgeglichenheit zu erlangen und die Bereitschaft zum Glück wirksam in sich entfalten. So können Sie Zufriedenheit zur Grundlage Ihres Lebens machen.

Die befreiende Wirkung des Lachens

Ist Ihnen schon einmal aufgefallen, daß der Mensch mit zunehmendem Alter immer seltener lacht? Ich meine das herzhafte, unbeschwerte, befreiende Lachen, das uns an Kindern und jungen Menschen entzückt, das Lachen als Ausdruck spontaner Freude, des herzhaften Vergnügens, des uneingeschränkten Glücks.

Kinder können sich solchen Empfindungen – Freude, Vergnügen, Glück – noch ganz ungeteilt hingeben, und so ist auch ihre Reaktion – das Lachen – echt, unverfälscht, spontan.

Das Leben des erwachsenen Menschen ist komplizierter, er hat Verantwortungen zu tragen, Probleme zu lösen, gelegentlich Kompromisse zu schließen oder gar Niederlagen hinzunehmen. So sind auch seine Reaktionen vielschichtiger – er lacht nur mit halbem Herzen.

Dennoch ist es das Lachen, das der Welt Freude und Glück des Menschen zeigt. Wir alle haben genug Gelegenheiten, uns zu freuen – und wenn wir uns freuen, sollten wir die Freude lachend genießen, sie mit anderen Menschen teilen, sie mit unserem Lachen noch vollkommener machen und verlängern. Lernen Sie, wieder zu lachen – spontan, herzhaft und befreiend wie ein Kind.

Mehr noch – wenn Sie sich deprimiert fühlen, denken Sie an etwas, das Sie einmal herzlich erfreut, erheitert hat, oder denken Sie an eine komische Situation, über die Sie früher schallend lachen mußten. Und nun lachen Sie – scheuen Sie sich nicht, aus vollem Herzen zu lachen . . . Ich wette, Sie fühlen sich dann besser!

Kehren Sie Ihre guten Seiten hervor!

Nach Lachen wird Ihnen freilich nicht zumute sein, wenn Sie sich selbst nicht mögen. Wenn Sie eine armselige Meinung von sich selbst haben, wird Ihnen eher nach Weinen zumute sein. Zunächst müssen Sie sich also selbst neu aufbauen. Nicht künstlich. Das würde Ihnen gar nichts nützen. Sie können sich nicht selbst täuschen, und ich will Ihnen nicht raten, sich selbst gegenüber unrealistisch zu sein. Sie können Ihre Persönlichkeit jedoch neu ausrichten, wenn Sie sich selbst sachlich prüfen und Ihre guten Seiten entdecken.

Sie haben sie, wer Sie auch immer sind. Vielleicht sind Ihre guten Seiten, Ihre Qualitäten verborgen, das ist möglich – dann jedoch müssen Sie sie ausgraben, müssen Sie sie kennenlernen und der Welt zeigen, so daß Sie Grund haben, stolz auf sich zu sein – und wieder lachen zu können.

Ich bin im Verlauf meines Lebens und in meinem Beruf vielen Menschen begegnet, die ihre besten Qualitäten in sich verbargen, ja verschüttet hatten: warmherzige, gütige Männer, die sich einbildeten, sie müßten eine Maske des Gleichmuts tragen, dürften sich von nichts erschüttern lassen, um der Welt ihre Männlichkeit zu beweisen; Frauen, die sich wegen eines geringfügigen Schönheitsfehlers im Gesicht so schämten, daß sie es nicht wagten, ihren inneren Reichtum zu zeigen; Leute, die unter beruflichen Enttäuschungen so stark litten, daß sie all ihre anderen schöpferischen Fähigkeiten in sich verkümmern ließen.

Wenn also Ihre guten Seiten, Ihre guten Fähigkeiten für Sie noch ein verborgener Schatz sind – dann graben Sie sie aus!

Helfen Sie anderen Menschen, und das Glück wird auf Ihrer Seite sein

In ihrem gemeinsamen Buch *Success Through a Positive Mental Attitude* (Prentice Hall, 1960) schreiben Napoleon Hill und W. Clement Stone: „Ein sicherer Weg, sich selbst glücklich zu machen, liegt darin, seine ganze Kraft einzusetzen, um einen anderen Menschen glücklich zu machen. Das Glück ist schwer faßbar und flüchtig, und wenn Sie nach ihm suchen, werden Sie entdecken, daß es sich Ihnen nur allzuleicht entzieht. Wenn Sie jedoch versuchen, andere Menschen glücklich zu machen, wird es sich von selbst einstellen."

Grundsätzlich erkennen wir die Pflicht der Nächstenliebe zwar an, in der Praxis jedoch sind wir oft nur zu gern bereit, uns einzig um uns

selbst zu kümmern oder gar andere Menschen als Konkurrenten oder
Feinde zu betrachten, die es zu bekämpfen oder auszuschalten gilt. Und
das alles nur, um materiellen Besitz zu erlangen, der uns jedoch niemals
das Gefühl der Freude vermitteln kann, die uns die menschliche Güte
schenkt.

Wenn Sie anderen Menschen helfen, helfen Sie sich selbst. Denn Sie
stellen mit Ihrem persönlichen Einsatz eine Beziehung zu Ihren Mitmenschen her – eine Beziehung, die Sie selbst zu einem erfüllten Leben
brauchen. Sie fühlen sich nützlich, Sie wissen, daß Sie einen Platz im
Leben und in der Gemeinschaft einnehmen. Mehr noch, wenn die Menschen, denen Sie helfen, dankbar sind (und welcher Mensch würde Güte
nicht mit Dankbarkeit vergelten?), werden Sie die Wärme ihrer Reaktion
spüren, und so kann die soziale Wechselwirkung nur positiv sein. Sie
werden es nicht nötig haben, sich in sich selbst zurückzuziehen, da Sie
sich in Ihrer Umwelt zu Hause fühlen.

Um glücklich sein zu können, müssen Sie die Kunst des Gebens und
Nehmens erlernen, die die Grundlage allen zivilisierten Lebens ist.

Ein Mensch, der nur „Nehmender" ist, kann niemals glücklich sein.
Der Mann, dessen Leben ausschließlich darin besteht, Geld und noch
mehr Geld zu verdienen, eine Frau, die sich verwöhnen läßt wie ein
Schoßhündchen – in keiner dieser Rollen kann man glücklich sein. Man
muß die Freude des Gebens kennen, das wunderbare Gefühl, einen
anderen Menschen glücklich machen zu können, um zu wissen, was es
bedeutet, selbst wahrhaft glücklich zu sein.

Glück ist ansteckend

An den genauen Wortlaut des Rats, den mir einmal ein Freund, der
einige Jahre älter war als ich, in meiner Jugend gab, kann ich mich nicht
mehr erinnern; er sagte jedoch damals etwa folgendes: „Wenn du mit
Menschen zusammen bist, deren Denkweise negativ bestimmt ist, laß
dich niemals von ihrer Denkweise anstecken."

Es war ein guter Rat, und ich habe mich immer bemüht, ihn zu befolgen; denn negatives Denken ist verhängnisvoll: Es ist so ansteckend
und verheerend wie eine schlimme Seuche, die jemals ein Volk heimsuchte.

Vor einigen Monaten ging ich in New York, nicht weit von meiner
Praxis entfernt, spazieren. Ein Mann, den ich nur flüchtig kannte, kam
mir entgegen, und wir begrüßten uns.

„Guten Tag", sagte ich. „Wie geht's Ihnen denn?"

„Nicht besonders. Ich bin im vorigen Monat sechzig geworden, und Sie wissen ja, allmählich spürt man sein Alter. Man fragt sich, wie lange man noch zu leben hat."

„Ich fühle mich prächtig", sagte ich. „Ich genieße das Leben und mache mir wahrhaftig keine Sorgen darüber, wie lange es noch dauert. Und ich bin bereits *über* sechzig."

„Haben Sie schon von dem armen X. gehört?" fragte er. „Zu traurig. Krebs ... Er war erst vierundfünfzig."

Ich sprach ihm mein Bedauern aus und bat ihn, auch der Witwe meine Anteilnahme auszudrücken.

„Ach ja", seufzte er. „Daß es heute aber auch so schrecklich heiß sein muß, einfach unerträglich. Überhaupt, die Luft hier in der Stadt ist so ungesund durch die vielen Abgase ... Aber was soll's, das Leben macht sowieso keinen Spaß mehr: Die Preise steigen ständig, die Steuern sollen auch wieder mal erhöht werden. Man hat nichts mehr von seinem Leben ..."

Nach einer Weile schüttelten wir uns die Hände, und ich kehrte in meine Praxis zurück. Meine Assistentin sagte mir, ein Patient warte bereits auf mich, und so verbannte ich diese unerfreuliche Unterhaltung aus meinem Kopf, um wieder an die Arbeit zu gehen.

Wenn man sich jedoch von dem kläglichen Pessimismus solcher Menschen anstecken läßt, ist man verloren. Man verschwendet sein kurzes Leben mit unnützer Sorge, mit fruchtlosem Grübeln über Dinge, die letztlich keine Bedeutung haben.

Es ist ein wahres Glück, daß nicht nur Trübsinn ansteckend ist, sondern das Glück ebenso. Wenn Sie glücklich sind, können Sie Ihr Glück überall verbreiten. Sie können dieses Geschenk an andere Menschen weiterverschenken.

Aufrichtiges Lachen ist ansteckend: Es kann sich unter Menschen wie ein Waldbrand verbreiten, die sich eben noch mit besorgten Mienen über die Gefahren eines Atomkrieges unterhielten. Es wischt den Menschen die Sorgenfalten von der Stirn und rückt viele Dinge wieder in den richtigen Blickwinkel.

Stilles Glück wirkt ebenso auf unsere Mitmenschen. Wenn Sie glücklich sind und einen anderen Menschen teilhaben lassen an Ihrem inneren Reichtum, werden Sie in ihm ein Gefühl der Freude darüber wecken, daß er lebt. Ihr Mitleid verwandelt sein Leid in Überwindung, seine Hemmungen lösen sich auf. Sie verwandeln Sorge in Freude, Haß in Liebe – kurz: Sie können mit Ihrem Glück das Leben anderer Menschen entscheidend beeinflussen, verschönen und reicher machen.

Eine „erfolgreiche Operation"

Als junger Mensch lernte ich während meines Studiums der Plastischen Chirurgie die Technik der Schönheitsoperation. Ich lernte zum Beispiel die Handhabung von Nasalinstrumenten, feinsten Werkzeugen, mit denen von den Nasenhöhlen aus Höcker beseitigt und Krümmungen gemildert werden, um eine äußere Narbe zu vermeiden. Ich lernte bei der operativen Beseitigung von Narben, wie man mit Hilfe feinster Pinzetten die Hautränder präzise aneinanderhält, während man sie mit einer sehr feinen, gekrümmten Nadel mit kaum sichtbaren Stichen zusammennäht. Ich lernte, die Hautränder mit äußerster Präzision aneinanderzufügen, um sichtbare Narben zu vermeiden ...

Lachen Sie nicht, wenn ich Ihnen jetzt eine Operation vorschlage, die Sie selbst *an sich* vornehmen sollen, eine Operation, zu der Sie freilich kein chirurgisches Besteck brauchen, sondern nur den aufrichtigen Willen, glücklich zu werden.

Nicht Narbengewebe sollen Sie entfernen, sondern Sie sollen radikal alle Gedanken und Gefühle in sich ausmerzen, die Ihrem Glück im Wege stehen: Angst, Sorge, Groll. Am Ende dieses Kapitels werde ich Ihnen Hilfen geben, wie Sie diese „Operation" erfolgreich durchführen können.

Beschäftigungen, die beglücken können

Mit der Kraft Ihres Geistes können Sie zum Glück gelangen; es gibt jedoch auch eine Reihe von Beschäftigungen, die ein Glücksgefühl in Ihnen auslösen können.

Der ehemalige Präsident der Vereinigten Staaten Dwight D. Eisenhower spielte Golf, um sich von den starken Belastungen, die sein Amt mit sich brachte, zu befreien. John F. Kennedy spielte – wie viele Mitglieder seiner Familie – Rugby, um sich zu entspannen.

Die populäre Künstlerin Grandma Moses, die über hundert Jahre alt wurde, hatte im Alter von achtzig Jahren mit dem Malen angefangen, um sich dabei zu entspannen ...

Wenn Sie sich Beschäftigungen aussuchen, die *Ihnen* Freude machen, die Sie nicht um der Anerkennung anderer Leute willen tun, wird Sie eine tiefe Befriedigung erfüllen, die zu Ihrem Glück beiträgt. Natürlich kann ich Ihnen nicht sagen, *was* Sie tun sollen – Sie selbst wissen, was Ihnen Freude macht. Tun Sie's!

Die Geschichte eines Politikers

Die folgende Geschichte hörte ich von einem Freund, und da ich sie für sehr lehrreich halte, will ich sie Ihnen nicht vorenthalten. Sie handelt von einem Berufspolitiker, der – wenn auch spät – zu seinem Lebensglück fand.

Dieser Mann hatte als bezahlter Repräsentant einer größeren politischen Partei sein Leben buchstäblich ganz der Politik gewidmet. Er redete von nichts anderem als von Politik und arbeitete den ganzen Tag. Für seine Frau und seine Kinder war er fast ein Fremder; zwar versorgte er sie mit allem, was sie zum Leben brauchten, schenkte ihnen jedoch darüber hinaus kaum Aufmerksamkeit. Er rauchte und trank viel, was ihn nur noch nervöser machte, aber er hielt dieses Leben durch.

Dann kam das Jahr, in dem sich die Schwierigkeiten häuften. Es fing damit an, daß sein ältester Sohn sich ständig mit einer rüpelhaften Halbstarkenbande herumtrieb und seinen „Freunden" immer ähnlicher wurde. Seine Frau hatte sich im Lauf der Jahre mehr und mehr von ihm zurückgezogen; nun bestand sie auf getrennten Schlafzimmern. Das dritte Ereignis war ein schwerer Herzanfall, der diesen Mann, eben fünfzig, heimsuchte.

Er hatte Glück. Er erholte sich, und die Lebensgefahr, in der er geschwebt hatte, erwies sich letztlich als ein Segen. Zum erstenmal nämlich wurde sich dieser Mann darüber klar, was für ein Geschenk das Leben ist. Er begriff, daß das Leben nicht nur aus Überarbeitung bestehen darf, daß er eine Familie, eine Frau und eine Gesundheit hatte, denen er Hingabe und Aufmerksamkeit schuldete.

Dieser nüchterne Mann, der sich vor kurzem damit gebrüstet hatte, wie praktisch er stets handle, begann nun sein Leben neu zu ordnen. Es fiel ihm nicht leicht, da er die Dinge zu lange hatte schleifen lassen. Ganz bewußt widmete er seiner Frau und seinen Kindern viel Zeit; er gab alles, um sie glücklich zu machen. Er arbeitete nur noch 35 bis 40 Stunden in der Woche und bemühte sich, in dieser Zeit sein Bestes zu geben. Da er die Gefährdung des Lebens an sich selbst erfahren und seine Vergänglichkeit begriffen hatte, versuchte er, seine Zeit sinnvoll zu nutzen. Die Freizeit gehörte ganz seiner Familie und seiner persönlichen Entspannung. Der Schock, den er empfangen hatte, wirkte heilsam und ließ ihn danach streben, sich endlich ein glückliches Leben aufzubauen. Seine Familie spürte seinen ernsthaften Wunsch, nun wirklich zu geben, und reagierte darauf; so empfand er zum erstenmal in seinem Leben das Glück eines harmonischen Familienlebens.

Er teilte sein Leben sinnvoll zwischen seiner Arbeit, seiner Familie, zwischen der Entspannung, der Erholung und dem Schlaf auf. Seine Frau und er fanden wieder zueinander, und auch sein rebellischer Sohn akzeptierte schließlich dankbar die Führung des Vaters.

Sieben Regeln für ein glückliches Leben

Sie können Ihr Leben glücklicher und reicher gestalten. Dabei können Ihnen die folgenden sieben Regeln entscheidend helfen:

1. *Lassen Sie die Bereitschaft zum Glück in sich zur Gewohnheit werden!* Lächeln Sie innerlich, lassen Sie dieses Lächeln zu einem Teil von sich werden. Schaffen Sie sich eine glückliche Welt; freuen Sie sich auf jeden neuen Tag. Auch wenn Sie irgend etwas bedrückt oder traurig macht – es gibt immer irgend etwas, worüber Sie sich freuen können.

2. *Erklären Sie allen negativen Gefühlen den Krieg!* Lassen Sie sich nicht von letztlich unbegründeten Sorgen und Befürchtungen heimsuchen. Fragen Sie sich vielmehr, warum Sie – da Sie doch jedes Recht auf Glück haben – sich mit Sorgen, Angst oder Haß herumquälen sollen. Gewinnen Sie Ihren Krieg gegen diese tückischen Plagen des 20. Jahrhunderts!

3. *Stärken Sie Ihre Selbstauffassung!* Sehen Sie sich selbst so, wie Sie in Ihren besten Augenblicken waren, und lernen Sie, sich selbst etwas mehr zu schätzen. Vergegenwärtigen Sie sich die glücklichsten Augenblicke Ihres Lebens und den Stolz, den Sie damals empfunden haben. Stellen Sie sich zukünftige glückliche Erfahrungen vor. Vertrauen Sie auf sich selbst und hören Sie auf, sich ständig den Kopf zu zerbrechen!

4. *Lernen Sie, wieder zu lachen.* Oft genug grinsen oder kichern Erwachsene, lachen aber können sie nur noch selten. Ich meine das herzhafte, schallende Gelächter, das Ihnen ein Gefühl der Erleichterung und Befreiung geben kann. Herzliches Lachen wirkt reinigend. Es rückt viele Dinge wieder zurecht und kann Ihnen helfen, unkomplizierter und darum zielgerichteter zu denken.

5. *Holen Sie Ihre verborgenen Schätze ans Licht.* Lassen Sie Ihre Talente und Fähigkeiten nicht verkümmern; geben Sie ihnen eine Chance, sich durchzusetzen.

6. *Helfen Sie anderen.* Anderen Menschen zu geben, kann die schönste Erfahrung Ihres Lebens sein. Seien Sie niemals zynisch; denken Sie vielmehr daran, daß viele Menschen nur zum Schutz gegen ihre Umwelt eine Maske des Zynismus oder der Feindseligkeit tragen. Wenn Sie ihnen jedoch geben, werden Sie erstaunt sein über ihre dankbare, anerkennende Reaktion. Es gibt Menschen, die sich hart und undurchdringlich geben, in Wahrheit jedoch sanft und verwundbar sind. Verurteilen Sie also keinen Ihrer Mitmenschen auf Grund des Eindrucks, den er zunächst erweckt, sondern geben Sie ihnen, und Ihre Mitmenschen werden sich Ihnen ganz erschließen. Mehr noch: Ihr Leben wird reicher werden, wenn Sie in der Lage sind, zu geben, ohne davon profitieren zu wollen.

7. *Suchen Sie sich Beschäftigungen, die Sie beglücken.* Golf, Tennis, Wintersport? Oder Malen, Singen, Handarbeiten? Ich kann Ihnen in diesem Bereich keinen spezifischen Rat geben; was Ihnen Entspannung gibt, das wissen Sie selbst am besten. Ein tätiges Leben ist stets ein glückliches Leben, wenn Sie das tun, was Ihnen gemäß ist.

7. Kapitel

Beseitigen Sie Ihre psychischen Narben

Seit mehr als 25 Jahren arbeite ich als Facharzt für Plastische Chirurgie und darf daher wohl sagen, daß ich über physische Narben genau Bescheid weiß. Physische Narben können den Menschen entscheidend beeinträchtigen, ihn in peinliche Verlegenheit bringen, so daß er kaum noch einen Blick in den Spiegel wagt, seine sozialen Bindungen aufgibt und sich ganz in sich selbst zurückzieht.

Glücklicherweise ist man heute weitgehend in der Lage, physische Narben zu beseitigen oder wenigstens zu mildern. Und um meiner Patienten willen bin ich dankbar, daß meine Hände die Fähigkeit haben, die äußeren Folgen grausiger Verkehrsunfälle (oder anderer Unfälle) zu beseitigen und dadurch den Menschen ihren inneren Frieden wiederzugeben. Ich weiß, daß ich mich glücklich schätzen darf, weil ich in der Lage bin, anderen Menschen so entscheidend zu helfen – mein Beruf schenkt mir die Befriedigung, die zum Lebensglück gehört. Auch heute noch bin ich jedesmal aufs neue glücklich, wenn ein Patient strahlend meine Praxis verläßt, nachdem meine Operation etwa eine Narbe im Gesicht beseitigt hat, an der mein Patient zu verzweifeln drohte.

Vor etwa zehn Jahren suchte mich eine junge Schauspielerin auf, ein prachtvolles, entzückendes Mädchen, das jedoch sofort in Tränen ausbrach über eine Narbe neben der Nase – Folge eines jener Ferienunfälle, die sich jedes Jahr zu Beginn der Urlaubszeit auf den Straßen häufen.

„Machen Sie sich keine Sorgen“, versuchte ich sie zu trösten. „Ich habe wirklich schon Schlimmeres als diese Narbe gesehen. In einer Woche haben Sie sie schon vergessen.“

Meine Versicherungen waren ihr jedoch kein Trost, sie schluchzte weiter und bot von Kopf bis Fuß ein Bild des Jammers.

„Passen Sie auf“, sagte ich und reichte ihr einen Spiegel. „Es ist doch wirklich nicht so schlimm, nicht wahr? Wenn Sie das nächste Mal in diesen Spiegel schauen, sind Sie wieder wie neu!“

Mit hängendem Kopf saß sie vor mir und antwortete nicht. Ihr Gesicht war ihr ganzes Kapital: Es bedeutete eine Bühnenkarriere, die Liebe eines Mannes, die Ehe.

Da es sich um einen unkomplizierten Eingriff handelte, operierte ich sie noch am selben Tag. Nach einer Woche kam sie wieder in meine Praxis, und ich entfernte den Verband. Sie blickte in den Spiegel, und als sie ihr Gesicht sah, stürzte sie zu mir an den Schreibtisch und küßte mich spontan auf die Wange. Ihr Gesicht strahlte, und die hohen Absätze ihrer Schuhe klapperten aufgeregt über die Flure, als sie meine Praxis verließ, um mit neuer Hoffnung ins Leben zurückzukehren.

Ja, physische Narben können meistens unschwer beseitigt werden.

Psychische Narben sind schmerzhaft

Wie steht es jedoch mit psychischen Narben?

Sie sind unsichtbar, können jedoch unendlich schmerzhaft sein, können Magengeschwüre und Herzleiden verursachen. Sie lassen sich nicht nachweisen, und doch können sie Schwindelgefühle, Übelkeit, Schlaflosigkeit, Herzattacken und schlechte Verdauung hervorrufen.

Sie reichen tiefer als physische Narben und sind schwerer zu beseitigen. Sie führen zu einem verhängnisvollen Kreislauf aus negativen Gefühlen und Reaktionen, der niemals endet – wenn Sie sich nicht dazu entschließen, die Wunde ganz auszukurieren. Wenn Sie jedoch dazu entschlossen sind, können Sie auch darangehen, die *psychische* Narbe auszumerzen.

Nehmen wir an, Sie sind ein junger Mann, Ende Zwanzig. Sie haben drei oder vier Stellungen gehabt, die Ihnen jedoch nicht behagten, so daß Sie jeweils nach etwa einem Jahr gekündigt haben, um sich etwas zu suchen, das Ihren Vorstellungen mehr entsprach. Nach einer Reihe von Enttäuschungen fanden Sie eines Tages *die* Stellung: Sie wurden als Assistent des Personalchefs in einem großen Verlagsunternehmen eingestellt. Der Direktor, der Sie engagierte, beurteilte Ihr Erfahrungen zwar skeptisch, setzte aber darauf, daß Sie sich in Ihre neue Position einarbeiten würden. Das Gehalt war gut und die Aussichten für die Zukunft vielversprechend.

Die Sache hatte indessen einen Haken: Ihre berufliche Erfahrung hatten Sie sich vorwiegend in Banken angeeignet. Sie brauchten also drei oder vier Monate, um sich mit Ihrem neuen Aufgabenbereich vertraut zu machen. Sie waren davon überzeugt, daß Sie es – bei einiger Nachsicht Ihres Chefs – in diesem Zeitraum schaffen würden und daß Ihre Zukunft dann gesichert sein müßte. Der Chef, ein ungeduldiger Mann, fürchtete jedoch Ihre Unerfahrenheit und behielt Sie vom ersten Tag an im Auge. Sie machten Fehler, er krittelte an Ihnen herum, bald wurden Sie nervös, und Ihnen unterlief eine Reihe grober Schnitzer.

Eines Tages bat Sie der Chef zu sich und erklärte Ihnen, es tue ihm leid, aber Sie seien für die Stellung untauglich.

Seitdem fühlen Sie sich als Versager; eine psychische Narbe ist zurückgeblieben, die Sie noch heute quält. Sie können das Ihnen angetane Unrecht nicht vergessen. Sie hassen den Chef, weil Sie davon überzeugt sind, daß er nur ein wenig Geduld mit Ihnen hätte haben müssen, um Ihnen die Bewährung zu ermöglichen. Sie haben sich verbittert geschworen, niemals mehr irgend jemandem einen Gefallen zu tun — egal, ob Sie gebeten werden, jemandem eine geringfügige Geldsumme zu leihen oder auch nur bei einer Autopanne Hilfestellung zu leisten. Und da Sie dem Chef nicht heimzahlen können, was er Ihnen angetan hat, lassen Sie Ihren Zorn eben an Ihrer Schwester oder am Postboten oder an einem Hund aus. Mit Ihrer Feindseligkeit zeigen Sie der Welt Ihre psychische Narbe, und Ihre Umwelt reagiert darauf natürlich nicht eben freundlich. Durch Ihr Verhalten entsteht eine Kettenreaktion, mit der Sie sich selbst nur noch mehr schaden.

Wie können Sie diese psychische Narbe beseitigen? Man hat Sie ungerecht behandelt, nicht wahr? Und wie soll man darauf reagieren?

Ich würde folgendes sagen: Sicher, man hat Sie schäbig behandelt, und da Ihnen diese Stellung sehr wichtig war, ist ein gewisses Maß an Groll nur natürlich. Es wäre nur zu verständlich, wenn Sie noch mehrere Tage nach der Kündigung verbittert und gereizt wären. Vielleicht ist eine solche Reaktion sogar wünschenswert, denn es ist oft besser, den Ärger loszuwerden als ihn herunterzuschlucken.

Sie sollten sich jedoch von dieser Narbe der Verbitterung nicht beherrschen lassen! Das Leben hat auch seine guten Seiten, es gibt andere Stellungen, andere Bereiche, in denen Sie etwas leisten können. Sie haben Ihren Platz in der menschlichen Gemeinschaft, wenn Sie dem Leben nur ein wenig entgegenkommen.

Vergeben Sie dem Chef! Sie wissen nicht, welche Probleme *ihn* unsicher machten, so daß er Ihnen keine faire Chance geben konnte. Bedenken Sie, daß schließlich Mut dazu gehörte, jemanden einzustellen, der auf dem ihm anvertrauten Sektor keine Erfahrungen hatte. Als Sie Fehler machten, hat er vielleicht gefürchtet, daß man ihn selbst dafür verantwortlich machen könnte.

Vergeben Sie ihm, weil er schließlich ein Mensch ist wie Sie — und weil auch Sie nicht fair handeln. Beseitigen Sie diese psychische Narbe ganz und wenden Sie sich wieder erstrebenswerten Zielen zu! Versuchen Sie, Distanz zu Ihrem Mißerfolg zu gewinnen, und fangen Sie wieder von vorn an.

Andere Menschen sehen Ihre Narbe vielleicht nur als Schramme

Oft mag es Ihnen so vorkommen, als sei Ihr Kummer unerträglich, größer als alles, was andere Menschen zu ertragen haben. Das kann jedoch auf Gegenseitigkeit beruhen: Anderen Menschen erscheint Ihre Narbe vielleicht nur als eine Schramme.

Ein Mann kann jahrelang darunter leiden, daß er eine bestimmte Stellung verloren hat, während ein anderer nach 24 Stunden vielleicht allenfalls noch die Schultern zuckt und sich einer anderen erfolgreichen Laufbahn zuwendet. Ein Mädchen verzeiht dem Mann, der es verlassen hat, ihr ganzes Leben lang nicht; ein anderes kauft sich in der gleichen Situation ein neues Kleid, geht mit seiner Freundin aus – und begegnet einem anderen Mann, der viel besser zu ihm paßt.

Wenn Sie von Ihrem Recht auf Glück überzeugt sind, lassen Sie sich von keinem Mißgeschick unterkriegen. Dann kämpfen Sie sich Ihren Weg durch alle Niederlagen, bis Ihr Leben wieder heller geworden ist.

In seinem schon erwähnten Buch *The Power of the Subconscious Mind* schreibt Dr. Joseph Murphy:

„Wenn Sie sich wirklich inneren Frieden und Ausgeglichenheit wünschen, werden Sie beides auch erreichen. Gleichgültig, wie ungerecht man Sie behandelt hat oder wie unfair der Chef sich Ihnen gegenüber verhalten hat – das ist unerheblich, wenn Sie sich Ihre geistigen Kräfte zunutze machen. Sie wissen, was Sie wollen, und Sie werden sich mit aller Entschiedenheit weigern, sich von Gedanken des Hasses, des Zorns und der Feindseligkeit Ihres inneren Friedens, Ihrer Gesundheit und Ihres Glücks berauben zu lassen. Sie werden aufhören, sich von anderen Menschen, von den Umständen, von schlechten Nachrichten und Ereignissen aus der Fassung bringen zu lassen, wenn Sie Ihre Gedanken ganz auf das Ziel ausrichten, das Sie in Ihrem Leben erreichen wollen...“

Kurz: Sie werden begreifen, daß Ihre Narbe nur eine Schramme ist, die Sie selbst mit etwas Einsicht, Vernunft und Sachlichkeit beseitigen können.

Sie sind stärker, als Sie glauben

Viele Menschen glauben, sie hätten in ihrem Leben zuviel durchgemacht und diese Schicksalsschläge müßten unweigerlich ihren frühen Tod verursachen.

Das ist ein Irrtum. Der menschliche Körper ist ein wunderbarer Mechanismus, und dasselbe gilt für den menschlichen Geist. Der Mensch ist widerstandsfähiger als man gemeinhin glaubt. Die Natur hat Sie mit Lebenskraft, mit einem Trieb zur Aktivität ausgestattet, der Sie nur dann im Stich läßt, wenn Sie ihn selbst zerstören.

Franklin D. Roosevelt wurde ein Opfer der Kinderlähmung, aber er unterwarf sich ihr nicht. Für die letzten 24 Jahre seines Lebens war er an den Rollstuhl gefesselt und trug dennoch die gewaltige Last der Pflichten eines Präsidenten der Vereinigten Staaten.

Sicher ist Ihnen der Name Helen Keller ein Begriff: Von ihrem zweiten Lebensjahr an blind und taub, bewies diese bewunderungswürdige Frau, was ein Mensch zu ertragen und zu leisten vermag. Sie studierte, promovierte zum Dr. phil., trat als Schriftstellerin hervor und half zahllosen Menschen, die wie sie blind und taub waren. Niemals verschwendete sie ihre Zeit damit, über ihre Gebrechen zu klagen. Sie war ein froher, gütiger Mensch, der sich nicht damit begnügte, nur für sich selbst da zu sein, sondern der seine Lebensaufgabe darin sah, anderen Menschen das zu geben, was zu geben möglich war.

Auch Walt Disney hat schwere Zeiten durchgemacht. 1931 erlitt er einen Nervenzusammenbruch: Als ehrgeiziger Künstler verlangte er stets zuviel von sich. Obwohl sein Arzt ihm geraten hatte, sich vorübergehend von der Arbeit zurückzuziehen, weigerte sich Disney, sich von seinem schlechten Zustand bei seiner Arbeit beeinträchtigen zu lassen. Er begriff jedoch die Notwendigkeit intensiver Entspannung, und es gelang ihm, seine Karriere als Schöpfer von Trickfilmen und als Regisseur erfolgreich fortzusetzen.

Ebenso erfuhr die Schauspielerin Fanny Bryce persönliches Leid, das sie ertragen und überwinden mußte.

In seinem Buch *Fabulous Fanny* (Alfred Knopf Inc., 1952/3) schildert Norman Katkov, wie verzweifelt die damals populäre Darstellerin über ihre Scheidung im Jahre 1927 war.

„Ich sah, wie er das Zimmer verließ", schrieb Fanny selbst viele Jahre später, „und ich konnte nicht fassen, was geschah. Ich glaubte nicht, daß zwischen uns alles zu Ende war, und ich konnte nicht glauben, daß ich Nick niemals mehr als meinen Ehemann wiedersehen würde. Der Anwalt ging, um die Angelegenheit mit dem Hotelzimmer zu regeln, und ich wußte, daß ich Nick noch genauso liebte wie an jenem Tag, an dem ich ihn zum erstenmal gesehen hatte.

Ich rechnete damit, daß Nick die Scheidung zurückziehen würde. Auch als mich der Anwalt abholte, um mit mir zum Gericht zu gehen, glaubte ich noch, Nick würde dort sein, um das Verfahren einstellen zu lassen. Ich hoffte, er würde vor dem Gerichtsgebäude auf mich warten... Ich war davon überzeugt, er würde im Gerichtssaal sein, aufstehen und sagen: ‚Hören Sie auf, Richter! Meine Frau und ich haben uns geirrt. Wir lieben uns. Wir wollen die Scheidung nicht.'

Aber er war nicht dort. Ich weiß nur noch, daß es ein herrlich sonniger Tag war. Ich hatte jedoch das Gefühl, in einer anderen Welt zu leben. Mir war, als ob ich mir selbst zusehen könnte, wie ich im Gerichtssaal stand. Ich hörte weder die Stimme des Richters noch die meines Anwalts. Ich weiß nur, daß man mir schließlich ein Bündel Papiere zur Unterschrift reichte, und ich unterschrieb, und man gab mir eine Kopie..."

Fanny Bryce erholte sich jedoch von dieser schmerzhaften Wunde und wurde noch jahrelang als große Schauspielerin gefeiert.

Alle diese Menschen waren stark – und auch Sie sind stark! Sie müssen sich der Kraft in sich bewußt werden und sie nutzen. Sie müssen einen Glauben an sich als menschliches Wesen entwickeln, das unter – zunächst harten – Schicksalsschlägen nicht zusammenbricht.

Die Geschichte eines Versicherungsagenten

Vor etwa einem Jahr besuchte mich ein Versicherungsagent. Er hatte mein Buch *Psycho-Kybernetik* gelesen und war aus Dallas (Texas) nach New York gekommen. Einer von mehreren Gründen für diese weite Reise war sein Wunsch, sich mit mir über ein Problem zu unterhalten.

Er saß mir in meinem Wohnzimmer gegenüber, und während er sprach, starrte er unglücklich auf den Teppich. Er erzählte mir, daß er eine unerträgliche Angst davor habe, auf den Tagungen der Versicherungsagenten in Texas das Wort zu ergreifen. Er war zwar als Agent sehr erfolgreich, und seine Gesellschaft hielt ihn für einen ihrer besten Leute; wenn er sich jedoch erhob, um vor seinen Kollegen zu reden, geriet er in Panik, brachte nur ein paar Worte hervor und mußte sich, vor Scham errötend, wieder setzen. Seine Angst war so groß, daß er oft fürchtete, ohnmächtig zu werden.

Gelegentlich nahm er seine Frau mit zu diesen Tagungen, und er war schon im voraus verzweifelt darüber, daß sie sein Versagen mit ansehen mußte. Er bildete sich ein, daß die Zuhörer ihn heimlich auslachten.

Dieser Versicherungsagent war ein durchaus gutaussehender, intelligenter Mann in mittleren Jahren. Er wirkte aufgeschlossen und liebenswürdig, und während ich nachdenklich an meiner Zigarre zog, überlegte ich, was ich ihm Tröstendes sagen könnte.

„Es ist seltsam", sagte ich schließlich, „daß Sie gerade als Versicherungsagent, der doch darauf angewiesen ist, auf andere Leute Eindruck zu machen, von einer eingebildeten Krankheit gequält werden."

„Sie ist nicht eingebildet", sagte er. „Ich habe panische Angst."

„Sie *ist* eingebildet. Sie sind ein guter Redner. Sie wissen Ihre Worte zu setzen. Dennoch geschieht etwas mit Ihnen, wenn Sie vortreten, um

zu Ihren Kollegen zu reden ... Lassen Sie mich Ihnen zuerst eine Geschichte über mich selbst erzählen – und dann werde ich Ihnen sagen,
was mit Ihnen los ist. Während meines Medizinstudiums nahm ich an
einem Pathologie-Kursus teil, der mit einer mündlichen Prüfung abgeschlossen wurde. Der Professor stellte mir eine Reihe von Fragen. Nun,
ich war genauso wie Sie: Als ich die Gesichter von 80 Kommilitonen vor
mir sah, die mich anstarrten, bekam ich plötzlich Angst. Ich geriet in
eine solche Panik, daß ich einfach nicht mehr denken konnte. Ich setzte
mich, ohne zu antworten, fühlte mich geschlagen, obwohl ich sofort
danach in der Lage war, meine Gedanken zu sammeln und die Fragen
zu beantworten, die ich noch eben nicht hatte erwidern können.

Bei schriftlichen Prüfungen war es anders: Da brauchte ich die Studenten nicht anzusehen. Ich blickte lediglich durchs Mikroskop und
schrieb nieder, was ich beobachtete. So bekam ich auch für meine schrift-
liche Arbeit in Pathologie eine Eins, mußte aber dennoch fürchten, die
Prüfung nicht zu bestehen, wenn ich im Mündlichen wieder versagte;
das hätte immerhin bedeutet, daß ich nicht Arzt werden konnte. Es ging
mir wie einem Schwimmer, der entweder das Ufer erreichen oder er-
trinken muß: Ich mußte mein Problem überwinden, wenn ich überleben
wollte.

Und so nahm ich mir vor, daß ich mir bei der mündlichen Prüfung
vorstellen würde, ich blickte durch ein Mikroskop auf einen Objekt-
träger; das würde mir mehr Selbstvertrauen geben. Und ich versicherte
mir auch, daß ich mir ruhig ein paar Fehler leisten könnte, ohne mich
sofort genieren zu müssen.

Tatsächlich gelang es mir bei der nächsten mündlichen Prüfung, alle
Fragen zu beantworten. Ich erinnere mich daran, daß ich ein- oder zwei-
mal ins Stocken geriet und mir dann sagte: Fehler macht jeder, das ist
nur menschlich, und so fing ich mich wieder. Ich bestand die Prüfung
mit Auszeichnung.

Ich habe das gleiche durchgemacht wie Sie – in einem anderen Bereich
zwar, aber aus demselben Grund. Ich hatte panische Angst, einen Fehler
zu machen, und diese Angst war schuld daran, daß ich vorübergehend
jede Kontrolle über meine Denkfähigkeit verloren hatte und nicht antworten konnte.

Lassen Sie sich das als Lehre dienen, denn Ihre Schwierigkeit liegt
allein darin, daß Sie Angst haben, vor Ihren versammelten Kollegen
einen Fehler zu machen und sich eine Blöße zu geben.

Denken Sie aber daran, daß auch Ihre Kollegen Fehler gemacht haben!
Und denken Sie nicht zuletzt daran, daß Sie schließlich eine Reihe von
Erfolgen vorzuweisen haben, auf die Sie stolz sein können. Wenn Sie das

nächste Mal aufstehen, um eine Rede zu halten, denken Sie daran, wie Sie sich gefühlt haben, als Sie Ihr letztes großes Geschäft abgeschlossen haben. Das wird Ihnen Ihr Selbstvertrauen wiedergeben und die psychische Narbe beseitigen ...

Die Angst, Fehler zu machen, müssen Sie überwinden. Wir sind dem Leben erst wahrhaft gewachsen, wenn es uns gelingt, uns über unser Versagen zu erheben."

Der Versicherungsagent kehrte nach Texas zurück, und wie er mir später schrieb, ist es ihm tatsächlich gelungen, seiner Ängste Herr zu werden. Zwar strebt er immer noch danach, ein vollendeter Redner zu werden, aber er ist nicht mehr befangen, er schämt sich jetzt nicht mehr seiner Fehler: Seine psychische Narbe ist verschwunden.

Auch Sie können Ihre psychischen Narben beseitigen. Machen Sie sich folgende Grundhaltung zu eigen:

1. Versuchen Sie niemals, jemand anderer zu sein.

2. Haben Sie keine Angst davor, auch einmal einen Fehler zu machen.

Überwindung von Depressionen

Wer Sie auch sind – gelegentlich haben Sie Depressionen, sind gedrückter Stimmung. Plötzlich fallen Ihnen alle Sünden (und Unterlassungssünden) ein, die Sie in Ihrem Leben begangen haben. Nichts kann Sie aufheitern, und wenn Sie in den Spiegel blicken, können Sie sich selbst nicht ausstehen.

Viele Depressionen entspringen einer inneren Unausgeglichenheit, einer falschen Einstellung zu sich selbst. Wenn Sie sich jedoch grundsätzlich akzeptieren, wird Ihre depressive Stimmung nicht lange anhalten. Ihre Depressionen werden nur dann chronisch, wenn Sie mit sich selbst keinen Frieden schließen können.

So können Sie eine Depression überwinden:

1. Akzeptieren Sie Ihre Stimmung zunächst, und machen Sie sich ihretwegen nicht noch Vorwürfe.

2. Machen Sie sich von allem Groll gegen andere Menschen frei; bedenken Sie, daß auch sie ihre Probleme haben.

3. Denken Sie an frühere Leistungen und Erfolge. Sehen Sie sich in einem guten Licht!

Selbstvertrauen schützt Sie vor Verletzungen

Lassen Sie mich einen ganz banalen Vergleich ziehen: Mitunter erscheint mir das Leben wie ein Fußballspiel ... Sie sind Verteidiger, und gelegentlich unterläuft Ihnen ein schwerwiegender Fehler; als Reaktion darauf stürmen Sie hastig nach vorn, um selbst ein Tor zu schießen. Sie prallen jedoch gegen eine feste Abwehrmauer und erreichen nicht das geringste – allenfalls ein paar blaue Flecken, vielleicht sogar eine Verletzung . . .

Lassen Sie eine derartige Verletzung nicht zu einer häßlichen Narbe werden, die Ihnen das Leben verbittert und Sie blind macht für seine schönen Seiten.

Psychologen haben festgestellt, daß es „unfall-anfällige" Menschen gibt. Wenn sie hart angepackt werden, werden sie mit ziemlicher Sicherheit ernsthaft verletzt.

Um bei unserem Vergleich zu bleiben: Es gibt auf der anderen Seite Spieler, die stets am Ball bleiben und denen Sie nacheifern sollten; wenn sie im Kampf zu Boden geschleudert werden, springen sie sofort wieder auf und werfen sich aufs neue in den Angriff. Sie glauben an sich selbst, und darum werden sie auch bei harten Tacklings selten verletzt . . .

Es gibt Tage, an denen alles schiefgeht: Sie haben morgens verschlafen und kommen nicht mehr pünktlich ins Büro, Sie werden von einem Wolkenbruch überrascht und haben keinen Schirm bei sich, Ihre Frau ist schlecht gelaunt, das Baby brüllt ununterbrochen. Ihr Auto müßte dringend überholt werden, aber Sie wissen nicht, wie Sie die Kosten in Ihrem Etat unterbringen sollen; irgend jemand macht eine etwas sarkastische Bemerkung, und Sie brüllen ihn an, als ob er in Ihrem Haus Feuer gelegt hätte . . .

Nun, es gibt etwas in Ihnen, das Ihnen aus einer solchen Gereiztheit heraushelfen kann – wenn Sie an sich selbst glauben. Seien Sie in solchen Situationen besonders nett zu sich selbst, sehen Sie sich als jemanden, der es wert ist, daß man ihn nett behandelt! Statt sich ständig Ihre Unzulänglichkeit vorzuhalten, vergegenwärtigen Sie sich Ihre starken Seiten. Sie müssen sich das Ich vergegenwärtigen, das Sie mögen, und an Ihre guten Seiten und Impulse glauben. Wenn Sie das tun, werden Sie – um noch einmal unseren Vergleich heranzuziehen – jeden Tag Ihr Tor schießen. Sie werden auch noch einige andere nützliche Schüsse tun und ganz gewiß nicht auf einer Bahre vom Platz getragen werden.

Sie können auch alte psychische Narben beseitigen

Vielleicht werden Sie sagen: „Was mich betrifft – ich bin schließlich kein Jüngling mehr, sondern über sechzig, und mein Leben war wahrhaftig nicht einfach. Wie soll ich in meinem Alter Narben loswerden, die sich im Lauf der Jahre verhärtet haben?"

Ich gebe zu: Leicht ist es nicht. Jeder hat einmal von einem schönen, glücklichen und erfüllten Leben geträumt. Rückschläge und Enttäuschungen aber sind nicht ausgeblieben, und so mancher reagiert darauf verbittert.

Die Folgen der Enttäuschungen jedoch, die psychischen Narben, die Ihnen jede Lebensfreude nehmen, können Sie loswerden!

Sind Sie eine Ehefrau und können es nicht verwinden, daß Ihr Mann niemals genug Geld verdient hat, um Sie mit dem Komfort zu umgeben, nach dem Sie sich sehnten?

Sind Sie ein einsamer Junggeselle, der auch nach dreißig Jahren noch gekränkt ist, weil ein Mädchen seinerzeit einen Heiratsantrag ausgeschlagen hat?

Oder sind Sie eine geschiedene Frau, die ihrem geschiedenen Mann immer noch grollt und ihn für alle Schwierigkeiten ihres Lebens verantwortlich macht?

Oder ein Mann in mittleren Jahren, der es sich nicht verzeihen kann, daß er es beruflich nicht weitergebracht hat?

Wenn Sie zu diesen Menschen gehören – oder wenn Sie unter anderen psychischen Wunden leiden –, wird es Zeit, daß Sie diese Narben beseitigen und ein neues Leben anfangen. Es wird Ihnen gelingen, wenn Sie alle Bitterkeit ausmerzen und wie ein Kind – ohne Vorurteile – auf eine neue Welt blicken, die einzige, in der Sie leben können und in der Sie sich einrichten müssen. Der Schlüssel, der die Tür zu einem neuen Leben öffnet, heißt Vergebung.

Vergeben Sie anderen, denn sie sind Menschen wie Sie

Vergeben Sie den Menschen, die Ihnen unrecht getan, Ihnen einen Schmerz zugefügt oder Sie gekränkt haben. Vergeben Sie ihnen nicht nur um ihretwillen, sondern auch um sich selbst zu helfen. Wenn Sie das nicht über sich bringen, wird Sie Ihr Groll, Ihr Haß selbst zerstören.

Physische Narben gelten in einigen Kulturen als Zeichen der Würde oder der Tapferkeit. Afrikanische Eingeborene deformieren ihre Nasen und schmücken sie mit großen Ringen; das gilt bei ihnen als schön. Die Kreolen werteten Narben im Gesicht als Symbole des Mutes.

Psychische Narben jedoch – mögen sie noch so alt sein – schmerzen immer. Wenn Sie einem anderen Menschen etwas nachtragen, können Sie ihn mit Ihrer Haltung vielleicht kränken – mehr aber schaden Sie sich selbst.

Wenn Ihnen jemand ein (wirkliches oder eingebildetes) Unrecht angetan hat, ist eine spontane, ärgerliche Reaktion nur natürlich. Vielleicht sollten Sie dem anderen sagen, was Sie über seine Handlungsweise denken. Dann ist es jedoch kein sehr weiter Schritt mehr, die Situation endgültig zu bereinigen.

Wenn das Unrecht nicht mehr rückgängig gemacht werden kann, hat es sicherlich keinen Sinn, sich monatelang darüber zu ärgern. In extremen Fällen kann eine solche Reaktion sogar zu Magengeschwüren führen!

Sagen Sie sich auch, daß Ihr „Gegner" ein Mensch ist wie Sie, und machen Sie sich klar, daß Sie von sich selbst wohl auch kaum behaupten können, noch nie einem anderen Menschen auf die Zehen getreten zu haben.

Vergeben Sie also, vergessen Sie! Die Wahrscheinlichkeit, daß Sie im Grunde gar nichts zu vergeben haben, ist ohnehin sehr groß.

Tragen Sie sich selbst nichts nach!

Am wichtigsten ist jedoch, daß Sie sich selbst vergeben. Sie können weder glücklich noch erfolgreich sein, wenn Sie sich ständig Vorwürfe machen.

Beseitigen Sie Ihre psychischen Narben mit Güte und Nachsicht gegen sich selbst. Wenn Ihre lebenslange Scheu vor romantischen Verwirrungen Ihnen zum Beispiel den Weg zu einer Ehe versperrt hat, seien Sie nachsichtig mit sich selbst und akzeptieren Sie diese Begrenzung Ihrer Persönlichkeit. Wenn Ihre Unfähigkeit, Ihre Kraft sinnvoll einzusetzen, Ihnen das berufliche Vorankommen erschwert hat, machen Sie sich keine endlosen Vorwürfe, sondern versuchen Sie, sich die Erfolge zu vergegenwärtigen, die Sie in Ihrem Beruf dennoch erreicht haben, und vergeben Sie sich selbst. Wenn Sie einen guten Freund mit einer unbedachten Äußerung verletzt haben, suchen Sie nicht nur seine Vergebung, sondern denken Sie daran, daß Sie sich auch selbst vergeben müssen.

Psychische Narben können beseitigt werden. Hier einige Hilfen:

1. *Akzeptieren Sie Ihre eigenen Grenzen!* Niemand ist vollkommen. Wir alle haben Fehler. Verlangen Sie daher nicht zuviel von sich.

2. *Vergessen Sie Fehler, die Sie einmal begangen haben!* Jeder Mensch tut gelegentlich Dinge, die er gern ungeschehen machen würde; das ist jedoch unmöglich. Hören Sie auf, sich mit Selbstvorwürfen zu martern!

3. *Vergeben Sie anderen Menschen!* Sie sind ebenso fehlbar wie Sie selbst. Sie sind weder Götter noch Maschinen – sie alle sind *menschlich* und daher unvollkommen.

4. *Sehen Sie sich selbst von Ihrer besten Seite!* Vergegenwärtigen Sie sich eine Situation, die Sie wirklich genossen haben, in der sich alles so zu fügen schien, wie Sie es sich wünschten. Erinnern Sie sich daran, wie

Sie sich fühlten, beleben Sie dieses wohltuende Gefühl in sich. Halten Sie diese freundlichen Bilder in sich lebendig; sie lassen die Vorstellungen von Versagen und alle Angstgefühle verblassen, bis sie sich schließlich ganz aufgelöst haben.

Mit diesen Vorstellungen, die Ihre Selbstauffassung steigern, können Sie sich Ihrer psychischen Narben entledigen. Wenn Sie sich erst einmal selbst schätzen, wenn Sie die Schäden der Vergangenheit beseitigt haben, werden Sie bereit sein, den Ihnen angemessenen, realistischen Zielen zuzustreben und die förderlichen Gewohnheiten zu kultivieren, die Ihnen das Glück erschließen werden.

8. Kapitel

Sie brauchen keine Maske zu tragen

Inszenieren Sie in Ihrer Vorstellung folgende Szene, bei der Sie selbst mitspielen:

Sie sind bei einem Ihrer Freunde zu einem Kostümfest eingeladen, es herrscht eine fröhliche, ausgelassene Stimmung. Alle Gäste tragen eine Maske, und Sie können nicht einmal den Gastgeber ausfindig machen, obwohl Ihnen sein Gesicht vertraut ist.

Eine blonde Frau, die eine rosa Maske trägt, nickt Ihnen grüßend zu, und Sie erwidern den Gruß. Sie ist groß und schlank, und Sie kennen sie irgendwoher – aber wer ist sie? Ein als Cowboy kostümierter Mann mit schwarzer Gesichtsmaske reicht ihr den Arm, führt sie zur improvisierten Tanzfläche (man hat das Sofa und die Fernsehtruhe aus dem Zimmer geräumt). Er sieht aus wie ein Cowboy aus einem Western – aber wer ist er wirklich?

Es ist alles sehr verwirrend, aber es ist nur ein Spiel, und Sie amüsieren sich. Sie trinken Bowle und mischen sich unter die ausgelassenen Gäste.

Diese Szene symbolisiert das Leben, denn die meisten Menschen tragen fast ihr ganzes Leben lang eine Maske. Sie ist unsichtbar, aber immer vorhanden. Während wir uns für ein Kostümfest zu unserem Vergnügen maskieren, sind die Masken, die wir im Leben tragen, bitterer Ernst: Sie haben allein den Zweck, das wahre Selbst, mit dem wir nicht zufrieden, nicht einverstanden sind, vor der drohenden Umwelt zu verbergen.

Viele Menschen spielen ihre Rolle bis zu ihrem Tod. Sie tragen Masken in der Hoffnung, sich so vor der Kritik ihrer Mitmenschen schützen zu können. Wie ein dunkles Geheimnis, das sie fürchten, halten sie ihr wahres Selbst in sich verschlossen. Es gibt Menschen, die in hohem Alter sterben, ohne daß jemals ihre Maske gelüftet worden ist. Niemand weiß, wer und wie sie wirklich waren.

Die Masken, die wir tragen

Sind solche Masken nötig?

Das kleine Kind trägt keine Maske. Zuneigung und Abneigung trägt es offen zur Schau, es verbirgt weder Freude noch Schmerz. Während es heranwächst, lernt es mehr und mehr, seine Gefühle zu beherrschen, seine Reaktionen zu kontrollieren. Das gehört zum Leben des zivilisierten Menschen, denn die menschliche Gesellschaft würde zerbrechen, wenn jeder Mensch seinen Impulsen nachgeben würde. So müssen wir unsere Gefühle und die Reaktionen, die ihnen entspringen, zügeln. Wir dürfen nicht nur an unser eigenes Wohlergehen denken; auch unsere Mitmenschen zählen.

In bestimmten Situationen *müssen* wir uns maskieren, müssen wir unsere Gefühle hinter einer Maske verbergen. Wenn Sie zum Beispiel Ihren Chef nicht mögen, gebietet es die Vernunft, Ihre Gefühle nicht zu zeigen. Sie, Ihre Frau und Ihre Kinder sind auf Ihre Stellung und das Geld, das Sie mit Ihrer Arbeit verdienen, angewiesen.

Bedenklich ist jedoch, daß viele Menschen auch dann eine Maske tragen, *wenn sie es gar nicht müssen.* Das bedeutet, die „Beherrschung" zu überziehen und führt zu Hemmungen und Verwirrungen und zur Schwächung der Selbstauffassung.

Wir tragen zu viele Masken.

Der schwache Mann trägt eine Maske des Stoizismus, die seine Überempfindlichkeit verbirgt.

Die eitle Frau trägt eine Maske der Gleichgültigkeit, die ihren Wunsch, zu gefallen, verbirgt.

Der Mann, der sich darüber klar ist, daß er beruflich versagt hat, hat sich vielleicht die Maske eines Aufschneiders ausgesucht und langweilt seine Mitmenschen mit Schilderungen seiner „Erfolge".

Das sind nur einige Beispiele für die Mannigfaltigkeit der Masken, hinter denen sich der Mensch verbirgt. Vielleicht kann Ihre Maske Sie gelegentlich vor der einen oder anderen häßlichen Bemerkung Ihrer Mitmenschen bewahren, aber gleichzeitig werden Sie doch auch durch Ihre Maske von all jenen Menschen isoliert, die Ihnen zugetan wären, wenn Sie Ihre Maske nicht tragen würden.

Lassen Sie sich von der „Vollkommenheit" eines Menschen nicht schrecken!

Manche Menschen verstecken sich hinter einer schützenden Maske, weil sie andere Menschen falsch beurteilen. Dabei tragen auch diese anderen eine undurchdringliche Maske, mit der sie ihre Umwelt erfolgreich täuschen.

Menschen, die vollkommen zu sein scheinen, erschrecken in der Regel ihre Mitmenschen. Ihre Haltung ist sicher, ihr Auftreten tadellos, und sie verstehen es, ihre wahren Gefühle vollständig zu verbergen. Da sie nahezu unmenschlich vollkommen erscheinen, rufen sie in anderen Menschen Minderwertigkeitsgefühle hervor; wer ihnen begegnet, glaubt einem Vergleich mit ihnen nicht standhalten zu können.

Lassen Sie sich von einer solchen Verstellung nicht erschrecken. Sehen Sie dieses Manöver als das, was es wirklich ist: der Versuch eines anderen Menschen, seine eigene Schwäche hinter einer Maske zu verbergen.

Wenn Sie an einem anderen Menschen scheinbar unfehlbare Vollkommenheit zu entdecken meinen, glauben Sie nie, Sie müßten ihn imitieren; denn wenn Sie *mit* all Ihren Schwächen Sie selbst sein können, werden Sie den Belastungen des modernen Lebens besser gewachsen sein als ein Mensch, der sich maskieren muß, um ihnen standzuhalten.

Sie können aufrichtig sein

Es ist nicht immer leicht, sich so zu geben, wie man wirklich ist; denn dabei legt man natürlich auch seine Schwächen bloß, und leider gibt es genug Menschen, die gerade auf Kosten der Schwächen und Fehler anderer sich selbst in ein besseres Licht zu setzen suchen.

Es gibt natürlich immer Situationen, in denen es unklug ist, sich ganz unbefangen so zu geben, wie man ist, also auf eine Maske zu verzichten. Wenn Sie ein unkonventioneller Mensch sind, kann Ihre freimütige Haltung Sie Ihre Stellung kosten; oder Sie können in die peinlichste Verlegenheit geraten, wenn Sie in Situationen, die eine bestimmte gesellschaftliche Contenance erfordern, Ihren Impulsen unbekümmert nachgeben. Sie würden gewiß vernünftig genug sein, etwa bei einer feierlichen Hochzeitszeremonie ein herzhaftes Lachen zu unterdrücken, auch wenn es einem überwältigenden Glücksgefühl entspringt.

Es ist jedoch leider so, daß viele Menschen ihr wahres Selbst unterdrücken, auch wenn es gar nicht sinnvoll ist: Es ist, als ob sie sich freiwillig ins Gefängnis setzen, obwohl sie gar nichts verbrochen haben.

Ein Grund für dieses Verhalten liegt in der Angst, der Umwelt als „anders" aufzufallen und daher abqualifiziert zu werden. Die sehr verbreitete Angst aufzufallen, sich von der Umwelt zu unterscheiden, erscheint mir absurd, denn wir sind schließlich alle verschieden, und wir sollten dankbar sein, daß jeder Mensch ganz individuelle Züge hat. Eben das ist es, was dem Leben jedes einzelnen Menschen seine Bedeutung verleiht. Es ließe sich eine ganze Philosophie an die Vorstellung knüpfen, was wohl aus der Menschheit geworden wäre, wenn kein Mensch sich vom anderen unterscheiden würde. Dennoch ziehen es viele Menschen vor, kein Risiko einzugehen, und beschränken sich deshalb auf die

Lebensäußerungen, die mit Sicherheit keine Kritik hervorrufen und unauffällig bleiben.

Das ist ein schreckliches Opfer. Kritik kann schmerzen, aber wenn Sie genug Selbstvertrauen haben, werden Sie es sehr wohl ertragen können, daß jemand Sie aufs Korn nimmt, und Sie werden in der Lage sein, ihn in seine Schranken zu verweisen.

Sie können – und sollten – ganz Sie selbst sein! Dazu bietet Ihnen das Leben zahllose Gelegenheiten, bei denen Sie weder Strafe noch die Ächtung durch Ihre Umwelt fürchten müssen.

In vielen Bereichen – etwa im gesellschaftlichen Umgang mit anderen Menschen – fallen uns gerade diejenigen Persönlichkeiten als Ausnahmen auf, die sich durch ihre starke Ausstrahlung von den anderen unterscheiden. Und so lenkt auch auf einer Party etwa die Person die Aufmerksamkeit der übrigen auf sich, deren Ansichten und Argumente deshalb so interessant sind, weil es sich um *eigene* handelt. Viele leitende Wirtschaftsfachleute gründen ihren Erfolg nicht auf Konformismus, sondern auf die Originalität ihrer schöpferischen Überlegungen.

Prüfen Sie Ihre Angst, „anders zu sein als die anderen", und Sie werden entdecken, daß sie weitgehend unbegründet ist.

Übertriebene Anpassung an die Umwelt kann zu verhängnisvollen Konsequenzen führen: Sie macht unglücklich. Amy Selwyn veröffentlichte im April 1957 im *Parents' Magazine* den Artikel *Must Your Child Conform,* in dem sie die Auswirkungen des Anpassungszwangs auf Kinder analysiert:

„Unlängst haben sich Psychologen und Soziologen eingehend mit den sozialen Beziehungen von Kindern befaßt. Ihre Untersuchung beweist, daß Kinder, die sich einer Gruppe ohne Schwierigkeiten anpassen und ihr Auftreten und Tun auf ihre Freunde ausrichten, im allgemeinen beliebter sind und häufiger bewundert werden. Einige dieser Kinder sind glücklich und unbeschwert, und ihre Verträglichkeit im Umgang mit anderen Kindern ist ein Zeichen für eine gesunde Entwicklung. Es gibt jedoch Kinder, die sich nicht im geringsten von der Gruppe unterscheiden, die jedoch von Angst und emotionellen Störungen gequält werden. Der zehnjährige Joe zum Beispiel ist der beliebteste Junge in seiner Klasse. Er wird von seinen Mitschülern grundsätzlich zum Anführer bei Spielen und Wettkämpfen bestimmt.

Vielleicht wünschen Sie sich, daß Ihr Kind genauso beliebt ist wie Joe und sich genauso problemlos seiner Gruppe anpaßt. Eine Reihe von psychologischen Tests hat jedoch eindeutig bewiesen, daß eben dieser Joe ein ernsthaft gestörtes Kind ist, voller Unsicherheit und Angst vor Versagen. Er fühlt sich dem Leben nicht gewachsen. Er weiß nicht, warum er sich so fühlt, aber er glaubt, daß es seine eigene Schuld ist. Er hat eine starke Neigung zu Aggressivität und Feindseligkeit, die er jedoch nicht zu zeigen wagt. Er ist in erster Linie deshalb so freundlich und paßt sich den Erwartungen der anderen Kinder an, weil er seinen Groll und sein Schuldgefühl verbergen will."

Allgemeine Beliebtheit kann also den Schaden, den man sich selbst mit übertriebener Anpassung an die Umwelt zufügt, oft nicht kompensieren.

Ein guter Freund schätzt Sie um Ihrer selbst willen

Kennen Sie die Geschichte, in der ein Mann einem anderen seinen Freund beschreibt? „Er lacht häufig, ist stets hilfsbereit. Ich kenne ihn nun seit 15 Jahren, und ich habe ihn nicht ein einziges Mal in Wut geraten sehen oder auch nur in gereiztem Zustand erlebt."

Woraufhin sein Zuhörer die kluge Bemerkung machte: „Er scheint ein *Heiliger* zu sein. Aber ist er auch ein *Freund?*"

Ein guter Freund wird Sie um Ihrer selbst willen schätzen, nicht um der Maske willen, die das, was Sie sind, verbirgt.

Wenn Sie das Gefühl haben, daß Sie einem Freund Ihre wahre Persönlichkeit verheimlichen, dann ist einer von Ihnen beiden kein guter Freund. Ein wirklicher Freund wird Sie so nehmen, wie Sie sind, mit Ihren Stärken und Schwächen, mit Ihren Siegen und Niederlagen. Der Eheschwur, der „in guten wie in schlechten Tagen" gelten soll, verbindet im gleichen Sinne Mann und Frau als zwei Freunde, die sich – im Idealfall – in allen Stimmungen und Situationen kennenlernen, so daß eine Verstellung unmöglich ist, und einander mit ihren Fehlern und Schwächen akzeptieren.

Eine gute Freundschaft wird ebenso sein. Sie und Ihr Freund werden einander – ohne Masken – kennen und in jeder Situation loyal sein.

Die Geschichte einer Lehrerin

Vor fünf Jahren suchte mich eine Lehrerin in meiner Praxis auf, die über ihr Gesicht unglücklich war. Sie hatte jedoch nicht nur über *einen* Defekt, einen Schönheitsfehler zu klagen: Vielmehr war die Nase zu lang, das Kinn zu kurz und die Ohren standen ab – jedenfalls glaubte sie das.

Ich betrachtete sie. Ich hatte sie nie zuvor gesehen, und meine Beurteilung konnte daher als halbwegs objektiv gelten. Nein, sie war keine häßliche Frau, und mir wurde sofort klar, daß ihr ganzer Kummer von ihrer schlechten Selbstauffassung herrührte.

Ich verbesserte ihr Aussehen durch einige kleine chirurgische Korrekturen – weniger Korrekturen, als sie nötig zu haben glaubte. Als ich sie etwas besser kennenlernte, fand ich, daß sie ungewöhnlich zurückhaltend war. Ihr Gesicht zeigte nur selten eine Bewegung.

Als ich meine Behandlung abgeschlossen hatte, resümierte ich: „Mehr kann ich für Sie nicht tun."

Sie schien verärgert zu sein: „Viel besser sehe ich jetzt auch nicht aus", beklagte sie sich, während sie in den Spiegel sah.

Da entschloß ich mich, ganz offen zu sein: „Mehr Korrekturen waren nicht erforderlich. Ihr Gesicht ist jetzt völlig in Ordnung. Sie benutzen es jedoch als Maske, um Ihre Gefühle zu verbergen."

Sie sah mich gekränkt an und senkte dann den Kopf. „Ich tue mein Bestes."

„Das glaube ich Ihnen gern", sagte ich. „Aber ist es nicht so, daß Sie sich – besonders im Hinblick auf Ihren Beruf – zu sehr beherrschen?"

Da sie spürte, daß ich ihr ernsthaft helfen wollte, gab sie allmählich ihre Zurückhaltung auf und sprach über ihr unglückliches Leben. Sie haßte ihren Beruf, da sie meinte, sie müßte ihren Schülern ein vollkommenes Vorbild sein. Tag für Tag verbarg sie ihre Gefühle unter der Maske makelloser Mustergültigkeit und gab sich stets „korrekt". Sie war immer reserviert gewesen, aber nun, nach drei Berufsjahren, fühlte sie sich unerträglich angespannt. Da sie sich über den Grund nicht im klaren war, machte sie schließlich ihr Aussehen für ihren Zustand verantwortlich...

Als sie geendet hatte, brach sie in Tränen aus. „Die Kinder lachen mich aus", schluchzte sie. Dann hörte sie abrupt wieder auf zu weinen, putzte sich die Nase, setzte sich gerade hin und sah mich gespannt an, als hätte sie mir soeben ein furchtbares Geheimnis verraten.

Ich lächelte. „So ist's besser", sagte ich. „Wenn Sie weinen, zeigen Sie, daß Sie ein ganz normaler Mensch sind und Gefühle haben."

Allmählich entspannte sie sich und lächelte dann zurück.

„Die Kinder lachen Sie also aus", fuhr ich fort. „Wissen Sie, warum? Weil sie spüren, daß Sie ihnen etwas vormachen. Natürlich müssen Sie als Lehrerin Selbstbeherrschung haben. Sie müssen Ihre Qualifikation und Reife beweisen. Aber kein Mensch verlangt von Ihnen, daß Sie vollkommen sind! Eine gute Lehrerin darf gelegentlich durchaus einmal albern sein. Ihre Schüler werden sie trotzdem respektieren, wenn sie eine vernünftige, kluge Frau ist – sie werden sie mögen, weil sie menschlich ist. Legen Sie Ihre Maske ab! Sie werden sich viel wohler fühlen, wenn Sie nur Sie selbst sind, und vielleicht macht Ihnen dann sogar das Unterrichten Spaß."

Als sie meine Praxis verließ, fühlte sie sich besser und war entschlossen, ein freier Mensch zu werden. Einige Monate später schrieb sie mir, daß sie nun keinen Gedanken mehr an ihr Gesicht verschwende und sich ausgeglichener fühle. Sie sei sicher, nun eine bessere Lehrerin zu sein, obwohl sie sich noch immer etwas unsicher fühle; aber sie sei davon überzeugt, sie werde sich im Klassenzimmer schon bald nicht mehr wie im Gefängnis vorkommen.

Der Schlüssel zu Ihrer richtigen Selbstauffassung

Sie können aus dieser Geschichte lernen; sie kann Ihnen helfen. Ihre Selbstauffassung kann nur dann stark sein, wenn Sie weder Ihre Gefühle noch Ihre Schwächen verbergen. Tun Sie es nicht, so tragen Sie – nicht anders als ein Verbrecher, der eine Bank berauben will – eine Maske.

Da Sie jedoch kein Brankräuber sind, haben Sie eine Maske nicht nötig. So furchtbar können Ihre Gefühle nicht sein, daß Sie ihnen niemals nachgeben dürften. Und wenn Sie glauben, sich Ihrer Gefühle schämen zu müssen, dann sollten Sie Ihre Denkweise ändern, nicht jedoch Ihre Gefühle.

Wenn Sie Ihre Empfindungen unzugänglich tief in sich verbergen, können Sie kaum eine zutreffende Selbstauffassung haben; denn wie sollten Sie in diesem Zustand wissen, wer Sie wirklich sind? Sie wissen nur, was Sie vorgeben zu sein.

Wenn Sie einem anderen Menschen eine bestimmte Überzeugung zu erklären versuchen und dabei merken, daß er die Stirn runzelt, hören Sie dann zu sprechen auf – oder wechseln Sie das Thema? Tun Sie weder das eine noch das andere! Sie müssen in Ihren Meinungen und Überzeugungen selbstsicherer werden, so daß Sie nicht mehr allein auf die Zustimmung oder Anerkennung anderer Menschen angewiesen sind. Andernfalls würden Sie den Ausdruck Ihrer eigenen Persönlichkeit ersticken, sich hinter einer Maske verstecken und so Ihr schöpferisches Ich zerstören.

Menschen, die in ihrer Kindheit stets unterdrückt wurden, haben nach und nach das Gefühl kultiviert, unwichtig zu sein. Sie stehen grundsätzlich im Schatten anderer, halten sich für Versager und leiden an tiefverwurzelten Minderwertigkeitskomplexen.

Wenn Sie zu diesen Menschen gehören, begraben Sie die Vergangenheit. Bestehen Sie auf Ihrem Recht, ein Individuum zu sein! Werfen Sie die Ketten übertriebener Vorsicht ab, die Sie jahrelang daran gehindert haben, so zu sein, wie Sie wirklich sind, und schaffen Sie sich eine gerechte, Ihnen angemessene Selbstauffassung.

Das Geheimnis der Persönlichkeit

Über das, was eine „Persönlichkeit" ausmacht, ist viel geschrieben worden. So wird in Nachschlagewerken etwa definiert: „Ein Mensch, der bewußt und in steter Auseinandersetzung mit Umwelt und Schicksal seine Anlagen allseitig ausgebildet und dadurch eine besondere Eigenart und Selbständigkeit erlangt hat."

Darum geht es: sich bewußt mit sich selbst auseinandersetzen, Anlagen erkennen und entwickeln – nur so verwirklichen wir uns selbst.

Das Geheimnis der Persönlichkeit liegt also letztlich darin: die Maske abzuwerfen, zu sich selbst zu finden, das eigene Ich bewußt zu entwickeln, ohne jemanden zu imitieren.

Der Weg zur Persönlichkeit:

1. *Haben Sie keine Angst, anders zu sein als die anderen.* Die Leute, die Sie um Ihrer persönlichen Eigenart willen verspotten, sind Ihre Aufmerksamkeit nicht wert. Große Künstler, Erfinder, Politiker scheuen sich nicht, anders zu sein; andernfalls hätten sie nie das erreicht, was sie erreicht haben.

2. *Befreien Sie sich von Ihrer Angst vor „vollkommenen" Menschen,* denn vollkommen sind sie keineswegs – sie spielen lediglich eine Rolle. Vergleichen Sie sich nicht mit einem solchen „Muster an Vollkommenheit".

3. *Versuchen Sie, spontaner zu sein.* Lernen Sie, unbefangener aufzutreten, zu reagieren, zu reden. Wenn Sie sich zu einer bestimmten Frage, einem Problem oder in einer Diskussion äußern wollen, formulieren Sie in Gedanken nicht wortwörtlich vor, was Sie sagen wollen! Überlassen Sie sich Ihrer Intuition! Die meisten Menschen mißtrauen ohnehin einer gefilterten, einstudierten Konversation. Machen Sie sich klar, daß niemand über Sie herfallen wird, wenn Sie einmal etwas Albernes sagen sollten. Auch hier erweist sich lediglich, daß kein Mensch vollkommen ist – ich hoffe, Sie selbst werden es nie sein.

4. *Verlassen Sie sich auf sich selbst.* Ein gereifter Mensch akzeptiert sich selbst und wartet nicht auf die Anerkennung durch andere Menschen. Wenn Sie beispielsweise in einer Gesellschaft einen Witz erzählen und dabei beifallheischend in die Runde blicken, kann es Ihnen durchaus passieren, daß Sie Ihre Zuhörer langweilen. Zwar möchte jeder Mensch gern unterhalten werden; er schätzt es jedoch gar nicht, wenn man ihn zu einer bestimmten Reaktion von vornherein drängt. Wenn Sie Ihr eigenes Auftreten, Ihr Verhalten mit freundlicher, zwangloser Gelassenheit betrachten, werden Sie in der Lage sein, sich selbst uneingeschränkt auszudrücken, sich selbst zu verwirklichen.

5. Überprüfen Sie Ihre selbstkritischen Gedanken. Wenn Sie sich grundsätzlich selbst kritisieren, löschen Sie allen Mut zur Spontaneität in sich aus. Wenn Sie sich sagen: „Vielleicht wirke ich albern", oder „Die Leute halten mich bestimmt für arrogant", oder „Ich hätte nicht so schnell reden sollen", dann tun Sie Ihrer Persönlichkeit Gewalt an, und Sie laufen Gefahr, sich nahezu hysterisch hinter einer Maske zu verbergen.

6. Seien Sie nicht zu stark auf Ihre Würde bedacht. Viele Menschen reagieren viel zu zurückhaltend, weil sie meinen, sichtbare Begeisterung, spontane Herzlichkeit vertrage sich nicht mit ihrer Würde. Diese Haltung ist lächerlich. Gerade ein gereifter, ausgeglichener Mensch sollte in der Lage sein, sowohl Entrüstung als auch Emotionen wie Begeisterung und Liebe zu zeigen. Wenn Ihnen ein Freund einen Gefallen getan hat, scheuen Sie sich nicht, zu sagen: „Das war wirklich großartig von dir..." Und wenn Ihre Frau sich hübsch zurechtgemacht hat, nicken Sie nicht nur schweigend mit dem Kopf. Nehmen Sie sie ruhig in den Arm und sagen Sie ihr, daß sie entzückend aussieht. Sie selbst werden die Reaktionen Ihrer Mitmenschen als Glück empfinden – und man wird Sie um so mehr lieben und schätzen.

Freilich muß ich Sie noch einmal zur Vorsicht mahnen: Es gibt natürlich Situationen, in denen Sie realistisch genug sein und sich zurückhalten müssen. Sie werden jedoch selbst wissen, wo Sie Ihre Reaktionen auf Ihre Umwelt abstimmen müssen und nicht unbekümmert zeigen und sagen dürfen, was Sie denken und empfinden: etwa im Beruf, im Umgang mit kranken Menschen – kurz, überall da, wo es die Rücksicht auf andere Menschen und auf die eigene Situation gebietet. Wichtig ist jedoch: Zurückhaltung darf nicht übertrieben werden, und auch in schwierigen Situationen können Sie in Ihrer Reaktion mehr Sie selbst bleiben, als Sie glauben.

5. praktische Übung: Seien Sie ganz Sie selbst

Ich erinnere erneut an das großartige Hilfsmittel, das Sie mit Ihrer Vorstellungskraft besitzen.

Ziehen Sie sich an einen ruhigen Ort zurück, wo Sie sich darauf konzentrieren können, sich zu demaskieren und ganz Sie selbst zu sein – ohne Tarnung und ohne Verstellung. Beruhigen Sie Ihre Gedanken, verbannen Sie Ihre Sorgen und entspannen Sie sich.

Nun lassen Sie sich von Ihrer Vorstellungskraft in die Zukunft tragen. Setzen Sie sich ein Ziel, machen Sie einen Plan, dessen Realisierung Sie glücklich machen würde, und stellen Sie sich die Schritte vor, die Sie unternehmen wollen. Vergegenwärtigen Sie sich bildhaft die Situationen, in die Sie geraten werden, und beobachten Sie jedes Detail Ihres Verhaltens.

Während Sie sich auf Ihr Ziel zubewegen, werden Sie Richtiges und Falsches tun. Darum geht es vor allem bei dieser Übung: Wenn Sie sich bildhaft alle Schritte, die Sie unternehmen wollen, vergegenwärtigen, *müssen Sie Ihre Fehler wie Ihre Erfolge akzeptieren.* Um sich selbst realistisch zu sehen und um die Fähigkeit zu entwickeln, ohne Maske Sie selbst zu sein, *müssen Sie bereit sein, Ihre Fehler zu überprüfen und sie hinzunehmen.*

Überflüssig zu sagen, daß Ihr Ziel in der Verbesserung Ihrer Selbstauffassung liegt und nicht in der Förderung von Irrtümern. Sie müssen jedoch eine feste Grundlage haben, die Sie trägt, wenn sich die Dinge für Sie nachteilig entwickeln. Wenn Ihnen diese Grundlage fehlt, müssen Sie eine Maske tragen.

Nehmen wir ein einfaches Beispiel: Sie versuchen etwas Neues. Sie sind seit zwei Jahren Witwe, und seit dem Tod Ihres Mannes haben Sie völlig zurückgezogen gelebt und sich traurig und vereinsamt gefühlt. Jetzt haben Sie das Bedürfnis, Menschen um sich zu haben, und Sie entschließen sich, eine Reihe alter Freunde einzuladen.

Für Sie bringt diese Geselligkeit ganz neue Erfahrungen: Früher hatte Ihr Mann einen Teil der Gastgeberpflichten übernommen. Nun müssen Sie Ihre Gäste allein unterhalten und sind natürlich etwas unsicher. Sie fürchten beispielsweise, Sie könnten in dieser Situation Ihre Gäste zu einer gezwungenen Unterhaltung veranlassen, und Sie sagen sich, Sie selbst seien nach Ihrem zurückgezogenen Leben den geselligen Umgang mit Menschen nicht mehr gewöhnt. Das ist durchaus möglich. Aber: wenn diese Schwierigkeiten tatsächlich vorhanden sind und Sie sich dennoch akzeptieren, dann haben Sie festen Boden unter den Füßen und brauchen nichts zu fürchten. Sie haben es nicht nötig, eine Maske zu tragen!

Natürlich hat jeder von Ihnen seine eigenen Träume, jeder sieht sich in bestimmten Situationen und kämpft mit besonderen Problemen.

Setzen Sie sich also in Ihrer Vorstellungskraft ein Ziel und nähern Sie sich ihm Schritt für Schritt. Wenn Sie sich bei Irrtümern ertappen, unterdrücken Sie das Gefühl der Verlegenheit nicht; akzeptieren Sie jedoch Ihren – ganz natürlichen – Mangel an Perfektion, leben Sie mit diesem Bewußtsein, nicht vollkommen, aber doch *jemand* zu sein – einem Bewußtsein, das Ihnen stets zu vernünftiger Einsicht verhelfen wird.

Diese Übung wird Ihnen helfen, Sie selbst zu sein, denn wenn Sie gelassen mit Ihren Fehlern leben können, brauchen Sie sich niemals hinter einer Maske zu verstecken.

9. Kapitel

Sex und Selbstauffassung

Es wird heutzutage viel über Sex diskutiert – öffentlich wie privat. Noch während meiner Kindheit und Jugend war Sex ganz allgemein ein Tabu, aber heute spricht fast jeder davon. Während man in den Zeiten vor Freud noch bei diesem „sündigen" Wort errötete, ist es heute ausgesprochen modern und wird strapaziert. In gewisser Weise ist dieser Wandel zweifellos gesund; denn es ist grundsätzlich schädlich, wichtige Fragen des Lebens zu vernachlässigen und zu tabuieren.

Dennoch scheint mir oft, daß trotz allen Geredes sehr viele Menschen immer wieder eine erstaunliche Unwissenheit gerade in diesem Bereich an den Tag legen.

Sie kennen das alltägliche Bild: Ein Zeitungskiosk, der im Überfluß mit Illustrierten und Magazinen bestückt ist, deren Titelseiten die obligate kurvenreiche Blondine oder Brünette zeigen, mehr oder (meist) weniger bekleidet und verführerisch lächelnd – oder den attraktiven Muskelprotz, der sich seines Sex-Appeals vollauf bewußt ist. Kaum ein Tag vergeht, an dem nicht die Presse von Sex-Orgien, von Sexualverbrechen oder von Bemühungen um Sexualaufklärung berichtet.

Aber ist das wirklich alles, was wir über Sex wissen müssen? Ist Sex-Appeal bei einer Frau identisch mit einem vollendet geformten Körper? Hat nur ein Mann Sex-Appeal, der etwa einsachtzig groß ist und die Figur einer griechischen Statue hat?

Sie alle wissen, daß man zum Beispiel ein Buch nicht auf Grund seines Schutzumschlages beurteilen kann ... Nun, mit dem Sex ist es genauso. Und Männer, die nur einssiebzig groß sind, können sich wahrhaftig trösten. Nicht weniger all jene Frauen, deren Körpergröße oder Figur nicht dem allgemeinen Schönheitsideal entsprechen: Sex beruht keineswegs nur auf physischen Attributen. *Sex ist auch geistig bestimmt, Sex ist etwas, für das Ihr Herz und Ihre Seele ebenso wichtig sind wie Ihr Körper.*

Genormter Sex aus Hollywood

Wir müssen uns fragen, wie die modernen Vorstellungen vom Sex zustande gekommen sind. Wann wurde Sex gleichsam zu einer Ware degradiert?

Ich bin weder Soziologe noch Sexualwissenschaftler, und daher kann ich Ihnen natürlich keine erschöpfende und allseits fundierte Antwort geben. Mir scheint jedoch, daß die Filmindustrie einen guten Anteil an dieser Entwicklung hat. Als der Film, der seine erste große Blüte in Amerika – in Hollywood – erlebte, sozusagen zu einer nationalen Institution wurde, begann man allgemein, attraktive Hollywoodstars anzuhimmeln, und diese Stars wurden zu Symbolen unerfüllter Sehnsüchte. Da der Film ein visuelles Kommunikationsmittel ist, lag der Akzent auf dem Bild, auf den äußeren Erscheinungsformen des Sex; das war ausschlaggebend.

Heranwachsende Jungen und Mädchen, deren Selbstauffassung sich noch bildete und festigte, versuchten sich an gerade populären Filmstars zu orientieren; aber in der Regel blieben die Versuche der Nachahmung ebenso oberflächlich, wie es die meisten Filme der „Traumfabrikation" selbst sind. Und daher kommt es, daß die Erwachsenen heute – die seinerzeit Heranwachsende waren – ihre sexuelle Selbstauffassung immer noch zum guten Teil nach der Hollywoodnorm ausrichten.

Sexuelle Anziehungskraft – ich wiederhole es – ist jedoch mehr als ein physisches Attribut. Obwohl es unstreitig von Vorteil ist, wenn man attraktiv aussieht, bleibt gegenüber geistigem Gehalt und innerer Reife die äußere Erscheinung grundsätzlich zweitrangig.

Der häßliche Junge und das hübsche Mädchen

Glauben Sie mir – ich weiß, wovon ich spreche. Aber tun Sie noch mehr: Stellen Sie es sich bildhaft vor. Was Sie sich vorstellen sollen, ist realistischer als jeder Film aus der Hollywoodschen Traumfabrik...

In einem Gymnasium hat man ein Schulfest arrangiert, bei dem ein vierzehnköpfiges Orchester zum Tanz aufspielt. Natürlich ist die Tanzfläche überfüllt, es wimmelt von jungen Leuten in dunklen Anzügen und weißen Hemden. Die Mädchen tragen hübsche bunte Cocktailkleider, sie haben sich mit besonderer Sorgfalt frisiert oder frisieren lassen, und sie tragen Schuhe mit hohen Absätzen. Sie alle kennen dieses Schauspiel: Die jungen Leute sind fröhlich und unterhalten sich und genießen das Fest – oder versuchen vorzugeben, daß es ihnen Spaß macht.

An den Rändern der Tanzfläche stehen viele Teenager in Gruppen beieinander, unter anderen drei kichernde junge Mädchen und ganz in ihrer Nähe sechs Jungen, die versuchen, etwas blasiert und selbstsicher zu wirken. Ein großer, gutaussehender Bursche verläßt die Gruppe und geht gelassen auf eins der Mädchen zu, eine attraktive Rothaarige in einem grünen Kleid, und bittet sie um den nächsten Tanz.

„Tut mir leid, Jim", sagt sie, „aber alle meine Tänze sind schon vergeben."

Der junge Mann starrt sie entgeistert an, murmelt etwas und kehrt zu seinen Freunden zurück. „Ich Idiot", zischt er, „warum hab ich sie überhaupt gefragt? Für wen hält sie sich eigentlich?"

Die anderen Burschen foppen ihn, aber dann meint einer von ihnen, der nicht besonders gut aussieht, einen Kopf kleiner ist als sein attraktiver Freund und viel zu mager: „Also, ich würde sie trotzdem gern mal zum Tanzen auffordern."

Der soeben Abgeblitzte amüsiert sich: „Versuch's nur! Mit dir tanzt sie doch nie und nimmer!"

Der andere lächelt liebenswürdig, geht auf das Mädchen zu – und nach einem freundlichen Nicken des Mädchens bahnen sich die beiden einen Weg zur Tanzfläche...

Später, während einer Pause, trinkt das rothaarige Mädchen mit einer Freundin an der Bar ein Glas Bowle. „Hör mal", sagt die Freundin, „ich habe vorhin zufällig mitgekriegt, wie Jim und seine Freunde sich unterhalten haben. Jim ist ziemlich beleidigt, weil du ihn abgewiesen hast."

„Der? Für wen hält er sich eigentlich? So ein eingebildeter Kerl! Sicher, er sieht gut aus, aber er ist mir einfach zu forsch und zu arrogant. Er bildet sich ein, er wäre für jedes weibliche Wesen eine Offenbarung. Damit kann er von mir aus zwar ein paar andere Mädchen beeindrucken – aber mich nicht. Da ist Steve ganz anders. Zugegeben, er ist ein bißchen klein, aber ich mag ihn. Er hat einen herrlichen Humor und macht niemandem etwas vor. Er versucht nie, mich zu beeindrucken oder jemanden nachzuahmen. Er ist immer liebenswürdig und aufmerksam, und vor allen Dingen bildet er sich nicht ein, er täte mir einen Gefallen, wenn er mich zum Tanzen auffordert."

Nun, Sie haben diese Szene in Ihrer Vorstellung miterlebt. Lernen Sie daraus!

Ist Sex oberflächlich?

Machen Sie sich klar, daß Sex-Appeal keineswegs allein mit gutem Aussehen gleichzusetzen ist. Sex-Appeal wird auch nicht durch raffinierte Kleidung oder forciertes Auftreten bewirkt.

Wenn Ihr Erfolgsmechanismus für Sie arbeitet, wenn Sie Ihren Mitmenschen gegenüber die richtige Einstellung haben – die sich aus Rücksicht, Hilfsbereitschaft und der Einsicht in die menschlichen Schwächen zusammensetzt –, wenn Sie sich als Teil der menschlichen Gemeinschaft fühlen, in der Sie Ihren Platz haben, wenn Sie bereit sind, sich zu beugen, wenn Sie einen Fehler gemacht haben, wenn Sie sich nicht fürchten, jemanden vorbehaltlos zu lieben – dann haben Sie die Voraussetzung auch für eine gesunde sexuelle Ausstrahlung.

Wenn Sie Anteil nehmen an Ihren Mitmenschen, wenn Sie Mitleid empfinden können, werden diese Eigenschaften Ihre sexuelle Anziehungskraft nur verstärken. Wenn Sie zielbewußt denken und handeln, wenn Sie Verständnis für die Nöte anderer Menschen aufbringen können, wenn Sie Selbstvertrauen haben und sich selbst als den Menschen akzeptieren, der Sie sind, wird Ihre sexuelle Ausstrahlung um so stärker sein. Diese Eigenschaften sind für einen Mann ebenso entscheidend wie für eine Frau. Kehren wir noch einmal zu unserer kleinen Szene auf der Tanzfläche zurück: Das rothaarige Mädchen zog den keineswegs hübschen Jungen dem attraktiven vor, weil die positiven Charaktereigenschaften das nicht besonders ansprechende Äußere des jungen Mannes weit überstrahlten, während der gutaussehende Jim sich offenbar allzusehr auf seine angenehme äußere Erscheinung verließ.

Vielleicht erinnern die oben von mir aufgezählten Eigenschaften ein bißchen an das Vokabular von Wohltätigkeitsvereinen oder an das Rote Kreuz... Was ich meine, ist jedoch die menschliche Grundhaltung: Wesentlich ist, daß der Mensch fähig ist, die Rollen zu erkennen und zu verstehen, die seine Mitmenschen zu spielen haben, daß er weiß, was er zu erwarten und zu geben hat.

Eine Frau – sei sie 20 oder 60 – sucht, ohne es zu wissen, in einem Mann diese Eigenschaften. Vielleicht liegt zum Beispiel der Grund dafür, daß man immer wieder in den Zeitungen von gescheiterten Ehen der Filmstars liest, darin, daß etwa eine junge Filmschauspielerin endlich begreift, daß ihr „attraktiver" Mann eben mehr nicht aufzuweisen hatte als – Muskeln. Je gereifter ein Mädchen ist, desto mehr wird es nach einem Mann mit ausgeprägten inneren Werten suchen.

Vorausgesetzt, eine Frau ist nicht außergewöhnlich häßlich, dafür aber innerlich gereift, so wird ein Mann sie immer einer nur äußerlich attraktiven Frau vorziehen. Ein junger Mann wird zwar zunächst vorwiegend von physischen Qualitäten angezogen, aber wenn er heiraten und eine Familie gründen will, wird er – wenn er vernünftig ist – nach einer „Frau mit Herz" suchen. Ein Beweis dafür ist, daß viele berühmte Männer ganz normale, scheinbar durchschnittliche Frauen heirateten, die sich jedoch durch Lebensklugheit und Einfühlungsvermögen auszeichneten. Damit will ich natürlich nicht sagen, daß man schönen Frauen grundsätzlich aus dem Weg gehen sollte, daß sie unsere Aufmerksamkeit nicht wert seien. Denn auch schöne Frauen können natürlich nach und nach begreifen, daß Schönheit allein nicht genügt.

Freilich sind es vornehmlich schöne Frauen, die verwöhnt sind, die nur das Nehmen kennen und nicht das Geben, die erwarten, daß man ihnen die Welt auf einem silbernen Tablett reiche. Solche Frauen müssen begreifen, daß sie eines Tages für das ständige Nehmen werden zahlen müssen: Wenn sie älter werden und ihre Schönheit schwindet, werden sie spüren, daß sie alles verloren haben.

Natürlich dürfen wir den physischen Aspekt nicht aus dem Auge verlieren, denn im sexuellen Bereich ist er unstreitig von Belang, und daher kann eine häßliche Entstellung zur Qual werden. Die Weltliteratur kennt viele Werke über das tragische Schicksal körperlich entstellter Menschen: Dazu gehört der klassische Fall von Victor Hugos „Glöckner von Notre Dame"; bezeichnend ist auch die bewegende Lebensgeschichte von Henri Toulouse-Lautrec, der meinte, nur eine Prostituierte könne ihn ertragen.

Man sollte auch keineswegs die Neigung der Frauen verurteilen, viel Geld für Kosmetik und dergleichen auszugeben. Die Frauen werfen damit natürlich kein Geld „zum Fenster hinaus", denn die Pflege der äußeren Erscheinung in vernünftigen Grenzen ist gesund und notwendig. Unsinnig und schädlich ist jedoch die Übertreibung, wenn eine Frau allein ihrem Aussehen Wert beimißt und die Existenz innerer Werte übersieht. Eine Frau, deren *ungeteiltes* Interesse einem vollendeten Make-up gilt, vernachlässigt ihre Selbstauffassung und ahnt nicht, wie sehr sie sich damit selbst schadet.

Natürlich genießt ein Mann den Anblick einer schönen Frau, und eine Frau hat durchaus einen Blick für gutaussehende Männer; ebenso ist es nicht abzustreiten, daß wirkliche Häßlichkeit sexuelle Anziehungskraft unmöglich macht.

„Das häßlichste Mädchen von Amerika"

In diesem Zusammenhang erinnere ich mich an eine Geschichte: Vor etwa zwanzig Jahren beschloß eine amerikanische Illustrierte, statt nach dem schönsten Mädchen in Amerika zu suchen, zur Abwechslung einmal einen Wettbewerb auszuschreiben, in dem das häßlichste Mädchen des Landes ermittelt werden sollte. Die Motive waren keineswegs grausam: Vielleicht hatte man tatsächlich die Hoffnung, dem häßlichsten Mädchen zu einem leidlich guten Aussehen zu verhelfen. Die Illustrierte verfolgte jedenfalls einen positiven Zweck, als sie diesen Wettbewerb ausschrieb: Der „Siegerin" sollte eine Chance gegeben werden, ansehnlicher zu werden.

Die Redaktion der Illustrierten wurde bald mit Fotos aus allen Teilen des Landes überschwemmt, und das „häßlichste Mädchen Amerikas"

wurde schließlich ermittelt, ein deprimierend unansehnliches, ungepfleg-
tes und mitleiderregend gekleidetes Mädchen. Man bezahlte ihr eine
Fahrkarte nach New York, wo sie einer Reihe von Spezialisten anvertraut wurde, die sofort mit der Arbeit anfingen. Auch ich wurde hinzu-
gezogen, um ihre Nase und das Kinn zu korrigieren, ein Friseur kreierte
eine zu ihrem Typ passende Frisur, sie wurde kosmetisch behandelt und
mit neuer Garderobe ausgestattet. Nahezu über Nacht wurde aus ihr
eine erstaunlich hübsche junge Frau!

Die Krönung dieser Aschenputtelgeschichte war, daß eben dieses Mädchen einige Monate später bereits verheiratet war. Vor einigen Jahren
hörte ich erneut von ihr. Wenn ich mich recht erinnere, hat sie vier oder
fünf Kinder und ist inzwischen sogar schon Großmutter. Die Veränderung ihrer äußeren Erscheinung hatte ihrem Leben erst die entscheidende
Richtung gegeben.

Zwangsläufig muß man sich natürlich fragen: Was wäre aus ihr geworden, wenn sie den Wettbewerb damals nicht gewonnen hätte? Ob
sie wohl einen Mann gefunden hätte? Ich weiß es nicht, möchte es allerdings bezweifeln. Sicherlich hat ihr verbessertes Aussehen ihre Chancen
entscheidend bestimmt.

Vorher war sie ein Mensch voller Hemmungen gewesen. Als sich ihr
Aussehen jedoch so verbessert hatte, war sie in der Lage, zu geben –
und begegnete ihrem späteren Ehemann. Es ist die Geschichte eines Erfolges, und sie sollte all jenen eine Lehre sein – Männern und Frauen –,
die sich durch ihre äußere Erscheinung gehemmt fühlen. Natürlich ist
diesem jungen Mädchen ein ungewöhnliches Maß an Hilfe zuteil geworden, aber auch Sie können ohne solche spektakuläre Hilfe Ihr Aussehen verbessern, wenn Sie bereit sind, selbst zu handeln.

Eine angenehme äußere Erscheinung wird, zusammen mit anderen
Aspekten Ihres Erfolgsmechanismus – Verständnis, zielbewußtes Handeln
und Selbstachtung –, Ihre Selbstauffassung verbessern und Ihre Chancen
für eine gesunde sexuelle Einstellung vergrößern.

Die Wahrheit über Sex

Heutzutage wird auf die äußere Erscheinung sehr viel Wert gelegt;
nahezu jeder bemüht sich, aus seinen natürlichen Gaben das Beste zu
machen – im physischen Bereich. In der Regel sind es die Frauen, die
sich besonders um ein hübsches, adrettes Äußeres bemühen, die darauf
achten, gut gekleidet und gepflegt zu sein.

Wenn es also auf sexuellem Gebiet heute trotz aller Aufklärung noch
Schwierigkeiten gibt – und ich bin sehr überzeugt davon, daß es so ist –,

dann liegt es daran, daß viele Menschen Sex für ausschließlich physisch bedingt halten. Die ganze Wahrheit über den Sex haben jedoch nur einige wenige Glückliche erfahren und fassen können.

Untersuchungen haben enthüllt, daß viele amerikanische Studenten an Minderwertigkeitskomplexen leiden, und es ist sicher, daß ihre Selbstauffassung zum großen Teil mit ihren verkrampften Vorstellungen vom Sex zusammenhängen. Diese Untersuchungen galten ausschließlich jungen Leuten zwischen Anfang und Ende Zwanzig.

Ferner gibt es beunruhigende Zahlen über zerrüttete Ehen und Scheidungen. Mehr noch: Viele Menschen fürchten die Ehe zu sehr, als daß sie es wagten, eine solche „traumatische" Erfahrung zu machen, und ziehen es vor, sich allenfalls unverbindliche Affären zu leisten. Das kann man einem Mann im Alter von 25 Jahren noch zugestehen, aber wenn ein Fünfundvierzigjähriger immer noch eine vertiefte, dauerhafte Bindung an eine Frau scheut, wird es bedenklich.

Untersuchungen über die sexuelle Anpassung in der Ehe haben die tatsächlich existierenden Schwierigkeiten enthüllt. Ein Untersuchungsergebnis erwies, daß nur etwas mehr als die Hälfte der interviewten Ehepaare davon überzeugt war, daß es in ihrer Ehe von Anfang an eine sexuelle Anpassung gegeben habe, während zwölf Prozent glaubten, vom ersten Tag an versagt zu haben – und das zum Teil nach zwanzig Jahren Ehe.

In einer Untersuchung von tausend Ehen ergab sich, daß jeweils zwei von fünf Ehepaaren sexuell nicht zueinander paßten.

In einer anderen Untersuchung gab sogar mehr als die Hälfte der interviewten Personen als Hauptgrund für ihre Eheschwierigkeiten an, daß man sexuell nicht zueinander passe.

Der Fall Marilyn Monroe, die eines der großen „Sex-Idole" dieses Jahrhunderts gewesen ist, war besonders tragisch. Trotz all ihrer Schönheit spürte sie, daß ihr etwas fehlte, und sie fühlte sich innerlich vereinsamt. So attraktiv sie auch war – ihre Selbstauffassung blieb immer negativ. Meines Wissens hat man nie eindeutig beweisen können, daß ihr Tod Selbstmord war; aber wenn sie sich tatsächlich das Leben genommen haben sollte, kann der Grund nur darin gelegen haben, daß sie sich für einen Menschen ohne großen Wert hielt.

Ich begegnete Marilyn Monroe zuerst an der Westküste Amerikas, als sie noch mit Arthur Miller verheiratet war. Später traf ich sie noch einmal im Hotel Sardi in New York wieder, wo wir beide im gleichen Kreis an einem Diner teilnahmen. Mir fiel sie damals als eine interessante, lebhafte und intelligente Frau auf. Ihre Ansichten schienen mir ehrlich und ernsthaft, und ihr Charme war entwaffnend.

Ihre Selbstauffassung war jedoch offenbar schwach, und die Meinungen anderer Menschen konnten ihr nicht helfen. Es ist paradox, daß die Film-Publicity Marilyn Monroe für Millionen zum Sexvorbild erhob – und daß zugleich ihre eigene Selbstauffassung so vernachlässigt wurde ... Wenn also ein Mensch eine armselige Selbstauffassung hegt, ist es nicht leicht, „mit sich selbst" zu leben.

Der Monroe haben andere Menschen ein Format gegeben, das sie für sich selbst offenbar nicht realisieren konnte.

Ich erinnere mich an ein Erlebnis, das ich vor einigen Monaten hatte: Meine Assistentin sagte mir, im Wartezimmer sitze eine Frau, die mich sprechen wolle. Sie habe meine Bücher gelesen und kenne einen Freund von mir, der ihr geraten habe, mit ihren Sorgen zu mir zu gehen. Ich bin nun zwar kein Psychiater, aber ich sagte ihr doch, ich würde mich freuen, sie anzuhören, wenn sie das erleichtern könne.

Sie war im Alter von vier Jahren in ihrer Heimatstadt von einem Soldaten vergewaltigt worden, und später, als sie zehn Jahre alt war, hatte sich ihr Vater ihr unsittlich genähert. Sie schien erleichtert zu sein, daß sie mir relativ unbefangen von diesen scheußlichen Erfahrungen ihrer Kindheit erzählen konnte, und spürte wohl, daß ich sie ernst nahm.

Ich sah mich einer gutaussehenden Frau in mittleren Jahren gegenüber, einer Frau, deren Intelligenz und Empfindsamkeit mir nicht entgingen; aber ich spürte doch auch, daß sie selbst ihren eigenen Wert gar nicht kannte. Die Erinnerung an die traurigen Erfahrungen ihrer Kindheit infizierte ihre Seele noch immer und versperrte ihr den Blick auf die Qualitäten, die sie besaß. Ich bezweifelte, daß sie sich innerlich dazu berechtigt fühlte, mit ihrem Ehemann ein erfülltes sexuelles Erlebnis zu genießen ...

Sex-Appeal, wirklicher Sex-Appeal, betont das Positive eines Menschen und tilgt das Negative. Er überwindet alle Angst vor einem möglichen Versagen und verläßt sich auf den Erfolgsmechanismus.

Angst, Zorn und Ungewißheit sind Gefühle, die einen Menschen dazu treiben, sich von anderen Menschen in eine innere Welt der Leere zurückzuziehen. Um jedoch ungeschmälerten Sex-Appeal zu erlangen, müssen Sie solche negativen Gefühle überwinden und zu einer dynamischen, positiven Lebenshaltung gelangen.

Der Geschlechtsakt ist mehr als ein physischer Akt. Er setzt die aufrichtige Hingabe und uneingeschränktes Geben zweier Menschen voraus.

Männlichkeit und Weiblichkeit

Es wird heutzutage sehr viel von „Männlichkeit" und „Weiblichkeit" gesprochen. Wie sollte ein Mann sein? Und wie eine Frau?

Mir scheint, daß es auch auf diesem Sektor sehr viele Mißverständnisse gibt. Ich frage mich, ob sich darüber Regeln aufstellen lassen: Denn jeder Mann, jede Frau ist einzigartig.

Dennoch gibt es immer wieder irreführende Leitbilder: Wenn Ihnen etwa im Werbefernsehen ein Mann präsentiert wird – groß, athletisch, gutaussehend und aktiv –, würden Sie sagen, er sei „männlicher" als zum Beispiel Albert Schweitzer, der sich ganz dem Dienst an der Menschheit verschrieb?

Seltsamerweise gibt es genug Menschen, die diese Frage ohne weiteres bejahen würden. Wie so oft fallen sie auf die äußere Erscheinung herein und vergessen das Herz, das gibt, und den Geist, der uns zu dem macht, was wir sind.

Und es sind die Schweitzers dieser Welt, die aus der Hingabe an andere Menschen leben – *und das, glaube ich, macht einen Mann zum Mann*. Nicht die Statur oder die Gesichtszüge machen einen Mann zum Mann, sondern seine Einstellung zu sich selbst, zum Leben und zum Menschen.

In ihrem Buch *Women in Wonderland* (Sheed & Ward, 1960) beschreibt Dorothy Dohen die Untersuchungen von Männern und Frauen primitiver Stämme, die die Soziologin Margaret Mead unternommen hat. Sie studierte die Sitten der Arapesch, Mundugumor und der Tschambuli.

„Bei den Arapesch fand ich beide Geschlechter sanft, aufgeschlossen, friedlich und ‚mütterlich', und es widmeten sich Mann und Frau der Versorgung der Kinder. Bei den Mundugumor waren dagegen Männer und Frauen in gleicher Weise aggressiv, hart und grausam; bei den Tschambuli waren den beiden Geschlechtern streng getrennte Rollen vorgeschrieben, mit denen ausgesprochen starke Unterschiede in den Temperamenten korrespondierten; die Rollen sind jedoch den westlichen Vorstellungen von männlich und weiblich weitgehend entgegengesetzt: Das wirtschaftliche Leben wird von den Frauen gelenkt, während sich die Männer der Kunst und den feierlichen Zeremonien des Stammes widmen.

Margaret Meads Untersuchung schien eindeutig zu beweisen, daß nicht biologische, sondern kulturelle Faktoren Persönlichkeitsunterschiede zwischen den beiden Geschlechtern bestimmen", schließt die Autorin.

Sie sehen also, daß verschiedene Gesellschaften unterschiedliche Leitbilder für Mann und Frau hervorbringen. In unserer modernen Gesellschaft werden die Leitbilder von Film und Werbung geprägt, und so ist das männliche Ideal der kräftige, muskulöse junge Mann mit dem gutgeschnittenen Gesicht; das weibliche die hübsch gewachsene, kurvenreiche Circe mit den vollkommenen Beinen.

Diesem Unsinn kann ich mich nicht anschließen: Ich suche nach der Persönlichkeit. Ich suche nach solchen Eigenschaften wie Mitleid, Rücksicht und Selbstachtung. Wenn ein Mann seine Mitmenschen mit dem gleichen Mitleid behandelt, das er einem geliebten Bruder entgegenbringen würde, dann – behaupte ich – ist er ein guter Mann. Wenn er anderen Menschen aufrichtig und aufgeschlossen gegenübertritt, sage ich, er ist ein guter Mann. Wenn er Selbstachtung hat, wenn seine Selbstauffassung vom Bewußtsein seines eigenen Werts bestimmt ist, ist er ein ausgeglichener, ein wahrhaft „richtiger" Mann.

Eine Frau würde ich nach den gleichen Normen beurteilen.

Meinen Lesern möchte ich raten: Zerbrechen Sie sich nicht den Kopf darüber, ob Sie besonders „männlich" oder „weiblich" sind, sondern bestehen Sie auf dem Recht, nur Sie selbst zu sein, so schöpferisch und glücklich zu leben, wie Sie können, und das dynamische Geben-und-Nehmen zu genießen, das sich aus dem Zusammenleben mit Ihren Mitmenschen ergibt.

Sie brauchen kein Supermann zu sein

Vielleicht kennen Sie das Schauspiel von Tennessee Williams „Zeit der Anpassung" oder den gleichbetitelten Film, der nach diesem Stück gedreht wurde. Einer der Hauptcharaktere dieses Stücks ist ein junger Mann, der sich einbildet, er müsse ein „Supermann" sein. Das Ergebnis ist ein Nervenzusammenbruch, der junge Mann kommt ins Krankenhaus, und als er schließlich heiratet, kommt es zwischen seiner Frau und ihm zu heftigen Auseinandersetzungen, da er glaubt, auch jetzt noch ständig unter Beweis stellen zu müssen, was für ein großartiger, toller Bursche er ist.

Dieser Typ begegnet Ihnen auf Schritt und Tritt. Viele Männer bilden sich ein, sie müßten von überragender Kraft und Macht sein, immun gegen Schmerz, stoisch. Sie ersticken ihre sanften Empfindungen, vernichten andere Menschen, um zu beweisen, daß sie „Männer" sind, und machen ihren Mitmenschen das Leben – das weiß Gott schwer genug ist – noch schwerer. Und darüber hinaus quälen sie sich selbst, weil sie nicht ganz so tolle Burschen sind wie der Detektiv, den sie gerade im Fernsehen oder im Film gesehen haben ...

Wenn Sie zu diesem Menschenschlag gehören, lassen Sie sich helfen. Es ist so einfach, sich zu entspannen und das Leben, so wie es ist, zu genießen. Erinnern Sie sich an Ihre Kinderzeit, in der Sie noch weinen konnten, wenn Sie sich das Knie aufgeschrammt hatten. Erinnern Sie sich daran, daß Sie ein Mann sind, der es nicht nötig hat, ständig zu beweisen, daß er einer ist – ob nun sexuell oder in anderer Weise.

Hören Sie ganz einfach auf, ein Supermann sein zu wollen. Sie werden sich besser fühlen!

Sie sind so schön, wie Sie sich fühlen

Das gleiche gilt für alle Frauen: Seien Sie Sie selbst! Sie brauchen nicht so schön zu sein wie Sophia Loren oder Brigitte Bardot, Sie brauchen keine makellosen Beine zu haben, Sie brauchen weder arrogant noch affektiert aufzutreten.

Wenn Sie eine gepflegte Frau sind, wenn Sie aus Ihrem Äußeren das Bestmögliche machen, wenn Sie sich als der Mensch geben, der Sie sind, wenn Sie Ihr Bestes geben, um Ihre Pflichten zu erfüllen, werden Sie erreichen, was Sie erreichen wollen. Und wenn Sie Ihren Mitmenschen die Achtung, das Mitgefühl und die Aufmerksamkeit entgegenbringen, die Sie einer geliebten Schwester schenken würden, wird man Sie lieben.

Machen Sie sich folgendes noch einmal klar: Wenn Sie sich schön fühlen, sind Sie auch schön! Und diese Schönheit kann Ihnen kein Mensch und kein Umstand rauben, wenn Sie nicht selbst die Kraft und und die Ausstrahlung Ihrer eigenen glücklichen Gefühle zerstören.

Sex und Ehe

Sex ist an sich eine einfache animalische Funktion; dennoch kann er zwei Menschen auf einer Ebene etwas geben, das sie zu einer unverbrüchlichen Einheit werden läßt. In der Ehe trägt die Sexualität wesentlich dazu bei, die Schicksale zweier Menschen miteinander harmonisch zu verschmelzen.

Wenn zwei Menschen die Fähigkeit haben, einander zu geben, können sie in der Partnerschaft der Ehe die Kräfte des anderen stärken und die individuellen Begabungen und Qualitäten gegenseitig wecken und entwickeln.

Wenn sich Ehepartner wechselseitig als die Menschen akzeptieren können, die sie sind, und sich über Fehler des Partners hinwegsetzen, und wenn sie den Wunsch haben, ihre Ehe glücklich und erfolgreich zu gestalten, wird Sex für sie kein Problem sein.

Ehen sind in Gefahr, wenn die Ehepartner einander nicht geben können. Eine Ehe ist eine vielschichtige soziale Gemeinschaft mit zahllosen Funktionen und Pflichten – besonders wenn Kinder da sind. Sobald jedoch Zwietracht einsetzt, gerät die Ehe in Gefahr.

Wenn sich jedoch zwei Menschen einander aufrichtig zugetan sind und bereit sind, ihren Groll nach einem Streit zu vergessen, kann die Ehe sie einander nur noch näherbringen und ihnen zugleich ein vertieftes Verständnis für ihre Mitmenschen schenken.

Wenn die Kinder heranwachsen und schließlich das Elternhaus verlassen, kann ein glücklich verheiratetes Ehepaar nicht einsam sein, da beide Partner die Erfüllung des Lebens auch jetzt noch im gegenseitigen Geben und Nehmen sehen.

Wenn Sie lieben, sind Sie jemand

Jeder Mensch möchte im Leben einen bestimmten wichtigen Platz einnehmen; mir scheint, der individuelle Wunsch, „jemand zu sein", ist so alt wie die Menschheit. Sie müssen jedoch kein Millionär sein, müssen nicht im Rampenlicht der Öffentlichkeit stehen, Sie müssen weder Filmstar noch Held sein! Wenn Sie *lieben*, sind Sie jemand.

Wenn Sie Anteil nehmen am Leben Ihrer Mitmenschen, wenn Sie Ihr Bestes tun, um Ihren persönlichen Beitrag zum Wohl der menschlichen Gesellschaft zu leisten, wenn Ihre Zuneigung sich über die Fehler und Schwächen Ihrer Mitmenschen hinwegsetzen kann – sogar über ihre gelegentliche Heuchelei –, dann sind Sie jemand, und Ihre Mitmenschen werden Ihnen ihre Anerkennung für diese immer seltener werdenden Eigenschaften nicht versagen.

Schon vor vierhundert Jahren schrieb der englische Dichter Edmund Spenser:

„Die Liebe ist der Herr der Wahrheit und der Treue."

Eines Tages wird die Menschheit aufhören, so betont von Sex zu reden, und sich wieder auf die Bedeutung der Liebe besinnen.

Das Geben wird Ihre Selbstauffassung verbessern

Denn es ist die Liebe, aus der das Geben erwächst, die all die Eigenschaften freisetzt, die zu Glück und Erfolg führen, und diejenigen blockiert, die Versagen hervorrufen. Wenn Sie fähig sind, anderen zu geben, ohne sie zu idealisieren, werden Sie in der Lage sein, sich selbst als den Menschen zu akzeptieren, der Sie sind, und eine angemessene Selbstauffassung zu entwickeln.

Der Psychologe Erich Fromm hat dies in seinem Buch *The Art of Loving* (Deutsch: Die Kunst des Liebens, Ullstein) sehr schön und treffend formuliert:

„Die Liebe, die allen Arten der Liebe zugrunde liegt, ist die *Nächstenliebe*. Damit meine ich das Gefühl der Verantwortlichkeit, der Fürsorge, des Respekts und des Wissens gegenüber allen anderen menschlichen

Wesen, also den Wunsch, das Leben des anderen zu fördern. Das ist auch jene Art von Liebe, von der die Bibel spricht, wenn sie sagt: Liebe deinen Nächsten wie dich selbst. Die Nächstenliebe ist Liebe zu allen menschlichen Wesen; charakteristisch für sie ist das Fehlen der Ausschließlichkeit. Wenn ich die Fähigkeit des Liebens entwickelt habe, kann ich nicht umhin, meinen Nächsten zu lieben. In der Nächstenliebe liegt das Erlebnis der Vereinigung mit allen Menschen, das Erlebnis der menschlichen Solidarität und der menschlichen Einheit. Die Nächstenliebe beruht auf dem Wissen, daß wir alle eins sind. Die Unterschiede in Talent, Intelligenz und Wissen sind unwichtig im Vergleich zur Identität des menschlichen Kerns, der allen Menschen gemeinsam ist. Um diese Identität zu erleben, muß man jedoch vom Rand zum Kern vordringen. Wenn ich bei einem anderen hauptsächlich die Oberfläche wahrnehme, sehe ich in der Hauptsache nur die Unterschiede, die uns trennen; wenn ich jedoch zum Kern vordringe, erkenne ich unsere Identität, die Tatsache unserer Brüderlichkeit."

Es ist diese Fähigkeit der Nächstenliebe, die es Ihnen ermöglicht, in Ihrer Umwelt aufzugehen, in das Leben Ihrer Mitmenschen einbezogen zu werden. Ohne diese Fähigkeit wären Sie isoliert und unsicher, und Sie wären dazu gezwungen, sich ganz vom Leben zurückzuziehen oder seinen wahren Wert zu verkennen. Ihre Selbstauffassung kann aufblühen, wenn Sie sich als Teil Ihrer Umwelt sehen, wenn Sie Verständnis haben für die Nöte Ihrer Mitmenschen; denn diese Haltung hilft Ihnen, Ihre eigenen Probleme zu bewältigen und Ihre guten Seiten, Ihre Tugenden, zu schätzen.

Die alttestamentarische Frage: „Soll ich meines Bruders Hüter sein?" können, ja müssen wir bejahen. Leider vergessen wir diese Forderung nur allzuoft, da wir verstrickt sind in den mörderischen Konkurrenzkampf der modernen Zivilisation. Wenn wir jedoch fähig sind, unsere Mitmenschen zu lieben, kommen wir auch uns selbst und einer gesunden Selbstauffassung näher.

In der Ehe sollte Sex den Gipfel geistigen und physischen Gebens bedeuten. Zwei Menschen sollten im Idealfall einander so geben, wie es von der Natur bestimmt ist, und die Erhaltung der Art sichern – den Fortbestand des Lebens.

Die Beziehungen der Menschen zueinander lassen diese geistige Grundhaltung jedoch allzuoft vermissen. Viele Paare scheuen die Ehe, und viele Ehen scheitern und werden geschieden. Wahre Freundschaft ist ungewöhnlich.

Wenn es Ihnen bislang nicht gelungen ist, das Gefühl der Unsicherheit dem anderen Geschlecht gegenüber abzulegen, dürfen Sie nicht glauben,

das andere Geschlecht sei unerreichbar für Sie. Sie können diese Unsicherheit überwinden, wenn Sie Ihre Selbstauffassung ändern.

Wenn Sie sich wertlos fühlen, müssen Sie einen neuen Einblick in sich
selbst gewinnen und den Wert Ihrer guten Seiten erkennen. Sonst wird
es Ihnen niemals gelingen, anderen Menschen näherzukommen. Sie werden sich immer einbilden, es sei sicherer, sich hinter einer Mauer von
Hemmungen zu verstecken – so wie es das „häßlichste Mädchen Amerikas" vor seiner Verwandlung tat.

Diese Wahrheiten gelten für jeden von uns, wenn es ihm gelingt, sich
von den tief verwurzelten negativen Vorstellungen über sich selbst zu
lösen. Geben Sie sich einen Ruck! Sehen Sie sich selbst in Ihren besten
Augenblicken, von Ihrer besten Seite, arbeiten Sie an sich selbst, entwickeln Sie Ihre schöpferischen Fähigkeiten, stellen Sie sich die Triumphe
vor, die vor Ihnen liegen, und bemühen Sie sich darum, diese Bilder
Wirklichkeit werden zu lassen.

Konzentrieren Sie sich immer wieder auf die praktischen Übungen
dieses Buches. Tun Sie noch mehr – nehmen Sie die hier erläuterten
Ideen ganz in Ihr Denken auf und begreifen Sie, wie sie Ihnen eine
glückliche, erfolgreiche eigene Welt schaffen können.

Wenn Sie mit Ihrer Selbstauffassung zufrieden sind, werden Sie in der
Lage sein, anderen zu geben, und Sie werden auch die Chance haben,
eine erfüllte sexuelle Beziehung in der Ehe zu entwickeln, die der Ehe
erst ihre wahre Bedeutung verleiht.

10. Kapitel

Akzeptieren Sie Ihre Schwächen, und Sie werden stark sein

Jeder ist sich selbst der Nächste. Sie können nicht barmherzig gegen andere Menschen sein, wenn Sie sich selbst gegenüber kein Erbarmen kennen. Wenn Sie eine so paradoxe Haltung einnehmen, ist Ihr Mitleid nicht echt; Sie werden stets so etwas wie Neid spüren, wenn Sie anderen etwas geben, was Sie sich selbst nicht geben können. Das wäre etwa so, wie wenn ein armer notleidender Mann auf der Straße einen Zwanzigmarkschein findet, den er einem noch ärmeren Freund weiterreicht. Was kann er denn anderes tun, als sich sagen, daß er diesen unverhofften Fund selbst nur zu gut hätte brauchen können?

Viele Menschen sind sich selbst gegenüber grausam. Sie sind allzu kritisch und verdammen sich selbst. Wenn Sie an einer Diskussion teilnehmen, sind Sie nachher mit Ihrem Beitrag nicht zufrieden... Wenn Sie in den Spiegel sehen, runzeln Sie die Stirn angesichts Ihres Konterfeis. Wenn Sie Ihr Leben überblicken, erscheinen Ihnen Ihre Leistungen gering. Sie sagen sich, Sie seien schwach, und hassen sich dafür. Die Wahrheit ist: *Sie sind schwach wie alle anderen Menschen auch.* Und das ist wahrhaftig nicht so schlimm!

„Stärker wird der Mensch durch Schwachheit", schrieb Edmund Waller, der englische Dichter, im 17. Jahrhundert, und diese Worte haben auch heute noch ihre Gültigkeit.

Wir sind weder Übermenschen noch Maschinen, noch gar so etwas wie Götter. Wir alle sind Menschen. Wir sind Produkte, Geschöpfe des Irrtums. Kein Leben verläuft unkompliziert und ohne Schwierigkeiten, und so kennt jeder Mensch Augenblicke der Verzweiflung.

Erich Fromm drückt es so aus:

„Der Mensch ist mit Vernunft begabt; er ist *das Leben, das sich seiner selbst bewußt ist.* Er ist sich seiner selbst, seiner Mitmenschen, seiner Vergangenheit und der Möglichkeiten seiner Zukunft bewußt. Dieses Bewußtsein seines gesonderten Daseins, das Bewußtsein seiner eigenen kurzen Lebensspanne und der Tatsache, daß er ohne seinen Willen geboren ist und gegen seinen Willen sterben wird, daß er vor jenen sterben wird, die er liebt, oder daß sie vor ihm sterben werden, das Bewußtsein seiner Einsamkeit und Getrenntheit, seiner Hilflosigkeit gegenüber den Kräften der Natur und der Gesellschaft – das alles läßt seine besondere und abgetrennte Existenz zu einem unerträglichen Gefängnis werden. Er würde wahnsinnig werden, könnte er sich nicht selbst aus seinem Gefängnis befreien und es sprengen, könnte er sich nicht in dieser oder jener Form mit Menschen, mit der Umwelt vereinen."

Ja, der Mensch durchlebt Zeiten der Not und des Schreckens. Schwäche jedoch ist weder schrecklich noch ein Fluch – wenn Sie sie vernünftig einschätzen und akzeptieren.

Was erwarten Sie von sich selbst?

Erhebliche Schwierigkeiten treten auf, sobald Sie sich selbst wegen Ihrer Schwäche hassen. Es ist der Selbsthaß, der Sie innerlich zerstört, der Sie besiegt, bevor Sie sich erheben können. Die Erwartungen, die Sie sich selbst gegenüber hegen, sind unfair.

Sind Sie zufrieden, wenn Sie mit Ihrem Auto eine Strecke von 500 Kilometern mit einer konstanten Geschwindigkeit von 90 Stundenkilometern zurücklegen können – oder erwarten Sie, daß Ihr Wagen sich vom Boden erhebt und fliegt?

Wenn Sie einen Hund haben, sind Sie da zufrieden, wenn er Sie liebt und zutraulich ist – oder nehmen Sie es ihm übel, daß er nicht obendrein noch Englisch spricht?

Diese Fragen sind natürlich absichtlich albern, um Ihnen zu zeigen, wie absurd die übersteigerten Erwartungen sind, die manche Menschen sich selbst gegenüber hegen.

Denken Sie daran: *Je mehr Sie sich als den Menschen akzeptieren, der Sie sind – mit Ihren Schwächen –, desto besser werden Sie den Belastungen und Spannungen des modernen Lebens gewachsen sein.*

Sicher haben Sie alle schon Geschichten von geisteskranken Menschen gehört, die sich für Napoleon oder Cäsar hielten. Zweifellos gehört ein Teil dieser bedauernswerten Menschen zu denen, die sich niemals mit ihren Fehlern und Schwächen, die Teil ihres Lebens waren, abfinden konnten und die deshalb vor lauter Selbsthaß unglücklich waren; sie flüchteten sich schließlich in eine Scheinwelt, in der sie stark und mächtig waren – wie etwa Napoleon. Sie erwarteten zuviel von sich und zerstörten dadurch ihren Wirklichkeitssinn und die Verbindung zu ihrer Umwelt.

Wenn Sie sich für Fußball interessieren, wird Ihnen sicher schon aufgefallen sein, daß gerade die zu hoch geschraubten Erwartungen die

Leistungen eines Fußballspielers oder eines Teams drücken können. Da werden für hohe Summen Spieler verpflichtet, denen ein legendärer Ruf vorausgeht – und wenn sie schließlich spielen, sind ihre Leistungen nur sehr mittelmäßig, während Spieler, die man nur wenig zur Kenntnis nimmt, gleichbleibend gut sind. Ein Beweis, daß zu hoch geschraubte Erwartungen nicht zu guten und besseren Leistungen anstacheln, sondern eher hemmend wirken.

Der „zähe Bursche"

Besonders in Amerika verlangen die meisten Männer von sich Härte und Zähigkeit. Wenn sie eine bestimmte, oberflächliche Norm der „Härte" nicht erreichen, verdammen sie sich selbst und verstecken sich hinter einer Mauer von Unsicherheit und Selbstverdammung. Das kann zu unglaublichen Konsequenzen führen. Ich kenne hochbegabte, anständige Männer, die bei der leisesten Befürchtung, nicht „zäh" genug zu sein, erbleichen.

Ist das nicht albern? Dennoch hat dieser „Zähigkeitsmythos" in unserem Land einen großen Teil der Männer gepackt. Es würde mich gar nicht überraschen, wenn sehr viele der Männer, die Selbstmord begingen, sich nur deshalb das Leben nahmen, weil sie den Selbsthaß nicht mehr ertragen konnten, der aus ihrer Unfähigkeit erwuchs, ihre Schwächen zu akzeptieren, ganz normale Schwächen, die sie mit den meisten Menschen teilen.

Ich kenne Männer, die den Kriegsdienst im Zweiten Weltkrieg nicht als unvermeidbare Pflicht betrachteten, sondern als begrüßenswerte Gelegenheit, ihren Mut zu beweisen. Sie waren weder Sadisten noch blind für die Gefahren, die ihrem Leben und ihrer Gesundheit drohten. Ihr Wunsch jedoch, sich selbst und der Welt ihre „Zähigkeit" zu beweisen, war so stark, daß für sie keine anderen Rücksichten zählten.

In der Ausgabe des *TV Guide* vom 3. August 1963 wurde von Maurice Zolotow ein interessanter Artikel über Skitch Henderson veröffentlicht, den begabten musikalischen Leiter zahlreicher Fernseh-Shows:

„... Seine Eltern führten eine jener katastrophalen Ehen, die schließlich mit der Scheidung endete, als Henderson noch ein kleiner Junge war. Dann starb seine Mutter...

Er war als Junge anormal mager und übersensibel. Er war ein Angsthase... Ständig wurde er verprügelt und ausgelacht. Seine männliche Selbstauffassung war daher so bedroht, daß er als Erwachsener häufig sein Leben riskierte, um zu beweisen, daß er keine Angst vor dem Tod hatte – er fuhr Rennen für die Mercedes-Benz-Gesellschaft und meldete sich im Zweiten Weltkrieg freiwillig zur Luftwaffe.

Bei den im Pazifik stationierten Luftwaffen-Divisionen flog er die

P-38 Lightning. Er ist auch jetzt noch Major der Reserve. Wann immer er sich zu seiner jährlichen Reserveübung meldet, fliegt er einen Düsenjäger... Er hat einen Schneid, den man normalerweise bei einem Musiker nicht vermutet.

Er wollte an sich nicht Musiker werden, aber die Musik bot doch die einzige Möglichkeit für ihn, etwas aus sich zu machen, was ihm wirklich ganz entsprach."

Diese Geschichte ist sehr instruktiv. Skitch Henderson, ein charmanter, begabter und ungewöhnlich erfolgreicher Mann auf seinem Gebiet, ein Mann von äußerster Sensibilität – der dennoch von dem amerikanischen „Zähigkeitsmythos" infiziert worden zu sein scheint und sein Leben riskiert, um sich selbst seinen Mut zu beweisen.

Millionen Amerikaner sitzen im gleichen Boot und lassen sich von diesem Mythos versklaven. Wenn Sie vielleicht meinen, dieses Ringen lohne sich, dann antworte ich Ihnen: Es bringt Ihnen nichts weiter als gesundheitliche Schäden und eine zerstörte Selbstauffassung.

Ein bekannter Psychologe machte kürzlich den „selbstmörderischen Kult der Männlichkeit" dafür verantwortlich, daß in der amerikanischen Gesellschaft die Frauen so viel länger leben als die Männer. Viele Amerikaner sind lieber ein „toter Held" als ein „lebender Feigling".

In Wahrheit ist dies alles jedoch weder eine Frage des Heldentums noch der Feigheit; es geht vielmehr um die vernünftige Haltung, sich selbst zu akzeptieren, statt dem künstlichen Ideal des „zähen Burschen" nachzueifern. Wir müssen versuchen zu begreifen, daß kein Mann ein hundertprozentiger „Kerl" sein kann und daß kein Mensch das von ihm verlangen sollte.

Eine der intelligentesten Analysen dieses Problems bietet das Buch *The Road to Emotional Maturity* von Dr. David Abrahamsen. Darin heißt es:

„In Wirklichkeit sind wir alle eine Mischung maskuliner und femininer Züge. Obwohl eben diese Mischung die Wurzel vieler persönlicher Schwierigkeiten ist, *kann sie auch eine der wertvollsten Hilfen sein, die dazu beitragen, die Alltagsprobleme eines Menschen zu lösen...* In Ihren Bemühungen, innere Reife zu erlangen, können Sie diese Erkenntnis über Ihre maskulinen und femininen Charakterzüge so nutzen, daß sie zu Ihrem Reifeprozeß beiträgt...

In der Regel werden wir bereits in der Kindheit dazu erzogen, bestimmte Eigenschaften der Persönlichkeit als spezifisch maskulin oder feminin zu verstehen. Ein Mann zum Beispiel soll hart und unempfindlich sein, eine Frau zart und mitleidig. Von einem kleinen Jungen wird erwartet, daß er mit anderen Kindern im Freien herumtollt; für ein

Mädchen dagegen ist es selbstverständlich, daß es zu Hause mit seinen Puppen spielt. Wenn, wie es oft vorkommt, ein Junge lieber daheim ist, gern liest oder Musik hört oder es vorzieht, sich allein zu beschäftigen, wird er als „Weichling" bezeichnet, was heißen soll, daß er feminine Züge hat. Tobt ein Mädchen dagegen lieber im Freien herum, hält man es für eine „Range". In derselben Weise erwartet man von einem Mann, daß er unabhängig ist, während man bei einer Frau Abhängigkeit für selbstverständlich erachtet – an einer beruflichen Karriere darf ihr nichts liegen. Ein Mann soll der Herrschende sein, die Frau muß zu ihm aufschauen; er ernsthaft, sie kokett, er logisch, sie intuitiv. Es ist deutlich, wie leicht sich hier ein Konflikt anbahnen kann; denn Mann und Frau passen ja nicht in die Norm nur maskuliner oder nur femininer Eigenschaften – aber sie wissen, daß man es von ihnen erwartet.

Was ist in Wahrheit Männlichkeit und Weiblichkeit? Sie werden sich über diesen Punkt nicht ganz klar sein, da wir nur die Eigenschaften beschrieben haben, die für maskulin oder feminin gehalten werden. *Weiblichkeit, könnten wir sagen, bedeutet, daß eine Person eine mehr passive Haltung der aktiven vorzieht ... Männlichkeit, daß ein Mensch das aktive Streben der passiven Haltung vorzieht ...*"

Ein Mann muß nicht immer hart sein. Wären Sie darum weniger ein Mann, wenn Sie über eine Tragödie, die in Ihr Leben eingreift, weinen? Natürlich nicht. Seien Sie vernünftig – und akzeptieren Sie Ihre Schwächen genauso wie Ihre starken Seiten.

Die „vollkommene Frau"

Die amerikanischen Frauen sind von einem entsprechenden Mythos besessen. Viele von ihnen bilden sich ein, sie müßten eine Art physischer Vollkommenheit erreichen – oder sie seien nichts wert. Das ist die Kehrseite des erläuterten Problems – und genauso lächerlich.

Als Facharzt für Plastische Chirurgie bin ich vielen schönen Frauen begegnet, die sich für häßlich hielten, weil sie sich auch mit dem geringfügigsten Makel nicht abfinden konnten. Dutzende haben mich gebeten, Entstellungen zu korrigieren, die überhaupt nicht existierten. Natürlich mußte ich mich in solchen Fällen weigern, denn ich konnte schließlich nicht ein Honorar ohne Gegenleistung nehmen.

Frauen scheuen sich nicht, Angst zu haben und diese Angst auch offen zu zeigen. Sie finden auch nichts dabei, gelegentlich zu weinen. Viele Frauen sind spürbar nervös und akzeptieren diese Schwäche ohne große Bedenken. Wirkliche „Schwäche" liegt für sie in physischer Unvollkommenheit.

Helen Sherman und Marjorie Coe akzentuieren in ihrem Buch *The Challenge of Being a Woman* (Harper & Row, 1955) den sozialen Druck, der auf die amerikanische Frau von heute ausgeübt wird:

„... In einer der letzten Nummern einer populären Frauenzeitschrift zeigte mehr als die Hälfte der veröffentlichten Bilder hübsche, dekorative Frauen, denen man in keiner Weise zutrauen konnte, daß sie jemals arbeiteten; nur fünf waren offenbar Frauen über vierzig, während die zwanzig Prozent, die angeblich berufstätig waren, in ihrer Erscheinung unglaublich idealisiert wirkten."

Die Autorinnen sind sich darüber klar, daß dieses Ziel physischer Vollkommenheit nicht mehr der Frau selbst gilt, sondern von ihrer gesamten Umwelt suggeriert wird. „... das typische amerikanische Heim strahlt heute nichts mehr von dem gemütlichen, lebendigen Zusammenleben verschiedener Generationen aus, wie es noch vor fünfzig Jahren der Fall war. Statt dessen wirkt es heute wie ein Exempel der überwuchernden Werbung für die modernsten Möbel, Haushaltsmaschinen, Tapeten und Teppiche, ein Heim aus der Werberetorte, in dem die Familie jedoch nur selten vollzählig beieinander ist, weil immer das eine oder andere Familienmitglied anderswo ist, um seinen Neigungen nachzugehen."

Machen wir es uns doch klar: Es kann nicht jede Frau aussehen wie Elizabeth Taylor, und diese Tatsache ist wahrhaftig kein Grund für Minderwertigkeitsgefühle. Wenn sich eine Frau dennoch einbildet, sie müsse einem absoluten Schönheitsideal nacheifern, so fordert sie ihre Niederlage nur heraus und zerstört ihre Selbstauffassung.

Die Frauen sollten versuchen, dem Leben gegenüber eine vielseitigere Haltung einzunehmen, ihre geistigen und schöpferischen Begabungen zu entwickeln und sich angemessene Ziele zu setzen. Vor allem aber: hören Sie auf, sich Vorwürfe zu machen, wenn Sie keine „vollkommene" Frau sind, die es überhaupt nicht gibt.

Wir alle machen Fehler

Jedes Rezept für ein glückliches Leben, das sich aus orthodoxen Vorschriften zusammensetzt, ist zum Scheitern verurteilt, bevor es überhaupt angewendet wird, weil starre Maßstäbe nicht auf jeden Menschen angewendet werden können, ohne extreme Spannungen hervorzurufen. Wir alle machen Fehler, und dieser Erkenntnis müssen wir uns stellen, ohne uns mit Selbsthaß zu quälen.

In vielen Bereichen des modernen Lebens ist Vollkommenheit, Perfektion unerläßlich. Das gilt jedoch stets nur für die vom Menschen hergestellten Produkte, niemals für den Menschen selbst, denn der

Mensch kann seine eigene Perfektion nicht erzwingen, und das ist auch gar nicht erforderlich. Der Mensch funktioniert – trotz seiner Unzulänglichkeiten – so, wie er funktionieren muß: nämlich gut.

Die Bibel drückt es so aus: „... denn die Kraft kommt in der Schwachheit zur Vollendung." (2. Kor./12,9). Richten Sie bitte Ihre Aufmerksamkeit auf die Wendung „... kommt in der Schwachheit zur Vollendung". Nicht von geduldeter Schwäche ist die Rede, sondern von der Erkenntnis, welche Rolle die Schwachheit bei der Steigerung der menschlichen Kraft spielt.

Wir alle haben in der Vergangenheit Fehler gemacht, und wir werden auch in der Zukunft hier und da straucheln. Gelegentlich werden wir auch negativen Gedanken nachhängen; wir werden Haß und Neid spüren, wenn die Dinge eine schlechte Wendung nehmen ...

Wenn Sie zum Beispiel Handelsvertreter sind, werden Sie manchmal bei Ihren Verkaufsbemühungen den falschen Weg einschlagen.

Wenn Sie eine Mutter sind, kann es Ihnen passieren, daß Sie Ihr Kind nicht warm genug anziehen und es sich deshalb erkältet.

Wenn Sie Student sind, werden Sie vielleicht in einigen Studienfächern glänzen und in einem anderen versagen.

Wenn Sie Finanzberater sind, kann es vorkommen, daß Sie einem Kunden einen schlechten Rat geben.

Fehler sind ein Teil des Lebens; man kann sie nicht immer vermeiden.

Was haben Sie davon, wenn Sie sich selbst für Ihre Fehler bestrafen?

Es ist verhängnisvoll, daß viele Menschen sich ihre Fehler tage-, ja wochenlang und manchmal sogar ihr ganzes Leben lang vorwerfen.

„Wenn ich mein Geld bloß nicht in dieses Geschäft gesteckt hätte ..." sagen sie sich. Oder: „Wenn ich nur ein bißchen aufmerksamer gewesen wäre, hätte der Unfall nicht passieren können ..."

Sie vergegenwärtigen sich ihre Fehlleistungen in ihrer Vorstellungskraft immer wieder, sie können nicht vergessen, wie dumm oder unfähig sie waren. Erbarmungslos strafen sie sich selbst mit ständiger scharfer Kritik, die ihnen nichts Gutes einbringt.

Diese Selbstkritik macht sie nicht nur elend, sondern belastet sie auch mit einer nervösen Spannung, die in einem verhängnisvollen Kreislauf ohne Ende zu immer neuen Fehlern führt.

Es gibt Frauen, die niemals damit aufhören können, über eine bestimmte physische Unvollkommenheit nachzudenken. Sie beharren darauf, als ob ein kleines Manko das einzig Reale in der Welt wäre. Wenn ihr Busen nicht die richtige Größe oder die Nase eine leichte Krümmung hat, kennt ihr Unmut keine Grenzen. Sie strafen sich selbst, als ob diese Pseudo-Katastrophe ihre eigene Schuld wäre.

Was haben sie davon? Nichts. Und was verlieren sie? Die ruhige Kraft einer gesunden Selbstauffassung.

Hören Sie auf, sich selbst zu strafen!

Seien Sie nett zu sich selbst!

Selbst die erfolgreichsten Männer haben ihre Grenzen.

Der amerikanische Präsident Richard Nixon spielte seinerzeit in der erfolglosen Mannschaft des Whittier College American Football. Er war zwar als Halbstürmer trainiert, aber da er für diese Aufgabe nicht kräftig genug war, galt er meistens nur als Ersatzmann. Er nahm deshalb nur selten an einem Match seiner Mannschaft teil, trainierte jedoch stets mit seinem Team und feuerte es während der Spiele fast immer von der Reservebank aus an. Nixon wurde von seinen Mannschaftskameraden wegen dieser Haltung (in der er seine Grenzen akzeptierte) sehr bewundert und hob damit auch ihre Moral.

Auch Carl Sandburg, der bedeutende amerikanische Dichter, war sich über seine Grenzen im klaren. In seinem Buch *Always the Young Strangers* (Harcourt, Brace & World, 1952/3) schreibt er: „In den Jahren, als ich vom Jüngling zu einem jungen Mann heranreifte, durchlebte ich bittere und einsame Stunden. Ich kann mich an einen Winter erinnern, in dem mir oft der Gedanke kam, daß es das Beste wäre, sich ganz aus dem Leben zurückzuziehen . . .

Nach diesem Winter stellten sich die bitteren und einsamen Stunden zwar auch noch gelegentlich ein, aber ich war doch langsam zu der Erkenntnis gelangt, daß für die besten Männer und Frauen, die mir in meinem Leben begegnet waren, und besonders für die Großen, über die ich gelesen hatte, das Leben nicht leicht war; es hat oft seine bitteren und einsamen Stunden, und nur durch den Kampf wächst man zu neuer körperlicher und geistiger Kraft."

Ja, das Leben ist oft ein bitterer Kampf, und Sie können nur überleben, wenn Sie sich selbst gegenüber eine einsichtsvolle, gütige Haltung einnehmen. Erfolg ist ein Prozeß der Überwindung eigener Schwächen, eine Wanderung durch die Wüste zu einer grünen Oase.

Matthew Josephson schrieb in seiner Biographie über Thomas Edison: „Wenn er auch schüchtern und zurückhaltend war, so konnte er doch über eine Idee oder eine Erfindung, die ihn ganz ausfüllte, überraschend klar und ausdrucksvoll sprechen."

Der klassische Fall eines Mannes, der seine eigene Unzulänglichkeit gelassen akzeptierte und auf diese Weise hoch über sie hinauswuchs, war der große amerikanische Präsident Abraham Lincoln. In ihrem Buch *Living Lincoln* (Rutgers University Press, 1955) berichten Paul M. Angle und Earl Schenck Miers über die Debatten zwischen Lincoln und dem Senator Douglas: „Die Wähler sahen zwei denkbar verschiedene Männer: Obwohl Douglas kaum größer als einsfünfundfünfzig war, vermittelten seine breiten Schultern, sein massiver Brustkasten und seine tiefe, volltönende Stimme den Eindruck von Kraft und Robustheit. Lincoln – mager, knochig und linkisch – überragte seinen Rivalen um dreißig Zentimeter. Wenn er zu sprechen anfing, klang seine Stimme zu hoch und nasal, doch wenn er sich für sein Thema erwärmte, wurde seine Stimme allmählich tiefer, und seine Worte drangen bis zum letzten der zahllosen Zuhörer ...

Am 5. Januar 1859 bestätigte die General Assembly von Illinois das Ergebnis der Herbstwahl, indem sie Stephen A. Douglas in den Senat der Vereinigten Staaten entsandte. Inzwischen hatte Lincoln seine Niederlage überwunden und sich wieder seiner Anwaltspraxis zugewandt, zum Teil, um die verlorene Zeit wieder aufzuholen und das im Wahlkampf verlorene Geld zu ersetzen, zum Teil aber auch, um sein Scheitern zu vergessen ...

Aber Lincoln konnte sich nicht mehr ausschließlich der juristischen Arbeit widmen. Seine Debatten mit Douglas waren im ganzen Land verbreitet worden. Knapp sechs Monate vorher war der Name Abraham Lincoln außerhalb Illinois' noch kaum bekannt gewesen – jetzt war er für Millionen ein Begriff. Lincoln bekam Briefe von völlig fremden Menschen, die ihn nach seinen politischen Ansichten fragten; andere luden ihn zu Vorträgen ein. Trotz seiner Wahlniederlage war er zu einem prominenten Mann der Nation geworden."

Nehmen Sie diese Geschichte Abraham Lincolns als lebendiges Beispiel für die innere Kraft eines Mannes, die seine Mängel überstrahlte, als Beispiel eines Mannes, der an sich selbst glaubte, da er die Fähigkeit besaß, sich seine Fehler zu vergeben.

Er war damals ein Mensch wie Sie und ich: die große Idealisierung des Politikers Abraham Lincoln war noch der Zukunft vorbehalten. Was er tun konnte – im Hinblick auf seine Vorstellung von sich selbst –, können auch Sie: mit einer gerechten Selbstauffassung. Damit will ich nicht sagen, daß Sie mit Sicherheit ein erfolgreicher Politiker werden können; aber es liegt in Ihrer Hand, ein erfolgreicher Mensch zu werden.

Mit der Hinnahme Ihrer Schwäche stärken Sie Ihre Selbstauffassung

Wenn Sie sich mit Ihren Schwächen abfinden, werden Sie Ihre Selbstauffassung stärken. Wenn Sie aufhören, sich ständig mit Selbstkritik zu quälen, werden Sie die guten Seiten Ihrer Persönlichkeit fördern. Sie sollten nach Charakterzügen, nach Fähigkeiten in sich selbst Ausschau halten, die Sie schätzen können – und Sie werden sie finden.

Diese Hinweise werden Ihnen dabei helfen:

1. *Werden Sie sich über Ihre Grenzen klar.* Jeder Mensch hat seine geistigen und physischen Grenzen. Schwächen und Fähigkeiten sind individuell verschieden. Ein Mensch kann bestimmten Notlagen standhalten, während er unter anderen Belastungen zusammenbricht. Ich wiederhole es: Hören Sie auf, Ihre „Schwäche" zu verurteilen, und machen Sie es sich statt dessen zur Gewohnheit, Ihre Grenzen fair und wohlwollend einzuschätzen.

2. *Überschreiten Sie Ihre Grenzen nicht.* Wenn Sie sich erst einmal über Ihre Grenzen klargeworden sind, machen Sie sich diese Erkenntnis zunutze. Zwingen Sie sich nicht, diese Grenzen zu überschreiten, nur um Ihrer Umwelt zu beweisen, daß Sie Mut haben! Es ist viel mehr Mut vonnöten, seine Entschlüsse selbständig zu fassen – selbst wenn andere, unvernünftige Menschen Sie deswegen verachten.

3. *Noch einmal zum Stichwort „Zähigkeit":* Kein Mann sollte sich einbilden, er müsse ein supermaskuliner Held sein! Einen solchen Typ gibt es nicht; es handelt sich um fiktive Charaktere, die der Phantasie von Schriftstellern und Drehbuchautoren entsprungen sind. Jeder Mann hat Schwächen wie Stärken. Gelegentlich werden sich Sorgen vor Ihnen auftürmen, so daß Sie am liebsten weinen würden. Weinen Sie! Ich halte es für Unsinn, daß ein Mann niemals weinen sollte. Machen auch Sie sich von dieser unsinnigen Überzeugung frei!

4. *Der Fimmel von der „Vollkommenheit":* Frauen haben Attribute, die wertvoller sind als das physische Bild, das ihnen aus dem Spiegel entgegenblickt. Lösen Sie sich von dieser oberflächlichen Denkweise, die in Ihrer Selbstauffassung nur Narben hinterläßt. Sie können sich diese Narben nicht leisten!

5. *Seien Sie stets sich selbst treu.* Niemand von uns schätzt einen Freund, der uns umschmeichelt, solange wir reich sind, und verschwindet, wenn wir unser Geld verloren haben. Genauso ist es mit Ihnen selbst: Wenn Sie – in extremer Haltung – Ihre starken Seiten bewundern und Ihre Schwächen verabscheuen, sind Sie sich selbst nicht treu. Ihre Selbstauffassung wird niemals standhaft sein; Sie werden niemals

glücklich sein. Akzeptieren Sie sich auch im Versagen, und Sie werden eine Grundlage für die Chance schaffen, an sich selbst zu wachsen.

Sehen Sie freudig einer schönen Zukunft entgegen

Einen Irrtum möchte ich unbedingt ausschließen: Sie sollen sich nicht *resignierend* mit Ihren Schwächen abfinden.

Ihre Stärke liegt vielmehr darin, diese Schwäche zu akzeptieren und sich über Ihr Versagen zum Erfolg zu erheben. Wenn ich von der Notwendigkeit spreche, Schwächen zu akzeptieren, meine ich keineswegs, daß Sie sich pessimistisch eingebildeten Unzulänglichkeiten unterwerfen sollen.

Da viele Menschen ihr Licht unter den Scheffel stellen und sich scheuen, aus sich herauszugehen, besteht die Gefahr, daß mich mancher von Ihnen mißversteht. Ich bewundere gewiß nicht die Leute, die sich als „Pechvögel" bezeichnen, die ständig über die Widrigkeiten jammern, die ihnen in ihrem Leben widerfahren sind.

Dieses Buch verfolgt einzig den Zweck, Ihnen zu einer besseren Selbstauffassung zu verhelfen; darum muß ich noch einmal in aller Deutlichkeit betonen, daß Sie sich mit Ihren Schwächen gleichzeitig als Mensch akzeptieren, dem bestimmte Vorzüge und Neigungen gegeben sind. Wenn Sie sich über Ihre Begrenzungen ganz klar sind, können Sie jeden Tag Ihres Lebens optimistisch planen; wenn Sie Ihre Begrenzungen akzeptieren, können Sie dennoch über sie hinauswachsen und die Ihnen innewohnende Kraft voll entwickeln. Daher sollten Sie mit Ihren Fehlern, Ihrem Versagen Frieden schließen, Ihre Fehlleistungen vergessen und sich Ihren täglichen Zielen zuwenden – die alle innerhalb des Ihnen Möglichen liegen sollten.

Denken Sie nicht an die Niederlagen von gestern, vergessen Sie die Ängste vor dem morgigen Tag – es gibt sie nicht! Denken Sie an heute, streben Sie einem lohnenden Ziel zu – und Sie werden stark sein!

11. Kapitel

Individualismus im Zeitalter des Konformismus

Zahlreiche Sozialkritiker haben unser Jahrhundert als das „Zeitalter des Konformismus" bezeichnet und behauptet, daß der moderne Mensch, vom Fortschritt der Technik, der Wissenschaften und der Kräfte, die er nicht mehr begreift, erschreckt, Sicherheit zu gewinnen sucht, indem er seine Mitmenschen nachahmt. Er opfert seine individuelle Identität und empfindet in dem Gefühl des Einsseins mit seiner Umwelt einen gewissen Trost.

In seinem Buch *America as a Civilisation* (Simon Schuster, 1957) schreibt Max Lerner:

„Zivilisatorische Klischees sind ein wesentlicher Bestandteil allen Gruppenlebens, und in der Massengesellschaft prägen sie sich noch stärker aus. Es hat immer gedankenlose Menschen gegeben, die ein leeres, zersplittertes Leben führen. In Amerika hat jedoch die Wirtschaft der Massenproduktion dazu geführt, daß Uniformität absoluten Vorrang hat ...

Die wirklichen Gefahren der amerikanischen Lebensweise liegen nicht so sehr in der Mechanisierung und Standardisierung als vielmehr im Konformismus ..."

Ist „krasser Individualismus" eine Erscheinung der Vergangenheit? Ist der moderne Mensch zu einer Marionette geworden, deren Fäden vom Schicksal willkürlich dirigiert und kontrolliert werden?

Beide Fragen können wir mit *nein* beantworten, *wenn* ... wenn die Selbstauffassung dem Menschen die Freiheit gewährt, die ihn zu Gottes stolzester Schöpfung macht.

Wenn Sie sich den Meinungen anderer Menschen unterwerfen und so Ihr Denken und Ihre Handlungen beschränken, liegt es daran, daß Sie sich nicht richtig einschätzen. Sie überhäufen andere Menschen mit Beifall, weil Sie sich selbst nicht vertrauen; Sie tun stets das, was andere Leute Ihrer Meinung nach von Ihnen erwarten, weil Sie Ihren eigenen Maßstäben nicht vertrauen ...

Der Pioniergeist

Einige Soziologen betrachten das Thema „Konformismus" vom historischen Standpunkt her:

Sie verweisen auf den Zusammenhang zwischen dem expansiven, optimistischen, einsatzbereiten Amerikaner des 19. Jahrhunderts und der Existenz unerschlossenen Landes im Westen, das dem rastlosen Geist ein Ziel verhieß.

In jener Zeit, so sagen sie, war das Gefühl der Freiheit ein Bestandteil des Lebens. Wenn ein Mensch von Not bedrängt wurde oder wenn seine Umgebung ihn etwa zum Versager abstempelte, konnte er jederzeit sein Bündel schnüren und in eine entlegene Gegend ziehen, wo er unter Umständen über Nacht ein Vermögen machen konnte.

Die Pioniere, die in der spannungsreichen Atmosphäre der drohenden Gefahr und der unermeßlichen Gewinnchance lebten, waren Individualisten.

Theodore Roosevelt schrieb über die ersten amerikanischen Farmer: „Es gab jedoch nicht nur vieles, was ihr wildes, freies, ruheloses Leben attraktiv machte, sondern die Menschen selbst hatten viele gute Seiten. Sie waren durchaus freimütig, tapfer und selbstsicher. Sie fürchteten weder Mensch noch Tier, noch die Elemente."

Freilich hatte dieses wilde Leben auch seine negativen Aspekte: Wenn zügellose Eigensucht aufflammte und die Menschen die Gesetze der Zivilisation mißachteten, wurde so manches Menschenleben ein Opfer der Gewalt.

Dennoch, die Pioniere waren lebensfrohe Menschen, die ein dynamisches Leben führten, auch wenn ihre Tage mitunter allzu knapp bemessen waren. Wenn ihnen die sich neu entwickelnden Regeln der Gesellschaft zu streng wurden, boten ihnen die offenen, unbesiedelten Landstriche eine Zuflucht.

Max Lerner ist davon überzeugt, „das Selbstsicherheit, Mut, Wachsamkeit, hartnäckige Ausdauer, Freundlichkeit, eine demokratische Zwanglosigkeit Charakterzüge sind, die sich in jenen Jahrzehnten der Landnahme entwickelten".

Die Entwicklung seit dem Ende des 19. Jahrhunderts

Am Ende des 19. Jahrhunderts war das Land geographisch erschlossen, viele Gebiete waren jedoch noch immer dünn besiedelt. Seit dieser Zeit sind immer mehr Menschen in diese entlegenen Gegenden eingewandert, wo sich ihnen neue Existenzmöglichkeiten boten. Texas, das im Jahre 1900 eine Bevölkerung von knapp drei Millionen hatte, registrierte 1960 eine Bevölkerung von mehr als neun Millionen. Die Bevölkerungszahl Kaliforniens lag um 1900 bei eineinhalb Millionen, heute leben dort mehr als fünfzehneinhalb Millionen Menschen. Das offene Land ist immer stärker besiedelt worden, und im Lauf der Zeit bot sich den unzufriedenen, in immer neue Dimensionen drängenden Menschen nicht mehr das weite, unbesiedelte Land als Zuflucht.

Seit langer Zeit sind die großen Städte wie die entlegensten Ortschaften durch Eisenbahnlinien miteinander verbunden, Flugzeuglinien haben die Entfernungen noch weiter verringert, und die Medien des Radios und Fernsehens haben kleine Grenzstädte den großen Brennpunkten nähergerückt.

Wenn Sie heute unter den Belastungen der Zivilisation leiden, ist es nicht leicht, ihnen zu entfliehen – jedenfalls nicht in den dichtbesiedelten Vereinigten Staaten. Aber Sie brauchen deshalb nicht zu verzweifeln. *Sie brauchen sich nicht eingeengt zu fühlen; Ihr Horizont kann dennoch weit sein.* In Ihrem Inneren leben Kräfte, die darauf warten, aktiviert zu werden.

Wenn Sie sich deprimiert fühlen, sollten Sie sich vor allem immer daran erinnern: *Das Denken, die bildhafte Vorstellung über sich selbst und Ihre Umwelt ist Ihre geheime Waffe.* Lesen Sie dieses Kapitel gründlich, und Sie werden Fähigkeiten in sich entdecken, die Ihnen die Kraft verleihen, in diesem technischen Zeitalter ganz Sie selbst, eine individuelle und starke Persönlichkeit zu sein.

Wenn Sie das erreichen *wollen,* werden Sie es schaffen.

Mit den Nachbarn Schritt halten

Im Grunde ist das Leben in der modernen Gesellschaft nicht kompliziert, wenn wir nur wissen, wie wir es anfangen sollen. In bestimmten Bereichen müssen wir uns den Regeln der Gruppe, der Gemeinschaft unterwerfen. Da gibt es keine Alternative, wenn wir als würdige Mitglieder der Gesellschaft akzeptiert werden wollen. Zugleich gibt es jedoch auch andere Bereiche, in denen wir die Freiheit haben, unsere Individualität zum Ausdruck zu bringen, die uns von den anderen unterscheidet.

Einer der größten Irrtümer des modernen Lebens liegt in der Überschätzung und Überbewertung der näheren Umwelt; viele Leute kaufen sich das neueste Automodell, weil ihre Nachbarn es gekauft haben; oder sie ziehen aus dem gleichen Grund in ein Haus bestimmten Typs, ein Phänomen, das wir unter dem Schlagwort „mit den Nachbarn Schritt halten" kennen.

In seinem bekannten Buch *The Status Seekers* (Deutsch: Die unsichtbaren Schranken, Econ) befaßt sich Vance Packard mit diesem Thema: „1958 nahm ich als Beobachter an einer Tagung der Wohnhausbaufirmen der Vereinigten Staaten teil. Dabei hörte ich einen der Redner, einen großangekündigten Marketing-Berater, berichten, er und seine Mitarbeiter hätten in acht Städten 411 ‚Tiefeninterviews‘ durchgeführt, um einmal dahinterzukommen, was die Leute wirklich suchen, wenn sie ein Haus kaufen. In vielen Fällen, meinte er, kaufe der Hauskäufer unserer Tage ein Symbol seines Aufstiegs. Zum Schluß diskutierte er die Möglichkeiten, ein Haus, das man zum Kauf anbieten will, mit ‚Snob-Appeal‘ auszustatten.

Andere Experten im Häuserverkauf haben kürzlich den ‚Snob-Appeal‘ als eine der wichtigsten Geheimwaffen bezeichnet. ‚Ein Kniff‘, sagte einer, ‚ist zum Beispiel, den Prospekt mit französischen Brocken zu garnieren. Französisch ist die Sprache des Snobs.‘ Später fanden wir dann in den Zeitungen Annoncen von Hausbaugesellschaften, die halb französisch abgefaßt waren ...“

Wenn Sie sich so stark anpassen, können Sie nicht glücklich sein, weil es nicht mehr Ihr eigenes Leben ist, das Sie leben. *Sie leben das Leben eines anderen und sind daher nur teilweise Sie selbst!*

Konformismus muß jedoch nicht grundsätzlich abgelehnt werden; er hat einige gute Seiten. Kulturen halten Angriffen stand, eben weil ein gewisses Maß an Konformismus die Bevölkerung zusammenhält.

Man kann Konformismus auch darüber hinaus noch in einem positiven Sinne verstehen: Wir sollen unsere Mitmenschen nicht nachahmen, sondern mit ihnen die Freuden und die Wunder unserer Welt teilen; freilich müssen wir die Erkenntnis voraussetzen, daß dieses Miteinander seine Grenzen haben muß, damit wir nicht wiederum in einen lähmenden Konformismus verfallen.

So bedeutet Konformismus im positiven Sinn, dem anderen Menschen zu helfen, ohne – einerseits – ihm zu nahe zu treten und – andererseits – sich selbst aufzugeben. Diese Auffassung ist förderlich und wurzelt in dem belebenden Gefühl der Achtung und des Mitleids für Ihren Nachbarn, Ihren Mitmenschen. Sie ist ein Zeichen der Nächstenliebe: Man schenkt und wartet nicht darauf, beschenkt zu werden.

Wir müssen uns bestimmten Regeln unterwerfen

Das Leben in der Gesellschaft (in einem umgrenzten Lebensbereich) verlangt, daß wir uns bestimmten Regeln unterwerfen, die dem Gemeinwohl dienen. Wir dürfen uns beispielsweise nicht am Eigentum anderer Menschen vergreifen, wir dürfen die Sicherheit, das Leben anderer Menschen nicht gefährden, wir dürfen unseren berechtigten Zorn auf andere Menschen nicht mit Gewalttaten kühlen.

Das gleiche gilt für das Berufsleben, nur sind die Regeln hier diffiziler, vielschichtiger. Ich würde Ihnen nicht raten, Ihrem Chef eine geistige oder gar finanzielle Überlegenheit zu zeigen. Auch Ihre Frau sollte sich diesen Regeln unterwerfen und es zum Beispiel vermeiden, auf einem Betriebsfest in einem sehr teuren Kleid zu erscheinen, wenn sie weiß, daß die Frau Ihres Chefs grundsätzlich für Schlichtheit ist.

„Den Lebensunterhalt verdienen" bedeutet: Der Mann, der Familienvater, verdient das Geld, das die Existenz seiner Familie sichert, und in diesem Bereich muß man gelegentlich äußerst vorsichtig sein. Wenn Sie für eine große Firma arbeiten, kann es von entscheidender Wichtigkeit sein, daß Sie sich speziellen Regeln unterwerfen, wenn Sie Ihre Stellung nicht verlieren wollen. Das gleiche gilt natürlich auch für berufstätige Frauen.

Dennoch stehen Ihnen alle Bereiche der Freiheit offen, um die Sie sich jedoch zu wenig kümmern. Etwa acht Stunden des Tages widmen Sie Ihrer beruflichen Arbeit; es bleiben Ihnen also rund acht Stunden zur Entspannung und weitere acht zum Schlafen. Sie sollten sich klarmachen, daß in dem Augenblick, an dem Sie Ihren Arbeitsplatz verlassen, der beruflich notwendige Konformismus endet. In Ihrem Arbeitsvertrag steht nichts davon, wie Sie Ihre Freizeit gestalten, nichts, wie Sie Ihre Wohnung oder Ihr Haus einrichten oder was Sie denken sollen. Sie haben die Möglichkeit, außerhalb Ihrer beruflichen Arbeit Ihre individuellen Gedanken und Talente zu entwickeln und einer Ihnen angemessenen Lebensweise nachzugehen. Sie können die Zukunft Ihrer Familie planen – auf Ihre Weise. Sie können mit Ihren Freunden verkehren – auf Ihre Weise. Sie können Ihre eigenen Gedanken denken, sich Ihren Hobbys widmen – kurz: in Ihrer privaten Sphäre entscheiden Sie allein.

Es steht Ihnen ebenso frei, sich für Ihre Mitmenschen einzusetzen, Ihre Persönlichkeit im Einsatz für andere voll zu entfalten, wenn Sie den Mut haben, nach Ihren Überzeugungen zu handeln. Auch in diesem Bereich können Sie Ihre Einzigartigkeit zum Ausdruck bringen, indem Sie sich den Interessen der Gemeinschaft widmen, also den von mir bereits erwähnten „positiven Konformismus" praktizieren.

Sie können Sie selbst sein

Sie haben also tatsächlich viele Möglichkeiten, Ihre eigene, einzigartige Persönlichkeit zu verwirklichen und Sie selbst zu sein. Leider nutzen nur wenige Menschen die Chance, sich aus der Masse zu lösen.

Allen Funt, der Schöpfer der amerikanischen Fernsehserie *Candid Camera,* äußerte kürzlich einmal: „Kinder sind wunderbar ... Sie sind so originell, so unabhängig. Sie sind *alles,* was wir Erwachsenen für uns ersehnen. Erwachsene jedoch folgen einem hartnäckigen Herdentrieb, sind konformistisch und unterwerfen sich dem Zwang der Gruppe. Sie streben in die falsche Richtung. Sie streben vom Individualismus fort zur Herde ...“ Funt verglich zwei kurze Filmstreifen miteinander: In dem einen ging ein Mann eine aufwärtslaufende Rolltreppe hinunter. Ohne zu zögern folgte ihm eine ganze Gruppe von Erwachsenen.

Der zweite Filmstreifen verdeutlichte die größere Individualität von Kindern: „Ein Kind nähert sich einer leeren Kiste. Es untersucht sie sorgfältig und beschließt, es sei eine Festung. Es klettert hinein und bekämpft den herandringenden imaginären Feind mit einem imaginären Gewehr. Ein zweites Kind erscheint. Es sieht in der Kiste ein Haus, klettert hinein und spielt ‚Erwachsener‘. Ein drittes Kind schließlich macht aus der Kiste eine Berg- und Talbahn und rutscht fröhlich mit ihr einen kleinen Abhang hinunter ...“

Warum erobern Sie sich Ihre Individualität nicht zurück, die doch Ihr angestammtes Recht ist? Wenn Sie die Pflichten, die Ihnen von der Gemeinschaft, von der Familie auferlegt worden sind, erfüllt haben, können Sie sich ganz der Entwicklung und Entfaltung Ihrer Persönlichkeit hingeben.

Vor einigen Jahren hatte ich an der See ein hübsches Erlebnis. Es war ein sonniger Tag mit strahlend blauem Himmel, den ich am Strand liegend genoß. Ich unterhielt mich mit Freunden und beobachtete die in den Wellen herumspringenden Urlauber. Ganz in meiner Nähe breitete ein junges Ehepaar mit einem kleinen, etwa zweijährigen Mädchen eine Wolldecke aus. Die Mutter setzte das Kind auf die Decke; es machte sich jedoch sofort selbständig und stolperte auf seinen noch unsicheren Beinchen davon: Mit todernstem Gesicht watschelte das kleine Mädchen zu einer benachbarten Familie, die es sich in Liegestühlen bequem gemacht hatte, packte zu meinem Erstaunen einen kleinen Kinderstuhl und schleppte ihn unter großer Anstrengung zu seinen belustigten Eltern. Danach drehte sich das Kind wieder um und trug den Stuhl mit erstaunlicher Akkuratesse wieder dorthin zurück, wo er gestanden hatte. Dann kletterte es mit einiger Mühe hinauf, setzte sich ordentlich hin und ließ gelassen seinen Blick über die Welt schweifen ...

Ich mußte über die spontane, individuelle Zielstrebigkeit dieses Kindes herzlich lachen. Es war ganz es selbst – nicht wie die Erwachsenen, die ihr Leben mit Dingen ausfüllen, die andere Leute von ihnen erwarten.

Natürlich müssen wir als Erwachsene fremdes Eigentum mehr respektieren als dieses kleine Kind; aber dennoch können wir von diesem Kind lernen, und zwar *die Kunst, unsere eigene Persönlichkeit zu kultivieren.*

Jeder Mensch ist sich Individualität schuldig

Kein Mensch gleicht dem anderen, und Sie sind es sich schuldig, Ihre Individualität zu entwickeln. Es wird heutzutage zuviel nachgeahmt, zuviel kopiert. Seien Sie ein Original!

Damit will ich Sie keineswegs dazu auffordern, exzentrisch zu werden. Und ganz gewiß verlange ich von Ihnen nicht, daß Sie sich sogleich einen Bart wachsen lassen oder sich auf einer Seifenkiste an der nächsten Straßenecke aufbauen sollen, um weltverbessernde Reden zu halten.

Nehmen wir ein Beispiel: Dwight D. Eisenhower war ganz er selbst, und gerade deshalb schätzte man ihn. Er war ein schlichter Mann ohne jede Neigung zur Anmaßung. Schon als General war er bemerkenswert bescheiden.

Marty Snyder, der Adjutant Eisenhowers, berichtet in seinem Buch *My Friend Ike* (Frederick Fell, 1956) von einem Besuch, den Eisenhower nach dem Zweiten Weltkrieg Snyders Restaurant abstattete:

„Als General Eisenhower aus Europa zurückgekehrt war, kam er eines Tages zum Dinner in mein Restaurant. Während wir beisammensaßen, sagte ich ihm, wie sehr ich mich freuen würde, wenn er Präsident der Vereinigten Staaten werden würde, und ich gab zu, daß ich darüber schon zu einer ganzen Menge Leute gesprochen hatte.

Er lachte und sagte dann: ‚Hören Sie, Marty, ich bin Soldat, und mehr will ich gar nicht sein.‘ Daraufhin hielt ich ihm vor: ‚Ich habe nie Soldat werden wollen, aber man hat mich einfach eingezogen. Ich nehme an, man kann Sie schließlich dazu bestimmen, sich der Präsidentenwahl zu stellen, wenn es so weit kommt.‘ ‚So weit kommt es bestimmt nicht‘, lachte er.“

Sie sehen, Eisenhower war ganz er selbst.

Denken Sie Ihre eigenen Gedanken!

Ihr wertvollster Besitz ist Ihr Denkvermögen; geben Sie die Herrschaft über Ihren Geist nicht auf! Denken Sie Ihre eigenen Gedanken und nicht das, was andere Menschen Ihnen suggerieren. John Stuart Mill, der namhafte englische Philosoph des 19. Jahrhunderts, schreibt in einem seiner Essays: „Wenn die gesamte Menschheit – bis auf einen Menschen – einer Meinung wäre und nur dieser eine Mensch eine andere Meinung verträte, wäre die Menschheit ebensowenig berechtigt, diesen einen Menschen zum Schweigen zu bringen, wie dieser – wenn er die Macht hätte – dazu berechtigt wäre, die Menschheit zum Schweigen zu bringen."

Ihre Gedanken gehören allein Ihnen selbst. Zwar verlangt das Leben in der zivilisierten Gesellschaft gelegentlich eine Beschränkung der Handlungen, jedoch niemals der Gedanken.

„Mein Geist ist mir ein Königreich", schrieb der englische Dichter Sir Edward Dyer im 16. Jahrhundert.

Machen Sie Ihren Geist zu einem Königreich – nicht zu einem Gefängnis! Lassen Sie Ihre Gedanken so frei kreisen, wie die Vögel am Himmel fliegen; unterwerfen Sie Ihre Gedanken keiner Zensur, kritisieren Sie sie nicht – und vor allem: lehnen Sie sich nicht gegen sie auf, wenn sie nicht mit der allgemein herrschenden Meinung übereinstimmen.

Lernen Sie, in der Masse Ihre Identität zu bewahren

Zwar besitzen viele Menschen die Kraft, ihre Individualität zu empfinden und auszudrücken, solange sie allein sind; in der Masse jedoch geben sie ihre Identität auf. Gehören auch Sie dazu?

Wenn Ihnen Ihre Identität etwas wert ist, beachten Sie die folgenden Regeln:

1. *Machen Sie sich klar, daß es Ihr gutes Recht ist, sich von anderen Menschen zu unterscheiden!* Wir leben in einer Demokratie, und wir alle haben dieses Recht; viele Menschen freilich nehmen es nicht für sich in Anspruch. Hören Sie auf, einem „Führer" zu folgen! Wenn Sie mit der Mehrheit nicht übereinstimmen, werden Sie vielleicht von einigen Leuten für Ihre Haltung kritisiert, aber ein reifer Mensch wird sich durch das Stirnrunzeln der anderen nicht einschüchtern lassen, noch wird er seine geistige Unabhängigkeit für ein zustimmendes Lächeln verkaufen.

2. *Zollen Sie sich selbst Beifall!* Sie müssen selbst Ihr bester Freund sein. Sie können nicht immer auf andere Menschen rechnen, auch nicht, wenn es sich um einen guten Freund handelt; denn auch er hat Interessen und Probleme, die für ihn an erster Stelle stehen müssen. Nur Sie selbst können sich die volle Anerkennung gewähren, die Sie brauchen, können sich selbst die Herzenshaltung formen, die Ihnen hilft, in der Masse Ihre Identität zu bewahren.

3. *Lassen Sie sich vom Typ des „Maulhelden" nicht einschüchtern!* Fast jeder Mensch wird Ihnen freundlich gesinnt sein, wenn Sie ihm eine ehrliche Chance geben. Dennoch sind es oft gerade die ängstlichen Menschen, die skrupellos Mittel und Wege ersinnen, Prestige zu gewinnen. Sie nutzen die Neigung zu Minderwertigkeitsgefühlen bei anderen Men-

schen aus und beherrschen ihre Umwelt mit brillantem Gerede und der Drohung, mögliche Konkurrenten lächerlich zu machen... Lernen Sie also, solchen Menschen die Stirn zu bieten, und stehen Sie für Ihr Recht ein, Ihre eigenen Überzeugungen und Gefühle auszudrücken. Denken Sie immer daran, daß gerade der Maulheld in seinem tiefsten Innern Angst hat und daß seine Angriffe lediglich eine getarnte Verteidigung sind.

4. *Stellen Sie sich Ihre Erfolge bildhaft vor!* Sicher wird es Tage geben, an denen Sie sich nicht besonders wohl fühlen, an denen Sie mit einer bestimmten Gruppe von Menschen nicht fertigwerden. Es mag sein, daß Sie sich vorübergehend als Außenseiter fühlen. Lassen Sie sich jedoch nicht deprimieren. So etwas geschieht gelegentlich jedem Menschen. Sie können Ihr Selbstvertrauen wiedergewinnen, wenn Sie sich glücklichere Augenblicke vorstellen, in denen Sie sich freier und unbefangener fühlten. Auch wenn sich dieses Bild nicht sofort einstellen will, geben Sie den Versuch nicht auf; denn die Mühe lohnt sich!

Menschen, die den Kampf nicht aufgaben – und gewannen

Das Leben ist keine ebene, sonnige Straße, die schnurstracks zu einem Tor mit dem Schild ERFOLG führt. Es ist vielmehr ein mühsames Auf und Ab, eine Straße mit Hindernissen, die überwunden werden müssen, wenn man weiterkommen will.

Der frühere Schwergewichtsweltmeister Joe Louis hatte in den Südstaaten Amerikas eine entbehrungsreiche, von äußerster Armut geprägte Kindheit erlebt...

Der bedeutende amerikanische Politiker Al Smith kämpfte sich seinen Weg aus den Slums zu Macht und Ansehen...

Die berühmte Filmschauspielerin Sophia Loren entstammt einer sehr ärmlichen italienischen Familie...

Viele Menschen haben sich zu erfolgreichen Positionen emporgearbeitet und bewahrten bei diesem Aufstieg, bei diesem Wandel dennoch ihre Individualität.

Der Held des fast schon klassischen Films „Zwölf Uhr mittags" ist ein Mann, der den Mut aufbringt, auf sich allein gestellt Widerstand gegen den Terror zu leisten. Der Sheriff einer kleinen Stadt, von seinen Freunden im Stich gelassen, muß allein gegen eine Killerbande kämpfen, die in die Stadt zurückgekehrt ist. Er überwindet seine Furcht und besiegt die Verbrecher. Dieser Fall ist zwar frei erfunden – aber dennoch lebensecht...

Wie viele Männer haben angesichts scharfer Kritik jemals eine stärkere Haltung bewiesen als der ehemalige US-Präsident Harry Truman? Er wollte sich unter keinen Umständen gegen seine Überzeugung dirigieren lassen und ignorierte die massiven Angriffe seiner Kritiker. Die Presse zweifelte an seinen Fähigkeiten, und sogar bedeutende Politiker trauten ihm nicht mehr; er jedoch bewahrte sich sein Selbstvertrauen.

Alfred Steinberg berichtet in seinem Buch *The Man From Missouri* (G. P. Putnam's Sons, 1962) von einer Begegnung zwischen Truman und Winston Churchill:

„Churchill sagte: ‚Wir haben uns das letzte Mal bei der Potsdamer Konferenz gegenübergesessen, Herr Präsident.‘ Truman nickte zustimmend.

Churchills Ton änderte sich. ‚Ich muß gestehen, Sir, daß ich damals nicht viel von Ihnen gehalten habe. Ich nahm es Ihnen übel, daß Sie die Stelle von Franklin Roosevelt einnahmen.‘

Trumans herzliches Lächeln schwand.

‚Aber ich habe Sie völlig falsch eingeschätzt.‘ Nach einer langen Pause fuhr Churchill fort: ‚Seit dieser Zeit haben Sie, mehr als jeder andere, die westliche Zivilisation gerettet.‘"

Die anfängliche Einschätzung Trumans durch Churchill entsprach dem allgemein verbreiteten Urteil. Steinberg schreibt: „Gleichgültig, wie bedeutsam seine Handlungen oder wie unerschütterlich seine Hingabe an grundlegende Prinzipien waren – viele Politiker versäumten es, Truman ernst zu nehmen. Viele konnten sich einfach mit der Tatsache, daß er zum Präsidenten aufgerückt war, nicht abfinden ...

Als die Nation am 12. April 1945 vom Tod Franklin D. Roosevelts erschüttert wurde, beruhte die Schockwirkung teilweise auch auf der ‚Erkenntnis‘, wer sein Nachfolger geworden war. Dennoch räumen nunmehr, schon zu Lebzeiten Trumans, die Historiker ein, daß er zu den stärksten Präsidenten der Vereinigten Staaten gerechnet werden muß."

Trumans „krasser Individualismus" überstand niemals eine härtere Prüfung als die Präsidentschaftswahlen, die zu seinem Sieg über Thomas Dewey führten. Obwohl ihm weder die Meinungsforscher noch die Presse eine Chance gaben, war er davon überzeugt, daß er die Zustimmung des Volkes gewinnen würde. Bei den Vorausschätzungen der Wahlergebnisse blieb er hinter Dewey zurück, und manche Tageszeitungen verkündeten in ihren Schlagzeilen schon Deweys Sieg; Truman jedoch ging ruhig schlafen und war kaum überrascht, als er als Sieger aufwachte.

Zu starke Anpassung entstellt Ihre Selbstauffassung

In der Bibel steht: „Wir sind einer des anderen Bruder. Wenn in einem Haus Zwietracht herrscht, kann das Haus nicht standhalten."

Diese weisen Einsichten machen verständlich, warum ein gewisses

Maß an Konformismus Voraussetzung für den Fortbestand des zivilisierten Lebens ist, wie wir es kennen. Übertriebener Konformismus jedoch, der im modernen Leben einen zu breiten Raum einnimmt, ist allerdings etwas ganz anderes: Man opfert seine individuelle Identität, wenn dieses Sichbeugen vor der Norm keinem sinnvollen Zweck dient. Wenn Sie sich zu stark anpassen, verzerren Sie Ihre Selbstauffassung. Sie wissen nicht mehr, wer Sie wirklich sind, weil Sie stets versuchen, anderen zu gefallen. Da Sie ständig auf Beifall lauern, wenn Sie ihn gar nicht brauchen, wenn Sie sich Ihrer Umwelt unterwerfen und sich anzubiedern versuchen, um sich von Ihrer Unsicherheit zu befreien, verfälschen Sie Ihre einzigartigen Qualitäten, die Sie zu einem Individuum machen.

Um glücklich zu sein, müssen Sie Bereiche haben, in denen Sie Ihre Einzigartigkeit furchtlos ausdrücken können. Diese Bereiche stehen Ihnen offen, wenn Sie sich nicht gedankenlos von ihnen fernhalten. Wenn Sie sie finden, werden Sie auch einen Teil Ihres Ichs finden: Ihre Selbstauffassung wird fundierter – und Sie werden glücklicher sein.

Trotz Belastungen erfolgreich

Es ist durchaus möglich, daß die Weltgeschichte noch niemals eine Ära solcher Belastungen verzeichnet hat, wie sie unsere Zeit erlebt. Die Gefahr einer Massenvernichtung schwebt über uns; wir müssen daher lernen, mit den realen Gefahren des 20. Jahrhunderts zu leben.

Vor Jahrzehnten wurde der Balkan als das „Pulverfaß" Europas bezeichnet, und ein Zwischenfall in diesem Gebiet führte dann schließlich zu der großen Explosion, zum Ersten Weltkrieg.

Heute ist die ganze Welt ein Pulverfaß, und eine einzige verhängnisvolle Explosion kann innerhalb weniger Minuten Millionen Menschen töten.

Das Gespenst der Atom- und Wasserstoffbombe bedroht uns; jeder Tag bringt neue politische Krisen, die uns alle angehen. Zu den technischen Schrecken der Massenvernichtungsmittel kommen die Unruhen unseres Zeitalters, die die herkömmliche Moral verändern, zum Auseinanderfallen der Familie führen, sowie die sozialen und nationalistischen Unruhen, mit denen unterdrückte Völker in aller Welt ihre Rechte geltend machen.

Ein prominenter Atomphysiker konstatierte kürzlich, daß wir heute in einer Periode extrem schneller – technischer und sozialer – Veränderungen leben, wie es sie niemals zuvor in der Geschichte gegeben hat.

In der Ausgabe des *Look Magazine* vom 24. September 1963 wurden in einem Artikel die Belastungen des modernen Lebens skizziert. J. Robert Moskin schrieb: „Jeder muß schwierige moralische Entscheidungen treffen. Vor unseren Augen vollzieht sich das Sterben der alten Moral. In unserer Welt der Massengesellschaft, im Zeitalter des Düsenflugzeugs und der Atomkraft, der zersplitterten Familien, ändern sich die Lebensbedingungen so schnell, daß die etablierten moralischen Richtlinien ihre Gültigkeit verlieren."

Zahlreiche zeitgenössische Entwicklungen tragen jedoch nicht minder positive Möglichkeiten in sich: Die Atomenergie kann positiv genutzt werden als eine Energiequelle, die das Leben des Menschen bequemer macht. Das Ringen um die Beendigung der Rassendiskriminierung ist ein Segen, wenn es gewaltlos vor sich geht, und das Aufbegehren der

„jungen" Völker kann dazu führen, daß man sich auf die großen Fragen
und Probleme der Welternährung besinnt.

Dennoch – die Belastungen existieren. Wenn man sie verneinen wollte,
steckte man wie ein Strauß den Kopf in den Sand, um der Angst zu
entgehen.

Das Leben ist eine Reihe von Krisen

Jenseits der weltumfassenden Probleme ist das Leben des einzelnen
eine Folge kleinerer und größerer Krisen.

Das beginnt bei ganz alltäglichen Ereignissen: Wenn Sie Mutter sind,
können Sie eben noch eine gemütliche, entspannende Stunde mit ihrer
Familie verbracht haben – und stellen nun fest, daß Ihr Baby 40 Grad
Fieber hat.

Wenn Sie Familienvater sind, kann Ihre sichere Stellung bei einer
florierenden Firma plötzlich gefährdet werden, wenn sich die Geschäfts-
leitung zu einer Fusion mit einer anderen Firma entschließt und im Zuge
von Rationalisierungsmaßnahmen verschiedene Posten nicht mehr besetzt
werden.

Wenn Sie Rentner sind und von einer kleinen Rente leben, werden
Sie unter den steigenden Lebenshaltungskosten zu leiden haben. Da Ihr
Einkommen begrenzt ist, werden Sie sich fast ständig mit Geldproblemen
befassen müssen...

Wer Sie auch immer sind – in der Regel werden Sie ständig mit neuen
Problemen konfrontiert. Um trotzdem glücklich leben zu können, müssen
Sie sie als Teil der Wirklichkeit akzeptieren und Ihre Kraft daran setzen,
um die Realitäten zu meistern. Sie können sich ihnen nicht verschließen
oder sich weigern, sie zu sehen; wenn Sie das tun, entziehen Sie sich
dem Leben. Sie können nicht erwarten, daß Sie einmal Ihre Probleme
für immer lösen und danach „glücklich bis an Ihr Lebensende" leben,
wie es leider nur im Märchen geschieht. Lediglich Kinder glauben an die
Beständigkeit eines problemlosen Lebens.

Sie müssen sich dem Leben stellen. Jeder Tag Ihres Lebens birgt die
Möglichkeiten: Schmerz und Freude, Erfolg und Versagen. An Ihnen
jedoch ist es, jeden Tag mit frischem Mut zu beginnen, sich Ziele zu
setzen und ihnen selbstbewußt entgegenzustreben.

Wie viele Belastungen können Sie ertragen?

Eine grundsätzliche Frage: Wie viele Belastungen können Sie ertragen?
Wo liegt Ihre eigene, individuelle Belastungsgrenze?

Das ist eine heikle Frage, auf die es keine allgemeingültige Antwort gibt. Die Fähigkeit des Ertragens ist nicht meßbar. Sie variiert mit der psychischen und der physischen Kondition.

Eines ist jedoch sicher: Viele Menschen brechen unter den Spannungen und Belastungen des modernen Lebens zusammen. Die überfüllten Nervenheilanstalten legen Zeugnis davon ab. Andere Menschen taumeln durchs Leben, reagieren und handeln mechanisch, fühlen sich nur vage irritiert von dem, was in ihrer Umwelt und in ihnen selbst vor sich geht, ergeben sich schädlichen Gewohnheiten, wie unmäßigem Essen, Trinken und Rauchen, und halten sich mit Medikamenten aufrecht...

Wie steht es dagegen mit erfolgreichen Menschen? Wie reagieren sie in Situationen der Anspannung?

Um es einfach auszudrücken: Erfolgreiche Menschen (zu denen auch Sie gehören können) haben die Fähigkeit, sich in einer Krise zu entspannen und sich so über sie zu erheben, gleichgültig, wie die äußere Situation aussieht. Ihr Selbstvertrauen, die Kraft ihrer Selbstauffassung ist eine unüberwindliche Waffe, die sie in schwierigen Situationen schützt.

Das Geheimnis der Überwindung

Und das ist das große Geheimnis dieser Menschen: ihre Fähigkeit, gelassen zu bleiben, wenn andere verstört und verwirrt reagieren. Sie sind in der Lage, sich sicher zu fühlen, wie groß auch die Belastungen sein mögen; ihre Selbstauffassung hält ihnen stand.

Donald Curtis beschreibt in seinem Buch *Your Thoughts Can Change Your Life* (Prentice Hall, 1961), wie Bing Crosby eine schwierige Situation durch seine Gelassenheit bewältigte:

„Vor vielen Jahren, als ich in Hollywood als Radiosprecher arbeitete, wurde ich aufgefordert, in einer Sendung mit Bing Crosby einen Part zu übernehmen. Er wartete, wie üblich völlig entspannt, auf das Zeichen des Regisseurs, daß die Rundfunkübertragung beginne, während wir anderen unserer steigenden Erregung nur mühsam Herr werden konnten.

Der Regisseur hob den Arm. In diesem Augenblick – Bing Crosby hatte noch genau zehn Sekunden Zeit – ließ er sein Manuskript fallen. Alle, bis auf Bing Crosby, wurden von einer Panik ergriffen. Während Sprecher, Agenten, Techniker und Musiker durcheinanderwirbelten, um die flatternden Manuskriptseiten einzusammeln, bückte sich Crosby gelassen, hob die entscheidende erste Seite des Manuskripts auf, schob seinen Hut etwas nach hinten und folgte exakt seinem Stichwort. An jenem Abend lieferte er eine großartige Vorstellung ohne die geringste Panne."

Auch Sie sollten in der Lage sein, sich einer plötzlich veränderten

Situation anzupassen. Sie müssen, wenn Sie Erfolg haben wollen, unter
Umständen bereit sein, Ihre Pläne blitzschnell zu ändern.

In seinem Buch *The Road to Successful Living* erzählt Louis Binstock
eine amüsante Geschichte über den bekannten amerikanischen Maler
James McNeill Whistler:

„Im Jahre 1854 bereitete er sich als Kadett in der West Point Aca-
demy auf eine militärische Laufbahn vor. Eines Nachmittags wurde er
während des Chemieunterrichts plötzlich aufgefordert, über Silizium zu
sprechen. Er erhob sich und begann: ‚Silizium ist ein Gas...'

‚Das genügt, Mr. Whistler', unterbrach ihn der Ausbilder.

Einige Wochen später wurde der Kadett Whistler aus der Akademie
entlassen.

Jahre später, als er bereits einen Ruf als Maler hatte, äußerte er
gern: ‚Wenn Silizium ein Gas wäre, dann wäre ich jetzt General!'"

Die Geschichte meines ersten Patienten

In meinen mehr als sechzig Lebensjahren habe auch ich eine Reihe
von Krisen erlebt. Eine markierte den Wendepunkt meines Lebens:

Nach meiner Promotion zum Doktor der Medizin verbrachte ich –
wie schon erwähnt – einige praktische Studienjahre in Berlin, Wien,
Paris, Rom und London und eröffnete nach meiner Rückkehr aus Europa
eine Praxis an der Fifth Avenue in New York. Zu jener Zeit wußte man
in Amerika über das Fachgebiet der Plastischen Chirurgie noch sehr
wenig; selbst bedeutende Mediziner hatten sich kaum damit befaßt. Ich
nahm also die Chance wahr, mich gezielt auf diesem noch ganz jungen
Fachgebiet zu betätigen. Ich mietete fünf große Räume, die ich mit
meinen beschränkten Mitteln einrichtete, so gut es eben ging, brachte an
der Tür ein Schild an und wartete auf meinen ersten Patienten...

Ich hatte während meiner praktischen Ausbildung in Europa viele
Patienten erfolgreich operiert, und ich stellte mir nun – obwohl ich mich
auf ein ganz neues Gebiet wagte – vor, daß ich gleichsam über Nacht
Erfolg haben würde. Ich war davon überzeugt, daß die Patienten alsbald
in Scharen herbeiströmen würden.

Ich wartete. Während des Vormittags klingelte das Telefon nicht ein
einziges Mal. Zwar aß ich noch gelassen zu Mittag, wurde dann jedoch
mehr und mehr von Ungeduld gepackt. Schließlich ließ ich das Telefon
nicht mehr aus den Augen, als ob ich es durch meine Blicke dazu bewegen könnte zu läuten – was natürlich nicht den geringsten Erfolg hatte.

Gegen Abend schließlich schrillte das Telefon, und ich griff hastig
zum Hörer.

„Hallo, wie geht's dir denn?" Es war meine Mutter.

„Oh, danke – gut", sagte ich, aber meine Stimmung sank auf den Nullpunkt.

Während der ganzen ersten Woche klingelte das Telefon jeweils nur gegen Abend, wenn meine Mutter anrief, um sich nach meinem Ergehen zu erkundigen. Sosehr ich meiner Mutter zugetan war – ihre Stimme wurde für mich allmählich zu einem Symbol meines Scheiterns.

Das ging drei Wochen so weiter. Meine Praxis war still wie ein Leichenhaus, und mein Telefon erschien mir allmählich wie ein überflüssiger Luxus, ein Gegenstand, den ich täglich mehr verabscheute. Langsam wurde mein Selbstvertrauen untergraben, und ich wurde immer nervöser und besorgter. Zum erstenmal in meinem Leben spürte ich so etwas wie Panik.

Meine Panik war keineswegs unbegründet. Um einigermaßen auszukommen, hätte ich im ersten Monat mindestens 500 Dollar verdienen müssen (einschließlich des Betrages, den ich meiner Mutter überweisen wollte, um ihr zu demonstrieren, wie erfolgreich ich war). Ich hatte keine Ersparnisse mehr, um über diese Monatsfrist hinaus weiter durchhalten zu können.

Am Anfang der vierten Woche war ich von der Vorstellung, ein Gescheiterter zu sein, wie besessen; immer häufiger wurde ich von dem Gedanken geplagt, daß all die Jahre meiner praktischen Ausbildung sich als Verschwendung von Zeit, Geld und Energie erweisen würden. Wenn ich keine Patienten bekam, mußte ich meine Praxis schließen. In meiner Vorstellung sah ich bereits, wie meine Verwandten und Freunde mich mit Vorwürfen überhäufen würden, sie alle, die mir geraten hatten, Praktischer Arzt zu werden oder mich wenigstens auf ein bekannteres Fachgebiet zu spezialisieren, das mir eine sichere Zukunft garantiert hätte.

Es war meine erste Krise. Ich wußte nicht mehr, was ich tun sollte. Ich sank in meinem Stuhl zusammen und starrte aus dem Fenster. Auf der anderen Straßenseite wurde ein neues Haus gebaut, und ich beobachtete einen Arbeiter, der mit einem Lift Ziegel in den vierten Stock beförderte. Seine Arbeit schien mir gefährlich zu sein, und außerdem war sein Lohn zweifellos niedrig. Dennoch wünschte ich mir in diesem Augenblick, ich könnte meine ganze medizinische Ausbildung über Bord werfen und mit ihm tauschen – um nur die Gewißheit einer halbwegs gesicherten Existenz zu haben. Grimmig saß ich hinter meinem Schreibtisch und wartete und wartete ...

Das Telefon läutete schrill. Als ich nach dem Hörer griff, sagte ich mir düster: „Es ist wieder nur Mutter."

Aber sie war es nicht. Es war ein Arzt, ein Jugendfreund, der über
meine Familie von meiner „Arbeit" erfahren hatte und einen Patienten
zu mir schicken wollte. Er fragte mich, wann er ihn zu mir bringen
könne.

Obwohl ich auf diesen Patienten verzweifelt angewiesen war, nahm
ich meinen ganzen Mut zusammen und spielte den stark beschäftigten
Arzt. „Warte doch bitte einen Augenblick", sagte ich. „Ich muß eben in
meinem Terminkalender nachsehen . . . "

Dreißig Sekunden starrte ich auf die leeren Seiten und sagte dann:
„Ich kann deinen Patienten gleich einschieben, wenn du sofort mit ihm
herkommen kannst."

Ich rasierte mich hastig, zog einen weißen Mantel an und wartete er-
regt auf meinen ersten Patienten. Ich zwang mich zur Ruhe und versuchte zu vergessen, wie dringend ich auf ihn angewiesen war. Ich dachte
an meine chirurgischen Fähigkeiten und Erfahrungen, mit denen ich
meinem Patienten helfen konnte.

Ich glaubte schon, er würde niemals kommen, und fing an, nervös
in meinem Stuhl herumzurutschen – als es endlich an der Tür zur Praxis
klingelte: Auf der Schwelle stand jener Arzt mit einem jungen Mann,
dessen Nase bedenklich demoliert war, die Folge eines Unfalls in seiner
Kindheit. Er war Anfang Zwanzig, arbeitete als Schuhvertreter und war
über sein Aussehen völlig verzweifelt; außerdem hatte er Schwierigkeiten
beim Atmen durch die Nase.

Meine Panikstimmung hatte sich völlig verflüchtigt. Ich empfand nur
noch medizinisches Interesse und war entschlossen, diesem Mann zu
helfen. Ich untersuchte seine Nase und erkannte sofort die Chance, den
jungen Mann erfolgreich zu operieren. Wir einigten uns über das
Honorar . . .

Die Krise war vorüber. Ich hatte den schwersten Monat meines Lebens
überstanden und meine Ängste überwunden. Der zweite Patient ließ
nicht lange auf sich warten, und nach nicht allzu langer Zeit war ich ein
etablierter Facharzt für Plastische Chirurgie.

Lampenfieber

Vor einigen Jahren unterbrach ich eine Reise nach Europa in Kalifor-
nien, von wo aus ich den Flug über die Polarroute antreten wollte.

Dort begegnete ich einer sehr bekannten Schauspielerin, die sich auf
die Premiere einer musikalischen Komödie vorbereitete. Am Premierenabend suchte ich sie kurz vor der Vorstellung in ihrer Garderobe auf.
Sie litt unter starkem Lampenfieber und bildete sich ein, nicht auftreten

zu können und ihre Stimme zu verlieren. Sie sagte, sie könne sich kaum bewegen und fühle sich wie gelähmt.

„Woran kann das liegen?" fragte ich sie.

„Ich habe plötzlich panische Angst. Ich bin zwar immer etwas nervös, bevor ich auf die Bühne gehe, aber diesmal ist es ganz anders."

„Was ist denn so anders?"

„Das weiß ich nicht, Doktor. Ich habe einfach Angst, ich könnte meine Stimme verlieren."

„Sind Sie textsicher?"

„Natürlich."

„Und haben Sie die Melodien im Kopf?"

„Aber ja!"

„Was stimmt denn dann nicht mit Ihnen?"

„Das weiß ich eben nicht . . . Sehen Sie, ich habe zum Beispiel Angst, daß meine Stimme nicht ihre normale Höhe erreicht."

In ihrer Garderobe hingen die prachtvollen Kostüme, an der Wand stand ein großer Schminktisch mit einem Spiegel, in den Vasen dufteten die Blumen ihrer Verehrer. Ein Mädchen eilte geschäftig hin und her und präparierte die verschiedenen Kostüme für das Umkleiden vor den späteren Auftritten.

Die Künstlerin betrachtete sich im Spiegel, fing an zu singen, brach aber sofort wieder ab.

„Machen Sie weiter", sagte ich.

„Ich kann nicht! Ich kann einfach nicht!" Sie begann zu weinen.

Ich überlegte, wie ich ihr helfen könnte. Ich hatte keine Beruhigungsmittel bei mir, und die Zeit reichte nicht mehr, um noch ein Medikament besorgen zu lassen.

„Nun", sagte ich, „machen Sie sich keine Sorgen. Schließlich ist das Ihr Beruf, und über diese kleine Nervenkrise werden Sie schon hinwegkommen. Zufällig habe ich in meiner Tasche genau das Richtige für Sie. Es ist ein ganz neues Mittel und wird sehr schnell wirken."

Ich rechtfertigte mich vor mir selbst, daß diese blanke Lüge hier wirklich notwendig sei, entnahm meiner Tasche eine sterile Spritze, öffnete ein Glasröhrchen mit destilliertem Wasser und füllte es in die Spritze.

Damit machte ich der Künstlerin eine Injektion und versprach ihr, daß sie sofort wirken würde. „Setzen Sie sich", sagte ich, „und entspannen Sie sich."

Als der Inspizient einige Minuten später den Kopf durch die Tür steckte, um ihren ersten Auftritt anzukündigen, war sie völlig ruhig.

„Das Mittel ist wahrhaftig großartig! Ich könnte Sie umarmen!" rief sie und tat es dann auch. „Ich fühle mich fabelhaft, Doktor, und ich bin Ihnen sehr dankbar."

Sie betrat die Bühne, und ihre Leistung an diesem Abend war unvergleichlich.

Nach der Vorstellung fand eine Premierenfeier statt, und ich hatte Gelegenheit, mich im Lauf des Abends an ihren Tisch zu setzen. „Wissen Sie, daß das heute eine Ihrer großartigsten Vorstellungen war?" fragte ich.

„Dank Ihnen!"

„Nein", widersprach ich, „das verdanken Sie allein sich selbst. Was würden Sie sagen, wenn ich Ihnen verrate, daß es sich bei dem ‚Mittel' lediglich um destilliertes Wasser gehandelt hat?"

Sie wurde blaß – und dann lachte sie. Seither hat sie sich zwar oft nervös gefühlt, jedoch niemals hysterisch, denn sie erinnerte sich stets an jenen Abend, an dem sie mit einem imaginären „Mittel" eine Krise überwunden und den Beifall des Publikums und der Kritiker gewonnen hatte.

Auch heute noch ist sie eines der größten Talente im Showgeschäft.

Setzen Sie sich Ziele

Um kritische Situationen erfolgreich zu meistern, müssen Sie sich auf realisierbare Ziele konzentrieren, auf Ziele, für die Sie sich auch begeistern können. Solche Ziele werden Sie beflügeln, wenn sich die Dinge komplizieren, und widerstreitende Gedanken eliminieren, die Sie Ihrer Gelassenheit berauben können.

Als ich die geschilderte erste Krise meines Lebens trotz aller Anfechtungen durchstand und beharrlich auf meinen ersten Patienten wartete, war es dieser eine Faktor, der mir half: *Ich wußte, was ich wollte.*

Die Künstlerin, die am Premierenabend vor Angst wie gelähmt war, folgte dem Ansporn, die Situation erfolgreich zu meistern. Da ihr Ziel ganz klar war, brauchte sie nur eine geringfügige Unterstützung, um die Krise zu meistern.

In seinem Buch *In 10 Days to a Great New Life* (Prentice Hall, 1963) betont William Edwards die Wichtigkeit festumrissener Ziele. Er schreibt:

„Eine der größten Gesellschaften Amerikas – innerhalb ihrer Branche die größte – verlangt von ihren 50 Vizepräsidenten, daß sie von Zeit zu Zeit ihre Ziele, für die nahe und fernere Zukunft, schriftlich fixieren. Dieses Verfahren hält die Dinge in Bewegung und zwingt jeden, an die Zukunft zu denken. Es spornt die Vorstellungskraft an, Bilder einer erfolgreichen Zukunft zu produzieren. Es ist gleichsam der geistige

Nährboden für die Entwicklung der Zukunft. Es hat diese Gesellschaft ungeheuer erfolgreich gemacht."

Lernen Sie daraus: Wenn Sie erst einmal wissen, was Sie wollen, haben Sie bereits die erste Stufe des Erfolges erklommen, und Sie empfinden die Sicherheit, die sich mit Ihrem Streben einstellt. Die nächste Frage lautet: Wie *stark* ist Ihr Wunsch, diese Ziele zu erreichen?

Glauben Sie an Ihre Ziele!

Je fester Ihr Glaube an Ihre Ziele ist, desto besser werden Sie vorankommen. Wenn Sie Ihr Streben bewußt und konzentriert auf Ihre Ziele ausrichten, können Sie sicherer und gelassener vorgehen und handeln.

General Douglas MacArthur lebte aus einer solchen Überzeugung heraus. „Vom Tag seiner zuversichtlichen Abschiedsbotschaft an die Filipinos an (,Ich werde zurückkommen') galt sein ganzes Streben nur seinem Plan. Jede Schlacht auf Neuguinea, jeder Bombenangriff auf Rabaul oder japanische Schiffe in der Bismarck-See dienten den Vorbereitungen für die Wiedereroberung der Philippinen." (C. A. Willoughly und J. Chamberlain, *MacArthur 1941–1951*)

Sie, meine Leser, können ebenso leidenschaftlich wie MacArthur an Ihre Ziele glauben, an Ziele, die nicht weniger würdig sind. Ein Automechaniker zum Beispiel, der sich des reparaturbedürftigen Autos eines Kunden annimmt und sich bemüht, eine saubere und ordentliche Arbeit zu leisten, verdient in seinem zielgerichteten Streben kaum geringere Wertschätzung. Und sein Glaube an den Erfolg seiner Arbeit wird ihm Ruhe und Gelassenheit einbringen und ihn eventuelle Krisen überstehen lassen.

Vergegenwärtigen Sie sich Ihre Triumphe

Das Folgende haben Sie freilich schon in früheren Kapiteln dieses Buches gelesen, aber ich kann es nicht oft genug betonen: Es wird Ihnen helfen, wenn Sie sich frühere, bessere Augenblicke vergegenwärtigen, wenn Sie sich alle Einzelheiten glücklicher und erfolgreicher Situationen vorstellen. Wenn Sie sich auf solche Bilder konzentrieren, werden Sie in schwierigen Situationen die Ruhe bewahren können; darüber hinaus werden derartige Vorstellungen zur Festigung Ihrer Selbstauffassung beitragen.

Während ich auf meinen ersten Patienten wartete und es mir so vorkam, als ob jemand absichtlich meine Telefonnummer ignorierte, mußte ich ständig mit mir selbst ringen, um mein Selbstvertrauen aufrechtzuerhalten. Meine beste Waffe in diesem Kampf war die Vorstellung meiner selbst, war die Erinnerung daran, wie ich während meiner Ausbildungszeit als begabter Chirurg gearbeitet hatte, und ich sättigte gleichsam meinen Geist mit dieser Vorstellung, bis ich mein Ziel erreicht hatte.

Ich weiß nicht im einzelnen, was im Innern jener Schauspielerin vorging, nachdem ich ihr einmal geholfen hatte; aber ich bin sicher, daß es die Vergegenwärtigung früherer Triumphe war, die ihr die Kraft gab, die Bühne zu betreten und eine große künstlerische Leistung zu vollbringen.

Vielleicht denken Sie jetzt: „Aber einen so dramatischen Erfolg habe ich nie gehabt – einen Erfolg, der sich auch nur im entferntesten damit vergleichen ließe."

Gewiß – Sie sollen ja auch gar nicht vor Tausenden von Zuschauern auf der Bühne auftreten. Sie sollen einzig auf der Bühne Ihres Geistes agieren – immer wieder –, bis Sie die Fähigkeit haben, die Vorstellung Ihres größten Erfolges Wirklichkeit werden zu lassen.

Sie brauchen weder Künstlerin noch Arzt zu sein; das sind nur zufällige Beispiele. Sie müssen lediglich Sie selbst sein und im Bereich Ihrer Fähigkeiten realistisch denken und handeln.

Fürchten Sie sich nicht vor Nervosität

Gelegentlich werden Sie – gleichgültig, wer Sie auch sind – nervös sein. Was tun Sie in einem solchen Augenblick? Akzeptieren Sie Ihre Nervosität, lassen Sie sich nicht beirren, bis Sie Ihre Selbstsicherheit wiedergewonnen haben!

Nervosität ist nicht im geringsten schrecklich – solange Sie sie nicht fürchten. Wenn Sie sich einmal nervös fühlen, dann denken Sie daran, daß Sie in dieser Beziehung wahrhaftig nicht allein stehen.

In seinem Buch *How to Master Your Fears* (Wilfred Funk, 1952) schreibt Dr. Peter Steincrohn: „Die Welt ist krank vor Angst. Die beste Methode, Angst zu bekämpfen, besteht darin, die Angst zu erkennen – und ihr dann die Stirn zu bieten. Zunächst müssen wir also – wir alle (ausgenommen Geisteskranke) – zugeben, daß wir Angst haben. Schon das allein verschafft ein gewisses Maß von Erleichterung."

Der amerikanische Komiker Paul Lynde hat sogar durch seine Nervosität Karriere gemacht. Der *TV Guide* berichtet: „Sicherlich ist er der einzige Schauspieler, der einem Presseagenten eine Menge Geld dafür bezahlt, daß er in dieser Art über ihn schreibt: ‚Paul war als das größte Nervenbündel des Showgeschäfts bekannt, und das galt sowohl während seiner künstlerischen Arbeit als auch in seinem Privatleben. Sogar heute noch, nach zwei Jahren psychotherapeutischer Behandlung, sagt er: Wenn ich jemals meine Nervosität verlieren sollte, würde ich vor Angst sterben.'"

Ich will Ihnen hier natürlich nicht erzählen, daß man Sie unverzüglich fürs Fernsehen engagieren würde, wenn Sie vor Nervosität am ganzen Leibe zittern, und ich will Ihnen gewiß nicht raten, sich selbst bewußt nervös zu machen. Aber wenn Ihre Nerven zum Zerreißen gespannt sind und Sie diesen Zustand nicht verbergen können – was ist daran denn so schlimm? Wichtig ist allein: Machen Sie sich deshalb keine Vorwürfe.

Kraft während einer Krise

Wenn Sie sich einmal ein Ziel gesetzt haben, an das Sie glauben, wenn dieser Glaube aus einer gesunden Selbstauffassung erwächst und wenn Sie bereit sind, Ihre menschlichen Schwächen zu akzeptieren, werden Sie die Kraft haben, auch eine Krise zu meistern. Schon beim Auftauchen einer schwierigen Situation werden Sie die Gewißheit spüren, mit ihr fertigzuwerden.

Sie haben Kräfte in sich, die Ihnen helfen werden, Notlagen zu meistern. Wenn Sie bedingungslos dazu entschlossen sind, Erfolg zu haben, wenn Sie Ihre Ziele genau abgesteckt haben, sind Sie in der Lage, diese Kräfte in sich zu mobilisieren.

Ihr Erfolgsmechanismus ist nun bereit, Sie in Ihrem Bestreben zu unterstützen. Da Sie ihm – in Form bildhafter Vorstellungen – klar umrissene Ziele eingeprägt haben, ist dieser Mechanismus in Bewegung gesetzt worden. Er wird zu Ihrem Wohl arbeiten – und schwierige Situationen werden die Wirksamkeit dieser wunderbaren Kraft, die in Ihnen allen lebt, nicht zerstören können.

Sie haben es nicht nötig, sich von Krisen überrollen zu lassen; Sie können Ihre Angst überwinden und – realistisch denkend – allen Schwierigkeiten entgegentreten.

6. praktische Übung: Mit Krisen leben

Diese Übung wird Ihnen helfen, die eine oder andere Krise durchzustehen; von Mal zu Mal werden Ihre Ängste geringer sein, wenn Sie mit dieser Übung hart an sich arbeiten.

Inzwischen kennen Sie bereits die Methode: Sie haben sich an einen möglichst ruhigen Ort zurückgezogen und sich völlig entspannt.

Wieder sitzen Sie im Theater Ihrer Vorstellungskraft; aus dem Filmarchiv, in dem Sie die Erfahrungen Ihres Lebens gesammelt haben, suchen Sie sich einen Film aus, einen Horrorfilm, der Sie in Angst und Schrecken versetzt. In ihm erleben Sie eine der Krisen Ihres Lebens noch einmal, und nun stellen Sie fest, daß Ihre damalige Reaktion in gar

keinem Verhältnis zu der Situation stand, daß Sie im Grunde aus einer
leichten Verstimmung eine Schreckensszene gemacht haben.

Vielleicht hat Ihr Mann Ihnen gesagt, er werde vor Mitternacht zu
Hause sein, und Sie saßen um zwei Uhr morgens noch immer auf und
zermarterten sich den Kopf mit den fürchterlichsten Vorstellungen ...

Oder vielleicht hatten Sie beim Frühstück mit Ihrer Frau eine kleine
Auseinandersetzung, und bevor Sie zur Arbeit aufbrachen, schrie Ihre
Frau Sie an, sie werde zu ihrer Mutter zurückkehren und sie wolle Sie
nie wiedersehen. Den Kopf voll beunruhigender Erwägungen, fuhren Sie
ins Büro, obwohl Sie im Grunde wußten, daß Ihre Frau nur schlechte
Laune hatte.

Oder: Ihr Chef hat Sie einmal, nachdem Sie einen Fehler gemacht
hatten, forschend angesehen und Ihnen für Ihre nächste Arbeit einen zu
knappen Termin gesteckt. Sie waren schließlich von dem Gedanken
besessen, er lege es darauf an, Sie hinauszuwerfen ...

Stellen Sie sich eine solche kleine Krise bildhaft vor und empfinden
Sie noch einmal Ihre damalige Angst, vergegenwärtigen Sie sich Ihre
krankhaften Gedanken, und fürchten Sie sich jetzt so, wie Sie sich damals
gefürchtet haben. Erinnern Sie sich an die erschreckenden Möglichkeiten,
die Sie sich ausmalten, reagieren Sie auf diese Vorstellungen so, wie Sie
damals reagierten; rufen Sie dieselben Angstgefühle in sich hervor, so
daß sogar die physischen Symptome dieses Augenblicks wiederauftreten:
das heftige Herzklopfen, plötzliches Schwitzen und Erbleichen, Übelkeit
– was immer es auch für Symptome waren.

Es ist nicht angenehm, diese Reaktionen, die ja in keinem Verhältnis
zu einer so kleinen Krise standen, noch einmal zu erleben – aber es wird
Ihnen helfen!

Warum? Weil in neun von zehn Fällen unsere Ängste – sogar in einem
wirklich problematischen Augenblick – auch nicht im entferntesten ge-
rechtfertigt sind. Ihre negative bildhafte Vorstellung war damals Ihr
schlimmster Feind – und ist es heute.

Nun vergegenwärtigen Sie sich das, was *wirklich* geschah. Empfinden
Sie noch einmal die Erleichterung darüber, daß das Schlimmste nicht
eingetroffen ist, daß nur Ihre Phantasie Ihnen Schlimmes vorgegaukelt
hatte. Entspannen Sie sich, als ob Sie aus einem schlechten Traum er-
wachen und erkennen, daß er nicht wirklich war, daß Sie in Sicherheit
sind. Begreifen Sie, daß diese Angst, die Sie von Grund auf erschütterte,
in Wirklichkeit nahezu ganz unbegründet war.

Wiederholen Sie diese Übung immer wieder, und Sie werden eine
innere Wandlung spüren, die Sie in Erstaunen versetzen wird. Stellen Sie
sich jeden Tag eine andere schwierige Situation vor, empfinden Sie zu-

nächst das große Ausmaß der Panik – und dann die Erleichterung, wenn die Wirklichkeit enthüllt, wie Sie von Ihrer Phantasie in die Irre geführt worden sind.

Je gründlicher Sie sich dieser Übung unterziehen, desto mehr werden Sie einsehen, daß die wirkliche Krise in Ihnen selbst liegt, daß sie Teil Ihrer unangemessenen Selbstauffassung ist. Wenn Sie sich mit Situationen konfrontiert sehen, die Sie gegenwärtig enervieren, fragen Sie sich, ob Ihre ängstlichen Reaktionen begründet sind, und stellen Sie sich frühere Ereignisse vor, auf die Sie ganz offenkundig zu ängstlich reagierten. Das wird Ihnen helfen, die Gegenwart in den richtigen Proportionen zu sehen, es wird Sie beruhigen und Ihre Fähigkeit, richtig zu reagieren und zu handeln, immer mehr verbessern.

Wenn Sie Fortschritte machen, Ihre Vorstellungskraft auf Erfolg ausrichten und sich lohnende Ziele setzen, wenn Sie so Ihre Selbstauffassung verbessern, werden Sie auch schwierige Situationen erfolgreich meistern.

13. Kapitel

Es ist nicht schwer, Freunde zu gewinnen

Vor etwa vierhundert Jahren schrieb der große englische Denker und Staatsmann Francis Bacon über die Freundschaft: „Sie verdoppelt die Freuden und teilt die Leiden." Und zweihundert Jahre später formulierte der englische Dichter S. T. Coleridge: „Die Freundschaft ist ein schützender Baum."

Die Freundschaft ist in unserer Zeit nicht minder wichtig – vielleicht ist sie auf Grund der Belastungen des modernen Lebens sogar von noch größerer Bedeutung. Ich spreche wohlgemerkt nicht von oberflächlicher Kameraderie, sondern von dem loyalen gegenseitigen Beistand in allen Lebenslagen, von dem aufrichtige zwischenmenschliche Beziehungen getragen werden.

Ein Mensch, der aufrichtige Freundschaften pflegt, ist reicher als jeder Millionär. Es mag sein, daß das recht klischeehaft klingt, aber es ist dennoch eine Wahrheit, die nicht in Frage gestellt werden kann. Sie können Geld verlieren. Natürlich können Sie auch gute Freunde – durch den Tod – verlieren, aber wenn Sie die Fähigkeit zur Freundschaft haben, können Sie immer neue Freunde gewinnen. Mehr noch: einen guten Freund können Sie nur physisch verlieren; wenn Sie ihn geliebt haben, wird er stets in Ihrem Herzen lebendig bleiben.

Leben heißt: mit anderen Menschen leben

Leben ist mehr als der Schlag des Herzens oder die Fähigkeit zu atmen, zu essen, zu sehen und zu fühlen. Das Leben des Individuums ist vom Wert seiner Beziehungen zu anderen Menschen abhängig. Leben heißt: mit anderen Menschen leben, und es geht nicht in erster Linie darum, was andere Menschen für uns tun, sondern darum, was man für andere Menschen tut und was sich die Menschen gegenseitig geben.

Psychologen legen bei der Beurteilung der Charaktereigenschaften, die den ausgeglichenen Menschen ausmachen, großen Wert auf die Fähigkeit, sich anderen Menschen zuzuwenden und mit ihnen in Beziehung zu treten. Ein Mensch, der mit anderen nicht auskommen kann, hat beruflich die schwersten Nachteile; viele Türen bleiben ihm verschlossen. Er lebt in einem Gefängnis, das er selbst geschaffen hat, er umgibt seine

Gefühle mit einer Mauer und erstickt seine Talente. Seine Seele kann sich nicht emporschwingen, er ist lediglich zu einem Wechsel der Launen fähig.

Er kann mit anderen Menschen nicht leben, aber er ist auch nicht in der Lage – das ist das Dilemma –, ohne sie glücklich zu sein. Wenn er sich in seinen Elfenbeinturm zurückzieht, spürt er bald, daß er etwas entbehrt; dieses Gefühl kann er nicht lange verleugnen. Wenn er sich jedoch anderen Menschen anschließt, fühlt er sich gehemmt, und seine Beziehungen zu anderen Menschen befriedigen ihn nicht. Es gibt sogar Menschen, die sich am einsamsten fühlen, wenn andere Menschen sie umgeben. Das ist verständlich: Der Mensch findet zum Beispiel in der Gesellschaft zweier vertrauter Freunde, in der er ganz er selbst sein kann, naturgemäß einen engeren Kontakt als in einer großen Versammlung, in der er meint, eine Maske tragen zu müssen.

Ein Mensch, der die Fähigkeit besitzt, *wahre* Freundschaften zu schließen, kann sich glücklich preisen. Selbst wenn er nicht viel Geld verdient, wird er zufrieden sein und die Früchte vielseitiger, reicher menschlicher Beziehungen ernten. Das Wort „Freundschaft" ist eines der wärmsten und schönsten Worte, die unsere Sprache kennt.

Die Kunst, Freunde zu gewinnen

Es gibt zahllose Bücher über dieses Thema. Sie enthalten zumeist durchaus nützliche Vorschläge, die Ihnen helfen können, ein entgegenkommenderer, rücksichtsvollerer Mensch zu werden.

In seinem Bestseller *How to Win Friends and Influence People* (Simon & Schuster, 1936; Deutsch: Wie man Freunde gewinnt) zitiert Dale Carnegie (mit dessen Erlaubnis) einen Ausspruch Henry Fords: „Wenn es ein Geheimnis für den Erfolg gibt, so ist es das: den Standpunkt des anderen zu verstehen und die Dinge mit seinen Augen anzusehen."

Carnegie selbst sagt: „Sie können sich innerhalb von zwei Monaten mehr Menschen zu Freunden machen, indem Sie sich für andere interessieren, als Sie sich in zwei Jahren Freunde machen können, indem Sie versuchen, andere für sich zu interessieren."

In seinem Buch *Personality and Successful Living* (Bruce Publishing & Co., 1945) kommt James A. Magner zu einem ähnlichen Schluß: „Wir können unsere Mitmenschen nicht dadurch tolerieren, verstehen und lieben, indem wir darauf warten, daß sie uns dienen, noch weniger dadurch, daß wir ihnen Gelegenheit bieten, ihre Fehler offenbar werden zu lassen; sondern wir werden ihnen nur gerecht werden, indem wir selbst handeln und den anderen positive Gründe dafür geben, *uns* zu tolerieren und zu lieben. Nichts verhilft uns so schnell zu einem Freund wie unser selbstloses Interesse für seine Belange. Nichts macht uns der Freundschaft würdiger als unsere Bemühung, uns selbst, unsere Begabungen und unsere Persönlichkeit, im Zusammenklang mit einem Programm der Freundlichkeit und des Verständnisses für andere zu entwickeln."

Dies sind wertvolle Gedanken. Die zitierten Autoren kennen die Menschen, und es lohnt sich, ihre Vorschläge zu bedenken und zu befolgen.

Grundsätzlich aber hängt Ihre Fähigkeit zu aufrichtiger Freundschaft von der Kraft Ihrer Selbstauffassung ab.

Wenn Sie sich selbst schätzen, werden es auch andere tun

Sie können lernen, rücksichtsvoller zu sein; Rücksicht ist eine gute Eigenschaft. Sie können danach streben, anderen Menschen nützlich zu sein; das wird Ihnen helfen.

Es gibt noch andere sinnvolle Schritte, die Sie unternehmen können, um Freunde zu gewinnen. Sie können die verschiedensten gesellschaftlichen Fähigkeiten entwickeln; Sie können freiwillig Ihren materiellen Besitz mit anderen teilen ...

Aber der Kern Ihrer Fähigkeit zur Freundschaft ist Ihre Selbstauffassung. Wenn Sie sich selbst schätzen, werden in der Regel andere diese Einschätzung teilen. Wenn Sie sich verachten, werden Sie verachtet werden.

Wenn ich sage „sich selbst schätzen", meine ich nicht die narzißtische Art infantiler Selbstbewunderung, in der die Liebe des Individuums nur sich selbst gilt und andere Menschen ausschließt. Sie können sich nicht wirklich *schätzen*, wenn Sie nicht auch andere Menschen schätzen.

„Ohne Vertrauen gibt es keine Freundschaft", schrieb der griechische Philosoph Epikur.

Das ist wahr, und Vertrauen beginnt in der Haltung, die man sich selbst gegenüber einnimmt.

Warum schüchtern sein?

Der schüchterne Mensch findet es im allgemeinen schwierig, Freundschaften zu schließen. Gewisse Angstgefühle hemmen seinen freien Ausdruck, und damit ist er in seinem Kontakt zu anderen Menschen stark eingeschränkt.

Martin Tolchin gibt in *The Roots of Shyness* (New York Times Magazine, 19. Juni 1960) eine bemerkenswerte Schilderung:

„Er ist ein stilles Kind – zu still und zu artig. Ihm fehlt das ungezügelte Temperament, das alle kleinen Jungen haben – oder haben sollten. Statt dessen steht er versonnen abseits und bringt es nicht fertig, an den ausgelassenen Spielen teilzunehmen, die ein Junge unter Jungen genießt.

Wenn man ihn sich selbst überläßt, überwindet er vielleicht seine Schüchternheit oder lernt, mit ihr zu leben. Vielleicht macht er sich aber auch nicht die Mühe, Kontakt mit seiner Umwelt aufzunehmen.

So können die Erfahrungen demütigend werden: Schüchternheit stellt sich zwischen einen Mann und die Frau, die er braucht. Schüchternheit kann seine Nützlichkeit für die Gesellschaft untergraben, da sie ihn daran hindert, eine Stellung zu erreichen, die seinen Fähigkeiten entspricht. Sie kann einen intelligenten, kultivierten Menschen in die Stellung eines gesellschaftlichen Bettlers manövrieren, dem bei einem gesellschaftlichen Ereignis, an dem teilzunehmen er verpflichtet ist, lediglich ein paar Krumen der Unterhaltung vorgeworfen werden."

Wenn Sie schüchtern sind, können Sie sehr wohl lernen, mehr aus sich herauszugehen. Es geht, um es noch einmal zu sagen, im wesentlichen nur darum, eine falsche Vorstellung von sich selbst zu ändern – denn Schüchternheit ist im Grunde eine Methode, sich vor anderen Menschen zu verstecken.

Sie können Ihr Schneckenhaus verlassen

Schildkröten sind eigentlich bedauernswerte Kreaturen: Manche werden zwar uralt, aber sie bringen ihr ganzes Leben in einer Schale zu. Und sie können nichts dagegen tun.

Wenn Sie schüchtern sind, haben Sie es weit besser, denn *Sie* können etwas gegen dieses Hemmnis tun. Sie können zu einer besseren Einschätzung Ihrer guten Eigenschaften finden, Sie können sich Augenblicke vergegenwärtigen, in denen Sie stolz auf sich waren, Sie können lernen, mit Ihren Schwächen zu leben. Sie können Ihre Selbstauffassung neu ausrichten und sich selbst positiver und gerechter sehen. Wenn Sie sich selbst mehr schätzen, werden Sie sich kaum noch davor fürchten, Ihr Schneckenhaus zu verlassen.

Haben Sie jemals gesehen, wie ein Küken aus seinem Ei schlüpft? Haben Sie beobachtet, wie die Schale bricht und das kleine Küken ans Licht der Welt drängt?

Wenn Sie schüchtern sind, dann sollten Sie wie das junge Küken die Schalen abwerfen und ans Tageslicht schlüpfen – in eine Welt, die heller ist, als Sie jemals ahnten, die Welt der Freundschaft, die beste, die es überhaupt gibt.

Bevor Sie jedoch zu wahrer Freundschaft fähig sind, müssen Sie den Mut haben, die Schale zu durchstoßen, die Sie umgibt.

Die Bedeutung der Freundschaft

Ich muß Sie jedoch warnen: Es gibt heutzutage viele Freundschaften, die auf taktischen Erwägungen beruhen und unaufrichtig sind.

Manche Leute schließen „Freundschaften" im Interesse des beruflichen Vorteils und wählen Freunde und entledigen sich ihrer schnell wieder, ohne dabei etwas zu empfinden. Sie halten nach Freunden Ausschau, so wie sie sich ein Auto aussuchen; für sie ist der Gewinn einer Freundschaft ein Geschäft, bei dem sie sich im voraus ausrechnen, welcher Freund ihnen helfen könnte, ihre Karriere voranzutreiben.

Wenn sie befördert worden sind und einen neuen sozialen Status erreicht haben, verabschieden sie gefühllos alte Freunde und jagen nach neuen Verbündeten, deren Freundschaft lohnender ist und sich – früher oder später – als materieller Gewinn auszahlt.

Im Grunde unterscheiden solche Menschen nicht zwischen einem Menschen und einem anderen, sondern sie treffen ihre Wahl nach einer nüchternen Überprüfung der ökonomischen Vorteile, die mit ihr verbunden sind.

Andere Menschen wählen sich Freunde und versuchen, diese „Freundschaften" zu untermauern, indem sie anderen demonstrieren, wie beliebt sie sind. Sie glauben, daß sie von ihren Mitmenschen gesellschaftlich akzeptiert werden, wenn man sie ständig mit dieser oder jener (mehr oder weniger bedeutenden) Person zusammen sieht.

Tatsächlich aber machen sie sich nicht das geringste aus den Leuten, die sie für ihr Sozialprestige benutzen. Ihr einziges Interesse liegt darin, daß sich ihr Verbündeter, ihr „Freund" als oberflächlich akzeptable Gebrauchsware erweist, als Person, deren Status in der Gesellschaft groß genug ist, um ihr eigenes Sozialprestige anzuheben.

So liegt also in dieser Art der „Freundschaft" kein wirklicher Wert. An derartig egoistischen Verbindungen ist weder etwas Schönes noch etwas Erhebendes, und mein Interesse gilt deshalb auch einer ganz anderen Beziehung, einer Beziehung, die nicht von der Nützlichkeit, sondern von der Nächstenliebe geprägt ist. Diese aufrichtige, gebende Art der Freundschaft ist eines der wertvollsten Dinge des Lebens überhaupt, und ich hoffe, daß ich Ihnen dazu verhelfen kann, diese warme, herzliche Beziehung zu anderen Menschen herzustellen.

Andere Menschen werden Ihre Gesellschaft suchen

Wenn Ihre Mitmenschen Sie wirklich schätzen, werden Sie nicht lange nach Freunden suchen müssen; man wird nicht nur Ihre Gesellschaft suchen, sondern Ihnen geradezu nachlaufen.

Wir wollen wieder unsere bildhafte Vorstellung einschalten. Setzen Sie sich, machen Sie es sich bequem und entspannen Sie sich.

1. Szene: Ein Mann geht zu einer Party. Er klopft schüchtern an die Tür, denn er fühlt sich etwas unbehaglich, da er von den anwesenden Leuten nur wenige kennt. Ted, so wollen wir diesen Mann nennen, ist von Cora eingeladen worden, die er flüchtig aus der Bibliothek kennt, in der er arbeitet. Er ist 35 Jahre alt und arbeitet seit fast zehn Jahren als Bibliothekar; er fühlt sich einsam. Die Gastgeberin begrüßt ihn, und er schiebt sich ins Wohnzimmer, in dem sich plaudernde, lachende Gäste drängen.

„Hallo." Ein Mädchen kommt auf ihn zu und lächelt ihn an.

Er erwidert ihren Gruß und überlegt nervös, worüber er mit ihr sprechen könnte.

„Wie heißen Sie?" Ted stellt sich vor und zwingt sich dazu, sie nach ihrem Namen zu fragen, wobei er sich ständig fragt, was er mit seinen Händen tun soll.

„Was sind Sie von Beruf?"

„Oh, schon wieder diese Frage", denkt er und stöhnt innerlich. „Ich muß ihr sagen, daß ich nur ein unbedeutender kleiner Bibliothekar bin." Er läßt die Schultern hängen und weicht ihrem Blick aus, während er ihre Frage beantwortet.

(Dieser Auftritt führt mit Sicherheit zum Versagen. Die Grundhaltung dieses Mannes ist Selbsthaß, der seine ganze Intelligenz und seine Fähigkeit zu schöpferischem Ausdruck mit Füßen tritt. Er muß seine Selbstauffassung stärken, bevor er zum warmen, vom Herzen kommenden Geben fähig ist, aus dem die Freundschaft erwächst.)

2. Szene: Es handelt sich um dieselbe Party, etwa eine halbe Stunde später. John erscheint und begrüßt seine Gastgeberin. Auch er ist Bibliothekar. (Die meisten Gäste kennen sich durch ihre berufliche Arbeit.) Auch er ist Mitte Dreißig, unverheiratet, aber er freut sich auf diesen Abend. Er freut sich darauf, Cora privat zu treffen und sie in einem hübschen Kleid zu sehen. Vielleicht ergibt sich die Gelegenheit, mit ihr zu tanzen, sich mit ihr zu unterhalten und mit ihr zu flirten, und vielleicht kann er sie sogar hinterher mit nach Hause nehmen.

„Wie hübsch Sie aussehen!" sagte er zu seiner Gastgeberin, und er meint es wörtlich.

Er lacht, als sie errötet, und schüttelt Peter und Frank die Hand, die er beide aus der Bibliothek kennt. Sie freuen sich, daß er gekommen ist, und stellen ihn anderen Gästen vor.

„Was tun Sie beruflich?" fragt ihn ein junger Mann, der das Eis in seinem Glas klingeln läßt.

„Ich bin Bibliothekar", sagt John und sieht den anderen aufmerksam, doch mit freundlichem Lächeln an. „Ich habe mein Leben lang gute Bücher geliebt. Was tun Sie denn?"

Er stellt fest, daß er sich mit einigen Gästen sehr interessant unterhalten kann, und genießt den Gedankenaustausch, das gute Essen und die Drinks. Man wendet sich an ihn und plaudert mit ihm, man schätzt seine ungezwungene Freundlichkeit, die ohne Dünkel und Arroganz ist. Um Mitternacht nimmt er Cora mit nach Hause.

(Die Leute ziehen diesen Mann vor, weil seine Selbstauffassung gesund ist. Er sieht sich selbst als netten Kerl, und darum muß er sich weder unsicher noch schüchtern fühlen. Da er sich, ohne narzißtisch zu sein, selbst schätzt, ist er in der Lage, andere zu schätzen. Sie spüren das und sammeln sich daher um ihn wie Bienen um Honig.)

Ihre Selbstauffassung kann Sie liebenswert machen

Aus diesen Szenen können Sie etwas lernen: Eine gesunde Selbstauffassung kann Sie anderen Menschen liebenswert machen.

Fast jeder Mensch sehnt sich nach guter Gesellschaft. Zwar verbergen viele Menschen diesen Wunsch, weil sie Angst vor einer Zurückweisung haben, aber in ihrem Innersten spüren sie dieses Bedürfnis. Es ist ein wesentliches Bedürfnis, fast so lebenswichtig wie das Bedürfnis, den Hunger mit Essen zu stillen.

Wenn in Ihrer Nachbarschaft einmal ein Feuer ausbricht oder sonst ein Unglück geschieht, beobachten Sie die Leute, die auf der Straße zusammenlaufen. Sehen Sie, wie sie die Köpfe zusammenstecken und angeregt miteinander sprechen, während sie beobachten, wie die Feuerwehr das Feuer löscht.

Mit Sicherheit werden Sie spüren – wenn Sie aufmerksam sind –, daß diese Leute vor allem daran interessiert sind, die Gelegenheit zu Gesprächen mit anderen, sogar mit völlig fremden Menschen wahrzunehmen. Jede ungewöhnliche Situation gibt den Menschen diese Chance, sich mit vielen Menschen zusammenzufinden und sich unter ihnen in gewisser Weise lebendiger zu fühlen.

Wenn Ihnen Ihre Selbstauffassung aber die Kraft gibt, ein rücksichtsvoller, aufmerksamer Mensch zu sein, werden Sie sich niemals in dieser leicht verkrampften Weise nach menschlicher Gesellschaft sehnen müssen.

Sie können anderen Menschen zu Ausgeglichenheit verhelfen

Wenn Sie selbst inneren Frieden gefunden haben, können Sie andere Menschen beruhigen, ihnen so das Leben erhellen und die latente Güte ihrer Seele erkennbar machen. Sie können ihnen helfen, ein ruhiges und dennoch beflügeltes Leben zu führen. Wenn sie spüren, daß Sie sie als das akzeptieren, was sie sind, wenn sie spüren, daß sie Ihnen nichts vormachen müssen, werden sie ihre Zurückgezogenheit aufgeben und aufrichtige, schöne Eigenschaften enthüllen, die sie normalerweise aus Angst vor der Feindseligkeit anderer verbergen.

Francis Bacon schrieb einmal: „Eine wesentliche Frucht der Freundschaft ist die Zwanglosigkeit und die Befreiung des voll schlagenden Herzens . . .“

Wenn die Menschen Ihnen vertrauen, werden sie Ihnen ihre Ängste und Schuldgefühle anvertrauen und so ihre Lasten erleichtern, so daß sie mehr Kraft haben, sich neuen positiven Zielen zuzuwenden. Wenn Sie ein entgegenkommender Mensch sind, können Sie ihnen auf diese Weise ein Gefühl der Erleichterung schenken, das ihnen sonst nur von wenigen zuteil wird.

Wenn es Ihnen gelingt, das Leben auch nur für zwei oder drei Freunde, die Sie schätzen, zu verschönern, werden Sie sich selbst glücklich fühlen!

Sie können an Freunden wachsen

Bonaro W. Overstreet schreibt in seinem Buch *Understanding Fear in Ourselves and Others* (Harper & Row, 1951): „Gelegentlich begegnen uns Menschen, die sehr alt geworden sind, ohne sich jemals an einem anderen Menschen orientiert zu haben, an dem sie hätten wachsen können. Sie schließen zahllose oberflächliche Freundschaften, gehen ihrem Beruf nach, heiraten, ziehen Kinder groß, treten in Clubs ein. Dennoch haben sie sich nie wirklich einem Menschen zugewandt. Sie können ihre Mitmenschen nur benutzen, sich an sie klammern, sie beherrschen. Sie gestehen ihre Liebe – in angemessener Form –, behaupten sogar, ihren Nächsten zu lieben. Aber die Menschen bleiben für sie lediglich Mittel zum Zweck.“

Derartige Menschen sind zu bedauern; denn wahre Freunde können jedes Leben reich machen. In der Wärme einer lebenspendenden Wechselwirkung können Sie Eigenschaften in sich selbst entdecken, deren Existenz Sie niemals ahnten. Durch Freundschaften können Sie wachsen.

Eine Freundschaft stellt aber zugleich Forderungen an Sie; Sie müssen die Bedürfnisse Ihres Freundes genauso im Auge behalten wie Ihre eigenen.

Emerson sagt: „Die Freundschaft sollte von Höflichkeit und Rücksicht umgeben sein und nicht achtlos hingenommen werden. Freundschaft verlangt mehr Zeit, als der arme, geschäftige Mensch gewöhnlich aufbringen kann.“

Konzentrieren Sie sich also nicht so stark auf Ihre materiellen Bedürfnisse, so daß Ihnen für Freundschaften keine Zeit mehr bleibt. Welche materiellen Güter könnten mehr wert sein als ein guter Freund? Widmen Sie Ihren Freundschaften viel Zeit, und Sie werden in wunderbarer Weise belohnt werden!

Im *Reader's Digest* schrieb Vance Packard (*Have You Made Any Friends Lately?* Februar 1960): „Manche Leute behaupten, daß wir am glücklichsten sind, wenn wir beim Aussuchen unserer Freunde ‚bei der eigenen Sorte bleiben'. Menschen, die Scheuklappen dieser Art tragen, werden niemals erfahren, wie aufregend und bereichernd es ist, im Freundeskreis so extrem verschiedene Menschen zu haben wie etwa Grubenarbeiter, Geflügelfarmer, Hausdetektive, Holzfäller, Seeleute oder Restauratoren. Sie werden niemals die Freude begreifen, die man empfindet, wenn man einen interessanten Freund an einem Ort entdeckt, wo man nicht erwartet einen Freund zu finden . . .

Eine andere Belohnung, die aus der Erweiterung Ihres Freundeskreises erwächst, ist die Einsicht, die Sie durch Menschen mit einer anderen Perspektive gewinnen. Eines Tages machte ich eine lange Taxifahrt durch Boston. Ich unterhielt mich mit dem ältlichen, freundlichen Taxifahrer über die verschiedensten Themen, und er erklärte mir spontan: ‚Wissen Sie, ich habe das höchste Glück gefunden. Mein Beruf macht mir viel Freude, und ich lehne mich nicht gegen meine Lebensumstände auf. Ich bin froh, daß ich der bin, der ich bin!'"

Fünf Regeln

1. Seien Sie sich selbst ein Freund! Wenn Sie es nicht sind, können Sie kaum anderen Menschen ein Freund sein. Wenn Sie sich selbst zu niedrig einschätzen, können Sie zwar andere Leute bewundern, aber Ihre Achtung wird mit Neid gemischt sein. Man wird die Unaufrichtigkeit Ihrer Freundschaft spüren und darauf nicht positiv reagieren. Vielleicht bringt man Ihren Nöten und Problemen Mitleid entgegen; Mitleid aber ist kein starkes Fundament für eine Freundschaft.

2. Wenden Sie sich Ihren Mitmenschen zu! Das ist der nächste Schritt. Wenn Sie mit einem flüchtig Bekannten zusammen sind und Ihnen nach einem Gespräch zumute ist, dann äußern Sie sich so ungehemmt wie möglich und wie es der Situation angemessen ist. Sagen Sie sich nicht, Sie seien albern, wenn Sie einen Witz machen, fühlen Sie sich nicht unsicher, weil Sie nervös sind und sich wünschen, daß der andere Sie mag! Tasten Sie vielmehr nach den guten Eigenschaften des anderen und versuchen Sie, diese Eigenschaften anzusprechen; achten Sie darauf, daß Sie in Gedanken nicht zu kritisch sind, denn zu harte Kritik ist der Feind der Freundschaft.

3. *Stellen Sie sich vor, Sie seien der andere!* Diese Vorstellung wird Ihnen helfen. Wenn Sie versuchen, sich den anderen in seiner gesamten Lebenssituation vorzustellen – und zwar so genau, wie Sie nur können –, dann spüren Sie auch seine Nöte; Sie können versuchen, ihnen im Rahmen Ihrer Fähigkeiten und Ihrer Beziehungen zu dem Partner zu begegnen und gerecht zu werden. So können Sie auch seine Reaktionen besser verstehen. Wenn er in bestimmten Punkten empfindlich ist, können Sie es vermeiden, ihm zu nahe zu treten.

4. *Akzeptieren Sie die Individualität des anderen!* Die Menschen sind verschieden; das registriert man besonders dann, wenn sie aufrichtig sind. Versuchen Sie nicht, diese Tatsache zu ändern! Der andere ist nicht Sie; akzeptieren Sie ihn, wie er ist, und auch er wird Sie als den Menschen schätzen, der Sie sind. Es ist ein schwerwiegender Fehler, einen anderen Menschen dazu zwingen zu wollen, vorgefaßte Meinungen zu übernehmen. Wenn Sie zu so anmaßenden Methoden greifen, dann machen Sie sich eher einen Feind als einen Freund.

5. *Weichen Sie den Nöten anderer nicht aus!* Leider gelten die Gedanken der meisten Menschen nur ihren eigenen Nöten und Bedürfnissen – und jenseits dieses Bereichs hören sie zu denken auf. Bemühen Sie sich gerade deshalb intensiv um Anteilnahme, und Sie werden ein geschätzter Freund sein. Viele Menschen sprechen nur *zu* ihren Mitmenschen; sie halten Vorträge, und ihre Gesprächspartner sind lediglich Zuhörer. Tun Sie das niemals einem Freund an – sprechen Sie *mit* ihm!

7. praktische Übung: Ihre Selbstauffassung im Umgang mit anderen Menschen

Ich habe Ihnen einige Ratschläge gegeben, mit deren Hilfe Sie Freunde gewinnen können, und wenn Sie diese Ratschläge wirksam anwenden, wird in Ihre Beziehungen zur Umwelt neues Leben geraten – ein Leben, das Sie begeistern wird.

Der wesentliche Faktor ist Ihre Selbstauffassung. Wenn Sie mit anderen Menschen zusammen sind, beeinflußt Ihre eigene Selbstauffassung auch Ihre Meinung von den anderen und die Haltung, die Sie dem Partner gegenüber an den Tag legen. Das ist unvermeidlich.

Wenn Sie glauben, daß Sie von Grund auf wertlos seien, werden Sie Ihr Denken vielfach verzerren.

1. Sie werden sich in ein schützendes Schneckenhaus verkriechen (um sich vor sich selbst zu schützen) und so jede spontane Handlung unterdrücken und über die Spontaneität anderer die Stirn runzeln.

2. Sie werden in beißend kritischen Gedanken über andere Menschen schwelgen; damit richten Sie zwar Ihr eigenes schwaches Ich auf, zerstören jedoch jede Chance einer freundschaftlichen Beziehung.

3. Sie werden extrem geschwätzig, da Sie den verzweifelten Versuch machen, zu beweisen, daß Sie nicht wertlos seien (ein Urteil, das Sie dennoch bereits über sich selbst gefällt haben).

4. Sie werden in anderen Menschen immer Konkurrenten sehen und versuchen, sie zu übertrumpfen und einen höheren Status zu erreichen als sie.

Ich bin sicher, daß Sie in diesen Skizzen bestimmte Menschen wiedererkennen, die sich anderen gegenüber so verhalten und die es Ihnen schwermachen, freundschaftliche Beziehungen mit ihnen herzustellen. Vielleicht erkennen Sie sich auch selbst in der einen oder anderen Verhaltensweise wieder. Wenn dem so ist, wird es Zeit, daß Sie Ihre Selbstauffassung stärken, um im Zusammensein mit anderen Menschen freundliche und freundschaftliche Beziehungen zwanglos anknüpfen zu können – ohne zugleich anderen etwas zu nehmen.

Unterziehen Sie sich nun der folgenden praktischen Übung:

Sagen Sie sich, daß Sie nach Gottes Bild geschaffen worden sind, daß Er Sie geschaffen hat, Ihren Nächsten zu lieben und in Frieden mit ihm zu leben. Sie sind als warmherziger und gütiger Mensch geschaffen worden, und diese Eigenschaften sind in Ihnen – auch wenn sie vielleicht noch nicht offen zutage treten.

Erinnern Sie sich an die Unkompliziertheit Ihrer Freundschaften in der Kindheit. Stellen Sie sich, so gut Sie es noch können, in jeder Einzelheit die Dinge vor, die Sie als Kind mit Ihren Freunden getan haben, denken Sie an die Dinge und Freuden, die Sie mit ihnen geteilt haben. Vergegenwärtigen Sie sich die schönsten Augenblicke dieser frühen Freundschaften, stellen Sie sich die schönsten Ereignisse vor. Entwickeln Sie wieder das Gefühl, spontan und impulsiv zu sein, um die Lasten des zivilisierten Lebens abwerfen zu können.

Konzentrieren Sie sich auf die Empfindungen der Liebe, die Sie verschiedenen Menschen im Lauf Ihres Lebens entgegengebracht haben. Vergessen Sie allen Haß und Ihre Enttäuschungen! Fangen Sie noch einmal an und beleben Sie die Gefühle der Dankbarkeit, die Sie empfanden, als Ihre Mutter etwas besonders Nettes für Sie tat oder Ihr Vater sich Ihnen gegenüber besonders aufmerksam zeigte. Sonnen Sie sich im warmen Licht vergangener Geburtstage, an denen Sie verwöhnt wurden, denken Sie an die Geheimnisse, die Sie mit vertrauten Freunden teilten. Wenn Ihr Leben hart gewesen ist, konzentrieren Sie sich dennoch auf die (vereinzelten) Fälle, in denen Sie anderen Menschen aufrichtig dankbar waren. Halten Sie Ihre Fähigkeit zum Lieben lebendig – so wie Sie ein Feuer hüten würden, das Sie wärmen soll; denn das Gefühl der Liebe belebt Ihre Selbstauffassung. Ohne dieses beflügelnde Gefühl der Liebe im menschlichen Herzen ist das Leben unvollkommen.

Beseitigen Sie alle psychischen Narben aus Ihrem Geist. Wir alle tragen solche Narben; aber wer an ihnen festhält, untergräbt seine Chance, in das Leben seiner Mitmenschen hineinzuwachsen. Wenn Sie also ein Mensch sind, der seinen Groll hegt und pflegt, können Sie – wie Sie zugeben werden – von sich selbst nicht besonders viel halten.

Akzeptieren Sie Ihre Unvollkommenheiten. Wenn Sie von sich selbst zuviel erwarten, wird Ihre Selbstauffassung im Umgang mit anderen Menschen nur schwach sein können. Sie werden immer einen Blick über die Schulter werfen, um festzustellen, ob jemand diesen oder jenen Fehler, den Sie gemacht haben, bemerkt hat. Außerdem werden Sie von anderen immer erwarten, daß sie Ihren unmöglichen Maßstäben entsprechen; Ihre Mitmenschen jedoch werden spüren, daß sie Ihnen als nicht akzeptabel erscheinen. Wenn Sie sich jedoch erst einmal selbst als den Menschen akzeptiert haben, der Sie sind, wird es Ihnen leichtfallen, anderen Ihre Freundschaft zu schenken: Sie werden eine der schönsten Erfahrungen machen, die das Leben bereithält.

Einige von Ihnen haben vielleicht nur wenige Freunde in ihrem Leben gehabt und meinen daher, sie seien nicht liebenswert. Das ist nicht richtig; Ihr einziges Problem liegt darin, daß Sie sich selbst gegenüber nicht fair gewesen sind. In jedem Menschen gibt es etwas Liebenswertes – es muß nur freigelegt werden. Ihren Stolz auf sich selbst und Ihre Liebenswürdigkeit zu anderen Menschen müssen Sie selbst entwickeln. Es ist unwichtig, ob es zunächst schwierig ist – Hauptsache ist, daß Sie es schaffen.

Wiederholen Sie diese praktische Übung, sooft Sie können, und Sie werden bald das Format haben, um in der Welt Ihrer Mitmenschen den Ihnen gemäßen Platz einzunehmen.

14. Kapitel

Innerer Frieden in einer unruhigen Welt

Wenn Sie morgens nach dem Frühstück zur Tageszeitung greifen, fällt Ihr Blick als erstes auf die Schlagzeilen, die Ihnen die Bedrohungen unserer Zeit entgegenschreien: Atomwaffen, politische Drohungen, korrupte Regierungen, Gewaltverbrechen.

„Das", so werden Sie vielleicht sagen, „beweist ja nur, daß man sich in dieser Welt nicht entspannen kann. Überall Unruhen und Schwierigkeiten, die einem einfach über den Kopf wachsen."

Sie irren sich. Sie können sich entspannen. Sie können zu innerem Frieden finden – auch wenn Ihre Mitmenschen vor Angst und Sorge zittern.

Spannungen sind nichts Neues. Die Welt hat im Lauf der Geschichte zahllose unruhige Perioden erlebt. Kämpfe sind seit den griechischen und römischen Kriegen der Antike, über die grausamen Ereignisse etwa der Französischen Revolution, bis zu den Weltkriegen des 20. Jahrhunderts stets Teil der Entwicklung der Zivilisation gewesen. Die industrielle Revolution zum Beispiel brachte zusätzliche beunruhigende Veränderungen, und keine Periode der amerikanischen Geschichte war chaotischer und sinnloser als die Ära des Bürgerkrieges in der Mitte des vorigen Jahrhunderts, des Krieges, der die Amerikaner zwang, sich gegenseitig zu töten. Es gab Soldaten, die sich damals verpflichtet sahen, sogar persönliche Freunde aus Friedenszeiten zu töten.

Nein, Spannungen und Katastrophen sind nicht Krankheiten, denen einzig der Mensch des 20. Jahrhunderts ausgeliefert ist. Es hat immer ernste Krisen gegeben, die das Leben verdunkelten. Sie können es jedoch lernen, mit diesen Belastungen zu leben und in dieser chaotischen Welt Erfolg zu haben. Das Leben lohnt sich nicht, wenn es Ihnen nicht gelingt, ein Gefühl der Ruhe zu entwickeln. Sie *müssen* Ihre Seele ausruhen lassen und in ruhiger Gelassenheit atmen können.

Der griechische Philosoph Platon schrieb: „In den Angelegenheiten der Menschen ist nichts großer Sorgen wert."

Im 3. Kapitel habe ich Ihnen bereits einige Hinweise gegeben, wie Sie sich entspannen können; dieses Thema aber – die Entspannung – ist in unseren Zeiten extremer Belastungen so überaus wichtig, daß ich auch dieses Kapitel diesem wesentlichen Gebiet widmen will.

Sie können lernen, ruhiger zu werden

Vor allem müssen Sie davon überzeugt sein, daß der Zustand innerer Ruhe ein realisierbares Ziel ist. Das ist nicht so leicht, wie es sich anhört; wenn Sie daran gewöhnt sind, ständig unruhige, nervöse, Ihnen zusetzende Leute um sich zu haben, können Sie leicht zu der Überzeugung gelangen, daß innere Ruhe ein kaum erreichbarer Zustand ist.

Zeitschriften und Zeitungen berichten immer wieder von der inneren Unruhe der heutigen Teenager, von der Explosivität ihrer Spannungen.

Prominente Sozialwissenschaftler weisen ständig auf die abnormen Ängste hin, die das tägliche Leben des modernen Menschen belasten.

Philosophen, Psychiater und Theologen sind sich darin einig, daß dem Gros der Menschen innere Ruhe fehlt und daß ihr Leben in hohem Maße von widerstrebenden Emotionen bestimmt und von Ressentiments beeinträchtigt wird.

Millionen Menschen quälen sich selbst mit Angst. In ihrer Unentschlossenheit und Ängstlichkeit vermögen sie weder ihre Gefühle noch ihre Unzulänglichkeiten zu akzeptieren. Es fällt ihnen ungemein schwer, eindeutige Entschlüsse zu fassen, und sie fühlen sich schuldig an dem, was sie als Fehler ihres Lebens betrachten. Sie handeln zu impulsiv – oder sie haben Angst, überhaupt zu handeln. Angst wird auf diese Weise zur bestimmenden Lebenshaltung. Phobien und Neurosen setzen sich in ihnen fest, und so bleibt für das Gefühl des Selbstvertrauens und der Zuversicht kein Raum mehr. Ich kenne Menschen, die seit Jahren keine Woche der unbeschwerten Ruhe mehr gekannt haben.

Sind dies nur weitere Beweise dafür, daß innere Ruhe für Sie unerreichbar ist? Nein – ich erwähne diese traurigen Tatsachen nur, um Ihnen noch einmal zu zeigen, daß Sie mit Ihren Ängsten nicht allein sind. Die Voraussetzungen unseres Lebens begünstigen ganz allgemein das Gefühl der Angst. Darum müssen Sie sich in Ihrem Streben nach innerer Ruhe zunächst Ihre Angstgefühle vergegenwärtigen, ohne sich selbst mit Vorwürfen zu quälen. Je überzeugter Sie sich selbst akzeptieren, desto besser können Sie mit sich selbst, mit Ihren Schwächen Frieden schließen, desto leichter können Sie das Ziel innerer Ruhe erreichen.

Hilfen zur Entspannung

Wenden Sie sich zunächst Beschäftigungen zu, die Sie befriedigen. Das ist natürlich individuell verschieden. Es gibt Hobbies, die manchen Leuten die notwendige innere Ruhe geben, die jedoch andere nur langweilen.

Eine alte Dame, eine Freundin meiner Familie, die vor einigen Jahren gestorben ist, erzählte mir einmal, daß sie immer die Bibel lese, sobald sie sich nervös fühle. Das beruhige ihre Nerven. Sie setze sich dann lediglich in den Schaukelstuhl und lese.

Einer meiner Freunde, wie ich selbst Arzt, beruhigt abends seine von den Belastungen der Praxis angespannten Nerven durch Klavierspiel. Bevorzugt spielt er Chopin und Gershwin. Gelegentlich besuche ich ihn abends in seiner Wohnung, zünde mir eine Zigarre an und entspanne mich wie er, während seine Finger gewandt über die Tasten gleiten.

„Ich weiß nicht, warum es so ist", sagte er eines Abends zu mir, „aber wenn ich Klavier spiele, entspanne ich mich und vergesse alle Belastungen, denen ich sonst ausgesetzt bin. Ich fühle mich dabei ganz einfach wohl. Ich höre auf, über meine Patienten nachzudenken, die Schmerzen leiden, ich vergesse die Kranken, die an unheilbaren Krankheiten leiden ... Vielleicht ist das herzlos von mir."

„Nein", sagte ich. „Du *mußt* dich entspannen und sogar deine erschütterndsten Fälle vergessen – sonst kannst du kein guter Arzt sein, könntest auch denen nicht helfen, die du heilen kannst. Das Klavier schenkt dir Frieden – nimm dieses Geschenk an!"

Auch für Sie gibt es ein Mittel, eine Beschäftigung, die Sie von Spannungen befreit. Finden Sie heraus, was es ist – und dann ziehen Sie Ihren Nutzen aus seiner wohltuenden Wirkung.

Sie können Ihrer Sorgen Herr werden

Unterwerfen Sie sich Ihren Sorgen? Wenn Sie das tun, so fragen Sie sich einmal folgendes: Sind Sie mit Sklaverei einverstanden?

Ich scherze nicht. Wenn Ihr Geist von einem sorgenvollen Gedanken zum anderen wandert, ist er wahrlich versklavt. Sie sind kein freier Mensch.

Vermutlich werden Sie mir antworten: „Aber es gibt so viele Dinge, um die man sich Sorgen machen muß."

Sie brauchen Ihre Sorgen nicht zu spezifizieren – ich verstehe Ihren Standpunkt. Aber dieser Einwand beweist nur, daß Sie die wunderbare Kraft Ihres Geistes falsch anwenden.

Floyd und Eve Corbin schreiben in ihrem Buch *How to Relax in a Busy World* (Prentice Hall, 1962):

„Wenn Sie die Gewohnheit haben, negativen Gedanken – wie Eifersucht, Neid, Groll und Selbstmitleid – in sich Raum zu geben, stellen Sie sich diese Gedanken nun als Eindringlinge in Ihrem Geist vor. Dazu paßt das alte chinesische Sprichwort: ‚Du kannst die Vögel nicht daran hindern, über deinen Kopf zu fliegen, aber du brauchst sie nicht in deinem Haar nisten zu lassen.‘

Stellen Sie sich Ihren Sorgen und werden Sie sich über sie klar. Vertrauen Sie sich Gott an. Versuchen Sie, die Situation, die sie verursacht hat, zu ändern. Infizieren Sie nicht Ihre Freunde und Ihre Familie mit Ihren Sorgen."

Das ist ein guter Rat. Die Sorge ist wohl eine der zersetzendsten Geißeln, die die Menschheit kennt; wenn sie Ihren Geist besiegt, werden Ihre Tage elend sein, Ihre Nächte unerträglich. Selbst das schlimmste Unglück, das Sie ereilen kann, ist nicht schlimmer als ein mit Sorgen beladenes Gemüt.

Der große Philosoph Sören Kierkegaard schreibt über die Angst:

„Auch der mächtigste Inquisitor verfügt nicht über so schreckliche Foltern, wie sie die Angst bereiten kann, und kein Spion kennt listigere Methoden, den Mann anzugreifen, den er verdächtigt, wobei er sich den Augenblick aussucht, in dem er am schwächsten ist; er kennt auch die Fallen nicht, die die Angst stellen kann, in denen der Mensch gefangen und festgehalten wird, und kein noch so scharfsinniger Richter kann den Angeklagten so vernehmen und verhören wie die Angst, die den Menschen nicht entkommen läßt..."

Die folgenden Ratschläge werden Ihnen helfen, Ihrer Ängste Herr zu werden:

1. *Setzen Sie sich sachlich mit Ihren Sorgen auseinander.* Besprechen Sie Ihre Sorgen mit Freunden, ohne Einzelheiten zu verschweigen, über die man lachen könnte. Je rückhaltloser Sie Ihre Ängste ausdrücken, desto weniger bedrohlich werden sie Ihnen erscheinen und desto schneller werden Sie sie vergessen.

2. *Suchen Sie Lösungen für Ihre Probleme.* Wenn Sie das Gefühl haben, Ihr Bestes getan zu haben, um ein Problem zu lösen, auch wenn Sie keine eindeutige Antwort gefunden haben, werden Sie mit sich selbst zufriedener sein und sich eher das Privileg der Entspannung gönnen.

3. *Geben Sie Ihren Gedanken eine schöpferische Richtung.* Wenn Sie Ihr Bestes getan haben, einer Sorge Herr zu werden, wird das weitere Grübeln über Ihr Problem zu nichts führen. Nutzen Sie vielmehr Ihre Vorstellungskraft positiv, stellen Sie sich glücklichere Situationen vor, oder unternehmen Sie etwas, das Ihnen Freude macht.

Befreien Sie sich von anormalen Reaktionen

Wir alle haben unsere Achillesferse, einen Sektor, auf dem wir uns verletzlich fühlen. Manche Leute fürchten sich vorm Fliegen, fühlen sich jedoch hinter dem Steuer ihres Wagens vollkommen sicher. Bei anderen wieder ist es genau umgekehrt. Andere fürchten weder Flugzeug noch Auto, scheuen es aber, eine stark befahrene Straße zu Fuß zu überqueren.

Solche unangemessenen Reaktionen können, wenn Sie sie nicht unter Kontrolle haben, Ihre innere Ruhe bedrohen. Sie können Ihr Denken von den realen Umständen ablenken und es so verzerren, daß es keine Beziehung mehr zur Wirklichkeit hat.

In seinem Buch *How to Master Your Fears* führt Dr. Peter Steincrohn ein typisches Beispiel für eine unangemessene Reaktion an: „Es war im Jahr 1929. Mr. Smith besaß vor dem Börsenkrach am Schwarzen Freitag ein Vermögen von einer Million Dollar. Einen Monat später verfügte er nur noch über hunderttausend Dollar. Was tat er? Wir haben von zahlreichen Mr. Smiths gehört, die zu jener Zeit aus Hotelfenstern sprangen. Aber der Durchschnittsbürger sagte sich: ‚Was für ein Unsinn, mit hunderttausend Dollar in der Tasche aus dem Fenster zu springen! Ich habe auf meinem Konto keinen roten Heller mehr, aber ich denke doch nicht dran, aus dem Fenster zu springen!' Das ist ein Beispiel für das, was wir die normale und anormale Reaktion auf schwierige Situationen nennen."

Wie können Sie sich nun von vergleichbar anormalen Reaktionen lösen, die Ihre innere Ruhe stören und Sie in schwierige Situationen bringen? Sprechen Sie sich mit zwei oder drei guten Freunden darüber aus, erklären Sie ihnen Ihre Reaktionen. In den meisten Fällen werden sie in der Lage sein, die Wirklichkeit objektiver zu sehen als Sie und Ihnen dadurch zu helfen – so daß Ihr Gleichgewicht wiederhergestellt wird und Sie dem Leben gelassen ins Auge sehen können.

Verschieben Sie Ihre Antwort!

Gelegentlich wissen Sie sich nicht zu helfen, und eine Welle des Zorns steigt in Ihnen hoch und droht die Ruhe zu zerstören, die Sie sich so mühevoll erworben haben. In solchen Augenblicken warten Sie mit Ihrer Antwort, halten Sie sie zurück und zählen Sie bis zwölf.

Nehmen wir an, Ihre Finanzlage ist ziemlich angespannt. Jede unvorhergesehene Ausgabe bedroht Ihr Gefühl der Sicherheit. Daher reagieren Sie auf diesem Gebiet äußerst empfindlich, so daß Unannehmlichkeiten dieser Art Sie in einen Ärger versetzen, der größer ist, als er es – bei objektiver Betrachtung – sein dürfte.

Sie sitzen nach dem Abendessen gemütlich in Ihrem Lieblingssessel, rauchen Ihre Pfeife und lesen die Zeitung. Sogar von der Zeitungslektüre sind Sie angenehm berührt, denn Sie haben gerade gelesen, daß die Einkommensteuer gesenkt werden soll. Die schöne Musik im Radio wird ausnahmsweise einmal nicht von Werbung unterbrochen. Außerdem hat Ihr zehnjähriger Sohn heute ein gutes Zeugnis mit nach Hause gebracht. Sie sitzen also einfach da und geben sich angenehmen Vorstellungen hin.

Und nun sagt Ihre Frau, daß das Linoleum in der Küche völlig abgetreten und das Fernsehbild seit einigen Tagen ganz verschwommen sei. Bei dem Gedanken an die zusätzlichen Ausgaben, die Ihnen dadurch verursacht werden, sind Sie zwar etwas verärgert, aber keineswegs wütend. Jetzt aber erinnert Ihre Frau Sie daran, daß die letzte Zahnarztrechnung noch immer nicht bezahlt ist. Nun ballt sich Ihr Ärger zusammen, und Sie wissen, daß Sie ihn nicht länger zurückhalten können.

Das ist der Augenblick, in dem Sie anfangen sollten, langsam zu zählen: „Eins... zwei... drei..." Wenn Sie bei zwölf angekommen sind, sind Sie zwar immer noch gereizt, aber Ihr Zorn ist bereits gebändigt, und Sie können Ihre Handlungsweise besser kontrollieren.

Eine solche Verzögerung der Reaktionen kann Sie davor bewahren, aufbrausendem Jähzorn nachzugeben. Sie sind wieder in der Lage, vernünftig zu denken und Ihre Kräfte positiv einzusetzen. Sie können nun wieder Ihre Pfeife genießen und sich die angenehmeren Dinge vorstellen, die auf Sie warten, wenn Sie die Rechnungen bezahlt haben.

Eine Zuflucht in Ihrem Geist

Hatten Sie nicht als Kind auch ein „Lieblingszimmer", in das Sie sich besonders dann zurückzogen, wenn Sie mit sich und der Welt zerfallen waren? Vielleicht war es gemütlich möbliert, auf den Sesseln lagen weiche Kissen und auf dem Fußboden schöne Teppiche. Hier verwahrten Sie vielleicht auch Ihre liebsten Besitztümer...

Und so etwas brauchen wir alle – einen heiteren Raum in unserem Inneren, eine Zuflucht, in der wir unsere Wunden pflegen können, wenn die Belastungen des Lebens unerträglich werden. In der Abgeschiedenheit dieses friedlichen Raumes vom schnellen Tempo des Lebens können wir uns erholen und uns für den neuen Tag stärken. In diesem kleinen geistigen Zufluchtsort können Sie mit sich selbst Frieden schließen, Ihre Unsicherheit erkennen und überwinden, können Sie sich Ihren schönsten Erinnerungen hingeben, neue Ziele setzen und sich eine Zukunft voller Leben, Zuversicht und Hoffnungen vorstellen, eine Zukunft, die frei ist von Groll und Sorgen.

Wie Sie es beim Lesen dieses Buches verschiedentlich getan haben, können Sie sich eine Bühne schaffen, auf der Sie lebenswahre Dramen inszenieren, die Ihnen beim Aufbau einer neuen Selbstauffassung helfen werden: einer Selbstauffassung, die stark genug ist, Ihrem Leben einen guten Verlauf zu garantieren.

Machen Sie täglich Urlaub

Noch zu Beginn unseres Jahrhunderts war es durchaus nicht ungewöhnlich, sechzig, siebzig oder gar achtzig Stunden in der Woche zu arbeiten. Heute arbeitet man in der Regel vierzig bis fünfundvierzig Stunden in der Woche, und der Samstag ist ein arbeitsfreier Tag. Jährlich stehen dem Arbeitnehmer mindestens vierzehn Tage Urlaub zu.

Dennoch fühlen sich viele Menschen heute ständig angespannt durch die Belastungen, denen sie sich ausgesetzt *glauben*. Tatsächlich scheint die Länge der Arbeitswoche nur eine begrenzte Bedeutung für unsere Fähigkeit zur Entspannung zu haben.

Wichtig ist es deshalb, daß Sie *bewußt* Urlaub machen, und zwar *jeden Tag*. Ziehen Sie sich jeden Tag in diese innere Freiheit zurück, die Ihr geistiger Zufluchtsort Ihnen gewährt.

Schon immer galten die Vögel als Symbole der Freiheit, und Dichter haben sie um ihre Fähigkeit beneidet, sich über die Beschränkungen der irdischen Existenz zu erheben, wenn sie zum Himmel aufsteigen.

In dieser ruhigen Sphäre Ihres Geistes, in dem erhebenden Bereich Ihrer Phantasie können Sie ein vergleichbares Gefühl der Freiheit erlangen. Sie können vorübergehend die Fesseln der Zivilisation abstreifen, Ihre Anschauungen revidieren und mit neuer Kraft in die Wirklichkeit zurückkehren.

Sie können diesen herrlichen Urlaub machen, wenn Ihre Phantasie Ihr Freund ist, wenn Ihre Selbstauffassung so gesund ist, daß Sie sich diesen Luxus leisten können.

Morgen, morgen, nur nicht heute ...

Mit meinen Hinweisen auf diese Art von Entspannung will ich Ihnen freilich weder zu Nachlässigkeit noch zu Bequemlichkeit raten. Es gibt in Spanien eine Mentalität, deren Grundsatz es ist, alle Dinge unerledigt auf morgen zu verschieben; ihr Slogan ist „mañana", und „mañana" bedeutet: morgen. Wenn man sich dieser Mentalität anschließt, verpflichtet man sich, den Dingen zunächst einmal ihren Lauf zu lassen. Diesem Grundsatz, der das Versagen in sich birgt, folgen zahllose Menschen in aller Welt.

Natürlich will ich damit nicht sagen, daß ich nicht an den Sinn und die Kunst der Muße glaube, der Muße, die freilich etwas ganz anderes bedeutet als nachlässiges Verschieben wichtiger Dinge. Gerade faule, nachlässige Menschen beherrschen diese Kunst am allerwenigsten, denn die Muße ist der Lohn der Arbeit, der Körper und Geist erquickt, damit die Forderungen des kommenden Tages erfüllt werden können. Thoreau drückt es so aus: „Wahre Muße erlebt der, der die Zeit hat, den Bereich seiner Seele zu erschließen."

Der Mensch aber, der alle Dinge auf morgen verschiebt, hat keine Zeit, irgend etwas zu erschließen, und diese Sinnlosigkeit ist gleichbedeutend mit Leere.

Das Prinzip „Morgen, morgen, nur nicht heute…" steht für eine negative Philosophie des Versagens, denn letztlich weiß kein Mensch, was morgen sein wird. Wenn wir meinen, das Morgen bringe einen utopischen Zustand, der die Dinge von aller Kompliziertheit befreit, so huldigen wir reinem Wunschdenken. Wir haben jedoch die Möglichkeit, für morgen vernünftig zu planen, nach Wegen zu suchen, uns zu bessern, statt uns Methoden zu unterwerfen, die uns auf der Stelle treten lassen und uns in ein Vakuum führen.

Darum müssen wir täglich danach streben, der Versuchung, die Dinge auf morgen zu verschieben, zu entrinnen. Wir müssen dem tyrannischen Zugriff von Angst, Sorge und Haß entrinnen, der uns dazu verführt, zu sagen: „Darum kümmere ich mich morgen."

Sagen Sie sich vielmehr jeden Tag: „Morgen habe ich viel wichtigere Dinge zu tun." Nehmen Sie sich vor: „Morgen will ich besser und anderen und mir selbst gegenüber aufrichtiger sein."

Noch wichtiger ist es für Sie jedoch, das Morgen zunächst einmal auszuklammern: Fangen Sie schon *heute* damit an, besser zu werden – und zwar *jetzt!*

Haben Sie keine Angst vor „Eskapismus"!

Einige Leute runzeln bei dem Wort „Eskapismus" die Stirn und sagen: „Flucht vor der Wirklichkeit ist Feigheit! Bieten Sie der Wirklichkeit die Stirn!"

Um ein glückliches Leben zu führen, müssen Sie sich mit der Realität auseinandersetzen – alles andere wäre Flucht und Mißbrauch Ihrer schöpferischen Kräfte. Aber es ist ein verhängnisvoller Irrtum, wenn man meint, dies gelte für 24 Stunden am Tag! Wenn Sie sich selbst so entsetzlich ernst nehmen, werden Sie immer angespannt sein.

Sie können Ihre Probleme wesentlich einfacher lösen, wenn Sie die Fähigkeit entwickelt haben, sich zu entspannen und sich mit erquickendem Schlaf neu zu beleben. Manchmal kann es einem sehr beschäftigten, erfolgreichen Menschen eine große Hilfe sein, wenn er „all dem entfliehen" kann. Haben Sie keine Angst zu „entfliehen", und halten Sie eine solche „Flucht" nicht für Zeitverschwendung!

Ganz gewiß will ich Sie nicht zu schädigenden, selbstzerstörerischen Praktiken der Wirklichkeitsflucht verführen. Vielmehr empfehle ich Ihnen eine ganz gesunde, positive Möglichkeit, starken Belastungen zeitweilig zu entrinnen – und zwar in den friedlichen Bereich Ihres Geistes, in die heilende Ruhe der Natur, in berauschende Bereicherungen, wie sie Reiseerlebnisse bieten, in die tröstende Zärtlichkeit der Musik.

Diese und andere Möglichkeiten, den Belastungen des Alltags vorübergehend zu entfliehen, erfrischen Ihre Seele und können Ihnen – richtig dosiert – nicht schaden. Sie werden Ihnen eine Erquickung schenken, die Sie dazu bereit machen wird, in unserer schnellebigen Zeit vernünftig zu leben und zu handeln.

Die Friedlichkeit der Natur

Im Jahre 1798 schrieb der große englische Dichter William Wordsworth diese schönen Verse:

> „ ... und wieder hör ich
> Die Wasser von den Bergesquellen mit
> Sanftem Murmeln talwärts rauschen. – Wieder
> Erblick ich jene Klippen, steil und stolz,
> Die einer wilden, abgeschiednen Welt
> Die Ahnung tiefrer Einsamkeit verleihn,
> Ein Band der Landschaft mit des Himmels Ruh."

Diese Worte feiern die beruhigende Wirkung der Natur, den Trost, den sie dem verängstigten Menschen schenken kann. Sie singen vom Trost, den wir in der Unendlichkeit der Natur finden können.

Heute hat die ständig zunehmende Industrialisierung der Landschaft ihren Stempel aufgedrückt, aber dennoch gibt es überall in der Welt immer noch große Gebiete kaum berührter Natur, die uns zu unserer Entspannung offenstehen. Naturverbundenheit kann heilend auf den Menschen wirken, und ich kenne viele Leute, die am Freitagabend müde und abgespannt aufs Land hinausfahren und am Sonntagabend ausgeglichen und mit wachen Augen wieder in die Stadt zurückkehren – bereit für eine neue Woche schöpferischer Arbeit.

Zwar können wir uns nicht immer sofort aufs Land flüchten, wenn wir uns dieses Eingespanntseins in den täglichen Trott bewußt werden, aber es steht uns doch frei, uns in die Ruhe unseres Geistes zurückzuziehen und uns die beruhigenden Schönheiten der Natur vorzustellen, die wir früher einmal gesehen haben. Diese stillen besänftigenden Bilder können uns helfen, uns zu entspannen.

Wechseln Sie Ihre Umgebung

Ein Wechsel der Umgebung wird Ihnen mitunter guttun – das zumindest ist der Grund für die Reiselust vieler Menschen. Neue Szenerien, neue Bilder schenken Ihrem Geist Erfrischung – vergleichbar dem neuen Vergnügen, mit dem Sie essen, wenn Ihnen ein unbekanntes, köstliches Gericht vorgesetzt wird.

Reisen können jedoch auch dazu beitragen, Ihre Probleme zu lösen. Nehmen wir an, Sie haben eine schwierige Entscheidung zu treffen. Sie wägen unausgesetzt das Für und Wider gegeneinander ab, aber je mehr Sie darüber nachdenken, desto unentschlossener werden Sie, und Sie sind schließlich von einem eindeutigen Entschluß weiter entfernt, als Sie es zu Beginn Ihrer Erwägungen waren. In solchen Situationen kann Ihnen weiteres Grübeln nur schaden. Es ist dann notwendig, daß Sie sich von Ihrem Problem freimachen; Sie brauchen Entspannung, bevor Ihr Geist bereit ist, dieses Problem endgültig zu lösen. Ein Wochenendausflug, ein paar Tage in fremder Umgebung, interessante Dinge, die Ihnen begegnen, und keine drängenden Pflichten – dieses Rezept kann Sie in einen Zustand versetzen, der Sie nach einigen Tagen eine vernünftige Entscheidung treffen läßt.

Trost in der Musik

Ein weiteres Beruhigungsmittel für den Geist ist die Musik. Gute Musik ist für jedermann erreichbar, und obwohl ihre Wirkung unvergleichlich wohltuend ist, nutzen nur wenige den Reiz und die Wohltaten dieser wunderbaren Kunst. Der Begriff „Musik" ist mit allem Schönen und Sanften so weitgehend verquickt, daß Shakespeare mit Recht einmal schreiben konnte:

„Der Mann, der nicht Musik hat in ihm selbst,
Den nicht die Eintracht süßer Töne rührt,
Taugt zu Verrat, zu Räuberei und Tücken ..."

Gerade in den letzten Jahren haben Psychologen wiederholt auf die beruhigenden Wirkungen der Musik hingewiesen. Untersuchungen in Industriekonzernen haben bewiesen, daß Musik sowohl die Leistungskraft als auch die Zufriedenheit des arbeitenden Personals steigert. Untersuchungen psychisch gestörter Menschen haben ergeben, daß Musik einen unbestreitbar beruhigenden Effekt ausübt.

In Restaurants ist es heute fast allgemein üblich, die Gäste mit beruhigender Musik zu berieseln, damit sie ihre Mahlzeiten um so entspannter genießen können, und in New York gibt es bereits Wolkenkratzer, deren Fahrstühle ständig von sanften Melodien erfüllt sind, die das gehetzte Großstadtpublikum beim Hinauf- und Herunterfahren beruhigen sollen.

Einer der größten Komponisten aller Zeiten, Ludwig van Beethoven, war bereits taub, als er noch eine Reihe seiner Meisterwerke schrieb; seine Liebe zur Musik, sein musikalisches Empfinden war so groß, daß er die Töne in sich vernehmen konnte.

Sie jedoch brauchen nur das Radio einzuschalten oder eine Platte auf den Plattenspieler zu legen. Seien Sie nicht nachlässig, wenn es darum geht, sich eine Stunde besänftigender Ruhe und Entspannung zu gönnen!

Wie Sie innere Ruhe finden können

„Aber zuerst will ich – und das ist das eigentliche Ziel all dieser anderen Wünsche – in Einklang mit mir selbst sein. Ich wünsche mir einen klaren Blick, reine Ziele, einen festen Mittelpunkt für mein Leben, die es mir ermöglichen, jene Verpflichtungen und Aufgaben zu erfüllen, so gut ich kann. Ich möchte – um es mit einem theologischen Begriff auszudrücken – ‚im Stand der Gnade' leben, soweit mir das überhaupt möglich ist. Ich gebrauche diesen Begriff nicht im streng theologischen Sinn. Unter Gnade verstehe ich eine innere, im wesentlichen geistige Harmonie, die sich auch in äußere Harmonie verwandeln kann."

Diese schönen Zeilen stammen aus Anne Morrow Lindberghs Buch *Gift From the Sea* (Deutsch: Muscheln in meiner Hand), und sie umschreiben, was die Autorin als Grundhaltung aller Menschen versteht, die nach Glück suchen: „die innere Harmonie", die so vieles bedeutet.

In seinem Buch *Peace of Mind* (Simon & Schuster, 1955) legt Joshua Loth Liebman ähnliche Gedanken dar: „Langsam und unter Schmerzen habe ich gelernt, daß innerer Frieden eine armselige Hütte in eine prachtvolle Schloßhalle verwandeln kann; ohne inneren Frieden aber kann einem Menschen ein königlicher Park zu einer beengenden Nußschale werden.

Die Suche nach diesem ungestörten Frieden ist ewig und universal. Versenkt man sich tief in die Lehren von Buddha, Maimonides oder Thomas a Kempis, wird man erkennen, daß sie ihre voneinander verschiedenen Lehren auf einer großen geistigen Ruhe aufbauen. Analysieren Sie die Gebete der geängsteten, niedergedrückten Menschen aller Glaubensrichtungen und aller Zeiten – und ihr Flehen reduziert sich auf die festen gemeinsamen Nenner des täglichen Brotes und des inneren

Friedens. Ein erwachsener Mensch betet nicht um eitle Nichtigkeiten. Wenn er im Tal des Jammers Herz und Stimme erhebt, bittet er um Kraft, Mut und Einsicht."

In dieser eindringlichen Passage betont Liebman die Wichtigkeit des „inneren Friedens", er nennt ihn ein Lebensziel, das eines jeden Menschen würdig ist. Der Mensch, der diese Fähigkeit erlangt, hat den Schlüssel zum Leben gefunden.

Wie finden *Sie* diesen inneren Frieden? Das hängt ganz von Ihnen ab – und von Ihrer Selbstauffassung.

Wenn Sie sich selbst hassen, sind Sie keines klaren Gedankens fähig, da Sie sich ständig selbst irreführen, ja vor sich selbst davonlaufen – wie sollten Sie da zur Ruhe kommen?

Wenn Sie sich aber selbst als den Menschen akzeptieren, der Sie sind, mit all Ihren menschlichen Schwächen – dann sind Sie bereits auf dem Weg zu innerem Frieden und zum Glück.

Wenn Sie sich selbst in einem günstigen Licht *sehen*, wenn Ihre Selbstauffassung freundlich ist, wenn diese *bildhafte Vorstellung* Ihrer selbst nicht von vorübergehenden Niederlagen erschüttert wird, haben Sie das Ziel erreicht, das nur die Glücklichen erreichen.

Dieses Bild, das Sie sich von sich selbst machen, verleiht Ihnen Kraft. Wenn Sie sich als einen erfolgreichen, liebenswerten Menschen *sehen*, Ihre Unvollkommenheiten ignorieren und dennoch auf dem Boden der Wirklichkeit bleiben, hat Ihre Selbstauffassung die nötige Kraft, Ihnen zu innerer Ruhe zu verhelfen.

Vielleicht wenden Sie ein: „Ich habe mich immer rastlos und angespannt gefühlt. Für mich ist das Leben immer schwer gewesen. Ich habe etliche Schicksalsschläge hinnehmen müssen, und ich habe so viele Sorgen, daß ich nicht mehr weiß, wie ich sie loswerden soll."

Wenn Sie damit sagen wollen, daß es nicht leicht ist, sich zu entspannen, stimme ich Ihnen zu. Auch ich verfüge über kein Rezept, das sofort wirkt und Ihnen von einem Augenblick auf den anderen Entspannung schenkt. Entscheidend ist die Tatsache, daß es keine Rolle spielt, wie *groß* die Anspannung ist, der Sie ausgesetzt sind; unwichtig ist es auch, wie *lange* Sie sich schon so fühlen. Sie *können* inneren Frieden erlangen, und das in vergleichsweise kurzer Zeit.

Sie können – ich komme noch einmal darauf zurück – neue *Wahrheiten* über sich selbst lernen und so die alten Täuschungen ausmerzen, die Sie für Wahrheiten gehalten haben. In Ihnen – wie in jedem Menschen – ist etwas Gutes, das Sie bislang nicht erkannt haben. Ich kann dies nicht oft genug schreiben, denn die Minderwertigkeitsgefühle mancher Menschen sind zu tief verwurzelt.

Kürzlich stieß ich in dem Buch *You Are Never Alone* (Henry Holt & Co., 1956) von Lowell Russell Ditzen auf eine sehr bewegende Passage:

„In der Kindheit begegnet uns zum erstenmal das Gefühl des ‚Alleinseins'. Hilflos und abhängig kommen wir auf die Welt, und die Anpassung an neue Umgebungen und Erfahrungen hört niemals auf – genauso schmerzlich in späteren Jahren wie in unserer Jugend. Und nur selten können wir die Jahre überbrücken und jenen helfen, die gerade erst ihre Reise durchs Leben antreten.

Marguerite Bro erzählt von einem jungen Mädchen, das aus der Fremde an seine Mutter schreibt: ‚Mama, ich bin einsam. Tief in mir bin ich schrecklich jung und schrecklich ängstlich. Ich fühle mich so unsicher und so hilflos.' Diese Worte könnten ebenso von einem achtzigjährigen Menschen wie einem achtjährigen Kind geschrieben sein."

Viele Menschen fühlen sich so – einsam, ängstlich, hilflos. Innerer Friede scheint in weiter Ferne zu liegen. Aber er ist nah. Wenn Sie dieses Kapitel noch einmal lesen, so wie Sie sich den ganzen Inhalt dieses Buches zu eigen machen, wenn Sie die praktischen Übungen immer wieder ausführen, wenn Sie mehr und mehr begreifen, welche Verantwortung Sie sich selbst gegenüber haben, dann werden Sie allmählich anfangen, sich selbst genauer – und freundlicher zu sehen. Sie werden Ihre Selbstauffassung stärken und so inneren Frieden finden.

15. Kapitel

Ein erfülltes Leben in jedem Alter

Im Alter von 65 Jahren – oder bald danach – zieht sich der Mensch in der Regel aus dem Berufsleben zurück. Manche tun es freiwillig und sehen, etwas verschwommen, dem unrealistischen Traum eines behaglichen Lebensabends entgegen. Andere geben die Arbeit, die bei ihnen oft den dynamischen Kontakt zum Leben allein ausmacht, nur gezwungenermaßen auf.

„Ruhestand" ist für viele Menschen eine bedrückende Vorstellung; für sie bedeutet er die Kehrseite des Lebens. Oft verfallen die Menschen schnell, wenn sie sich aus dem Berufsleben zurückgezogen haben. Sie spüren, daß sie nun keine „nützlichen Mitglieder der Gesellschaft" mehr sind, und meinen nun, daß sie auch als Menschen wertlos geworden seien. In ihrer Untätigkeit langweilen sie sich, sie spüren, daß sie nicht mehr zählen. Ihre Selbstauffassung leidet: Sie sehen sich als nutzloses, unwichtiges Nichts. Und so sterben viele von ihnen schon in den ersten Jahren nach ihrer Pensionierung.

Rückzug aus dem Leben

Der Rückzug aus der beruflichen Arbeit verletzt die Selbstachtung vieler Menschen tief; der Rückzug aus dem aktiven Leben und dem zielgerichteten Streben jedoch bringt manche buchstäblich um. Wie entsetzlich, wenn man die letzten Jahre seines Lebens auf einer Parkbank sitzend verbringt und dort auf den Tod wartet! Wie sinnlos ist es aber, den Tod zu fürchten; der Mensch, der ein erfülltes Leben geführt, der jeden Tag genossen hat, akzeptiert den Tod als Teil des göttlichen Lebensplans.

Der Mensch, der sich im Alter von 65 Jahren aus dem Berufsleben zurückzieht, sollte seine berufliche Tätigkeit sofort durch andere Betätigungen ersetzen. Er muß von vornherein planen, wie er seine leeren Tage füllen will, so daß sie noch immer schöpferisch sind. Wenn er schöpferische Begabungen hat oder sie entwickelt, wird sein Lebensabend erfüllt sein, denn er widmet nun seine Zeit all den Dingen, die er sein ganzes Leben lang zu tun vorhatte, für die er jedoch früher keine Zeit fand.

Auch im Alter von 65 Jahren kann sich der Mensch noch Gebiete erschließen, die er vorher nie betreten hat. Es gibt immer neue Welten, die zu erobern sind, neues Leben, das erlebt werden will, neue Wege, die ins Leben und zu anderen Menschen führen.

Daher also: Wenn Sie sich zur Ruhe setzen müssen, planen Sie Ihren Lebensabend. Nicht lustlos und pessimistisch, sondern mit leuchtenden Augen. Entschließen Sie sich, weiterzuleben – denn das Leben ist nicht nur für die Jungen da, sondern auch für alle, die im Herzen jung geblieben sind.

„Ruhestand" als Kehrseite des Lebens?

Wenn Sie sich für immer „zur Ruhe setzen", geben Sie das Leben auf, anstatt in eine weitere Zeitspanne fortgesetzten Wachstums einzutreten. Geben Sie niemals auf!

Nehmen Sie mich selbst: Ich bin seit Jahrzehnten Arzt, aber ich weiß, daß ich früher oder später – ich bin über 60 – nicht mehr werde praktizieren können. Darum habe ich schon vor fünfzehn Jahren angefangen, das Schreiben ernst zu nehmen. So mag ich als Arzt zwar sehr alt sein, als Autor aber bin ich erst fünfzehn Jahre alt! Ich habe mir das Schreiben als neuen Lebensinhalt ausgesucht, um den ungesunden Aspekten des Ruhestandes auszuweichen. Wenn ich an einem Buch arbeite, fühle ich mich jung und voller Begeisterung; ich bemühe mich, beim Schreiben mein Bestes zu geben und immer dazuzulernen. Beim Schreiben fühle ich mich tatsächlich wie damals, als ich ein fünfzehnjähriger Junge war, der sich bemühte, mehr von der Welt zu lernen ...

Jeder von Ihnen ist ein einzigartiges Individuum, ausgestattet mit eigenen Interessen und Begabungen. Vielleicht interessieren Sie sich für Briefmarken, für Bücher, für Musik, vielleicht gärtnern Sie lieber, oder es macht Ihnen Spaß, am eigenen Mikroskop Naturphänomene zu studieren? Vielleicht wollen Sie sich endlich Zeit für Ihre Freunde nehmen, oder Sie erfüllen sich Ihren alten Wunsch und kaufen sich eine Staffelei, Pinsel und Farben? Sie kennen Ihre latenten Begabungen selbst am besten – graben Sie sie aus!

Ich kenne einen Tierarzt, der als Regierungsbeamter arbeitete und nach vierzig Berufsjahren pensioniert wurde. Statt nun Trübsal zu blasen, trat er in einen Diskussionsklub ein, betätigte sich dort aktiv, wurde bald sehr beliebt und übt nun regelmäßig einen sehr besänftigenden Einfluß auf die Diskussionen aus. Obwohl zuvor niemals als öffentlicher Redner aufgetreten, hat er sich nun sehr aktiv einen Bereich erschlossen, der früher ganz außerhalb seiner Sphäre lag.

Ein anderer Mann aus meinem Bekanntenkreis, der schon mit vierzehn Jahren ins Berufsleben eingetreten war und schließlich im Lebensmittelgroßhandel ein Vermögen gemacht hatte, setzte sich im Alter von 65 Jahren zur Ruhe. Er hatte niemals eine richtige Schulbildung erhalten; als reicher Mann wußte er zum Beispiel nicht einmal, was ein Paragraph ist, und er hatte zeit seines Lebens kaum ein Dutzend Bücher gelesen. Deshalb verbrachte er die letzten Jahre seines Lebens gleichsam als „Schuljunge" und verschaffte sich die Bildung, die ihm früher versagt geblieben war.

Bewahren Sie sich Ihre Selbstauffassung!

Wenn Sie – im tiefsten Sinne des Wortes – in den „Ruhestand" gehen, dann nehmen Sie auch Abschied von Ihrer wahren Selbstauffassung. Sie zerstören eine Selbstauffassung, die sich im Lauf Ihres Lebens entwickelt und die Sie getragen hat. Wenn Sie sich im „Ruhestand" ganz aus dem Leben zurückziehen, verbarrikadieren Sie sich gleichsam hinter einer Mauer. So geben Sie sich selbst auf...

Was ich getan habe, können auch Sie tun. Ich bin – wie gesagt – über 60, aber wenn ich schreibe, fühle ich mich jung. Wenn ich mich in das Theater meines Geistes zurückziehe und mich selbst im Spiegel betrachte, sehe ich, daß mein Spiegelbild jung, daß meine Selbstauffassung frisch ist. Zeitweise arbeite ich als Arzt, zeitweilig schreibe ich. Wie groß die Mühsal des Schreibens auch gelegentlich sein mag – für mich hat jeder Tag ein Ziel, etwas, worauf ich mich freue. Damit erhalte ich mir in meinem Alter meine Selbstauffassung.

Mir scheint es gelegentlich wie ein Wunder: Ich habe die Uhr zurückgestellt. Ich bin ein alter Mann und fühle mich dennoch jung, da ich immer noch helle, erfüllte Tage vor mir sehe – so als ob ich die Quelle der Jugend entdeckt hätte. In gewisser Weise, scheint mir, habe ich sie gefunden, und ich bin glücklich, dieses mein Geheimnis mit Ihnen teilen zu können.

Vor allem aber bedenken Sie: Wenn ich es tun kann, können auch Sie es!

Sie sind so jung, wie Sie sich fühlen

Sie sind 65 Jahre alt, und Sie meinen vielleicht, Sie seien alt; auch manche Ihrer Mitmenschen halten Sie für alt – aber Sie sind es nicht! Ich sitze im selben Boot wie Sie, und – wie ich Ihnen bereits gesagt habe – ich bin jung. Ich wache morgens auf und sehe, daß die Sonne scheint. Der Himmel ist blau in meiner Welt – und diese Welt ist *Leben*. Ich nehme ein herzhaftes Frühstück ein – ich schlinge es nicht abwesend hinunter. Ich *esse* und genieße es und plane dabei einen schöpferischen, erfüllten Tag.

Sie, auch Sie, können jung sein, und ich frage nicht nach Ihrem Alter. Es gibt Menschen, die mit 21 Jahren alt sind, weil ihre Selbstauffassung gleichsam ausgetrocknet und leblos ist. Und es gab und gibt Leute, die im Alter von 80 Jahren im Geiste jung geblieben sind – wie etwa Bernard Baruch, Winston Churchill oder Konrad Adenauer.

Oft denken wir uns nur in den Zustand des Alters hinein. Da wir erwarten, in einem bestimmten Alter alt zu werden, bereiten wir uns innerlich schon auf das Altsein vor. Wir schränken unsere physische und geistige Aktivität ein. Wir verlieren die Beweglichkeit unserer Gelenke und büßen die Lebenskraft unseres Geistes ein.

In Wahrheit jedoch befindet sich heute ein Mensch von 65 Jahren in einem mittleren Alter. Der medizinische Fortschritt steigert die Lebenserwartung, und Krankheiten, die heute noch tödlich sind, werden morgen bereits heilbar sein. Darüber hinaus machen die Fortschritte auf dem Gebiet der Sozialversorgung es älteren Menschen möglich, noch viele Jahre bequem und gesichert zu leben.

Wenn Sie also 65 Jahre alt sind, genießen Sie Ihre mittleren Jahre, und wenn Sie 75 sind, genießen Sie Ihr Alter. Nehmen Sie am Leben teil, und fühlen Sie sich jung – gleichgültig, wie alt Sie sind. Geben Sie dem Leben, und es wird Ihnen geben; Sie werden erfahren, daß das Leben gut ist.

Natürlich gibt es Grenzen. Es versteht sich, daß Sie keinen Leistungssport mehr treiben können, wenn Sie über 60 sind. Trotzdem tut Ihnen körperliche Betätigung genauso gut wie in Ihrer Jugend; warum sollten Sie das Spazierengehen oder Schwimmen aufgeben? Halten Sie Ihren Geist wach und Ihren Körper lebendig, und Sie werden sich bis an Ihr Lebensende elastisch fühlen.

Intensiver leben – ein Rezept für Sie

Wenn Sie sich eine starke Erkältung zuziehen, suchen Sie wahrscheinlich einen Arzt auf, der Ihnen ein Medikament verschreibt, um Ihre Genesung zu beschleunigen.

Ich hingegen möchte mein Rezept für Menschen, die das Alter des Ruhestandes erreicht haben und an der Krankheit der Apathie und Lethargie leiden, noch weiter verdeutlichen. Dieses Rezept lautet: Intensiver leben!

Das Geheimnis des Lebens liegt in dem Wissen, daß für den glücklichen Menschen jeder Tag eine vielseitige und reiche Spanne des Lebens ist. Ein Tag muß einen Anfang haben, eine Mitte und ein Ende, und das Ganze muß sich harmonisch ineinanderfügen.

Die Glücklichen sehen jedem Tag mit Vertrauen und der Hoffnung auf die Verwirklichung ihrer Ziele entgegen, die sie sich gesetzt haben. Jeder Tag muß Ziele haben, die mit dem Leben und der Umwelt, in der wir leben, übereinstimmen. Gleichgültig, wie einfach sie sind – sie sind lebenswichtig. Für eine Frau kann es die Betätigung in ihrem Haushalt sein – für einen Mann ein langer Spaziergang.

Lächeln Sie nicht über diese „Ziele", denn wenn die Menschen mit dem Herzen bei dem sind, was sie tun, sind diese Betätigungen wahrhaft wichtig. Denn das Nichtstun, die Langeweile höhlt den Menschen aus, läßt ihn innerlich sterben. Haben Sie zufällig den Film „Marty" gesehen? Er zeigt auf realistische Weise junge Menschen, die dennoch alt sind – da sie tatenlos herumsitzen und ihre Zeit totschlagen.

Der Rückzug aus dem Leben ist gleichsam verbrecherisch, denn Sie zerstören sich selbst damit. Sie werden zum Verräter an sich selbst, wenn Sie sich von Ihren täglichen Zielen entfernen und die Ihnen von Gott gegebene Lebenskraft verleugnen. Das Alter ist niemals eine Entschuldigung für Passivität.

Wenn Sie sich aus dem Leben zurückziehen, entfernen Sie sich von der Wirklichkeit, verlieren Ihre Selbstachtung und zerstören Ihre Selbstauffassung. Freiwillig isolieren Sie sich gleichsam in einem Gefängnis.

Möglicherweise meinen einige von Ihnen, daß allein Geldbesitz eine angemessene Lösung für das Alter garantiere, aber Untersuchungen zum Problem des verlängerten Lebens haben das Gegenteil erwiesen. Wissenschaftler haben mehr als tausend über 50 Jahre alte Menschen interviewt und herausgefunden, daß Geld nicht der Schlüssel zum Glück für alte Menschen ist. Ein im Ruhestand lebender Industrieller mit einem sechsstelligen Jahreseinkommen und ein Rentner, der von seiner Sozialversicherung lebt, haben erwiesenermaßen die gleichen Probleme. Vitalität, fortdauerndes Interesse an der Umwelt, Arbeit und die Fähigkeit, den Umgang mit anderen Menschen zu genießen – die Wissenschaftler fanden heraus, daß es diese Dinge sind, die alte Menschen glücklich machen.

Kurz: diese erfahrenen Fachleute haben ermittelt, daß alle diejenigen alten Menschen glücklich sind, die das Leben suchen.

Der Redakteur, der sich aus dem Leben zurückzog

Vor einigen Monaten aß ich mit einem Zeitschriftenverleger, der mir von einem ihm bekannten Redakteur berichtete, der sich auf Grund seines Alters zur Ruhe setzen mußte.

Man veranstaltete für ihn eine Abschiedsparty, zu der alle leitenden

Angestellten des Verlages erschienen. Es gab ein vorzügliches Essen, Sekt, und jedermann überschüttete den Ausscheidenden mit Lobpreisungen. Und nun folgte der Ruhestand...

Jahrelang hatten seine Kollegen seine bedingungslose Hingabe an zahlreiche Details der Verlagsarbeit und die ungewöhnliche Flexibilität seines Geistes bewundert. Seine schöpferische Begabung war von Jahr zu Jahr gewachsen und wuchs immer noch, als er auf Grund seines Alters in den Ruhestand gezwungen wurde.

Am Tag nach der Party fühlte er sich gleichsam wie ein alter Schuh, den man nach Jahren unausgesetzten Gebrauchs weggeworfen hatte.

Heute ist er ein kranker Mann; er ist seelisch krank, weil seine schöpferischen Kräfte, denen die Betätigung verwehrt ist, in ihm absterben. Nach 35 Jahren hingebungsvoller Arbeit für seine Firma war dies also die Belohnung...

Um wieviel besser wäre es gewesen, wenn man ihn hätte weiterarbeiten lassen, anstatt ihn in den Ruhestand zu zwingen! Es gibt einige wenige Firmen, die es ihren tüchtigsten Angestellten anheimstellen, sich zur Ruhe zu setzen oder nicht, und vor ihnen kann ich nur meinen Hut ziehen.

Ein Arzt, der die Jugend fand

Ein Arzt, den ich sehr gut kenne, arbeitete bis zu seinem 65. Lebensjahr in einem New Yorker Krankenhaus und wurde dann aufgefordert, sich zur Ruhe zu setzen. Eine Zeitlang war er deprimiert und bedrückt. Das paßte überhaupt nicht zu ihm; er war ein liebenswürdiger Mann, und ich kannte ihn eigentlich nur mit lachendem Gesicht. Aber nun hatte zum erstenmal in seinem Leben seine Selbstauffassung einen empfindlichen Schlag erlitten. Er spürte, daß er nicht mehr nützlich war.

Da er aber ein kluger und einfallsreicher Mann war, verschaffte er sich bald eine Stellung als Dozent an einer Universität. Heute ist er dort Professor an der Medizinischen Fakultät, und seine anregenden Vorlesungen über die Bedingungen und die Geschichte der Medizin sowie über Methoden der Chirurgie erfreuen sich bei seinen Studenten großer Beliebtheit. Er hat das Gefühl, jung und nützlich zu sein, wiedergewonnen.

Aktives Leben in jedem Lebensalter

Da man sich heute über die Schwierigkeiten, die der Abschied vom Berufsleben mit sich bringt, im klaren ist, wendet man sich den Problemen der obligatorischen Pensionierung immer aufmerksamer zu.

In seinem Buch *Live Better After Fifty* (McGraw Hill, 1953) stellt Ray Giles fest, daß „Autoritäten der Gesundheitsbehörden, führende Fachärzte für Alterskrankheiten und andere Fachleute, die sich für das Problem des Alterns interessieren, sich öffentlich als Gegner der zwangsweisen Pensionierung im Alter von 65 Jahren erklären ...

Auf nationalen Konferenzen über Probleme des Alterns wird immer wieder entschieden Front gegen die harte und frühzeitige Pensionierungspolitik gemacht. Es wird dabei zugleich in wirtschaftspolitischer Sicht auf die Verschwendung hingewiesen, die diese Regelung für eine Nation bedeutet ...

Statistiken beweisen, daß in vielen Berufen ältere Leute in der Regel mehr leisten als junge Arbeitnehmer. Ältere Angestellte, so belegen die Statistiken, sind verläßlicher, verursachen weniger Arbeitsunfälle und fehlen weniger häufig ..."

Wenn man Ihnen also die Wahl überläßt, dann lassen Sie sich nicht von Ihrem Alter dazu verleiten, Ihren Beruf aufzugeben! Andererseits: Wenn Ihnen die Pensionierung freisteht und Sie meinen, daß Sie ohne berufliche Arbeit intensiver leben können, dann lassen Sie sich pensionieren und tun Sie die Dinge, für die Sie früher niemals Zeit hatten. Werden Sie sich darüber klar, daß letztlich nur Sie selbst entscheiden können, was für Sie das Beste ist.

Aber – ob Sie nun in den Ruhestand treten *müssen* oder freiwillig Ihren Beruf aufgeben – denken Sie immer an das eine: *Bereiten Sie sich rechtzeitig und intensiv auf neue Lebensinhalte vor.*

Fast überall gibt es Organisationen und Firmen, die Beschäftigungen anbieten, die für ältere Leute geeignet sind. Private, soziale und kirchliche Organisationen sind außerdem bereit, ältere Leute zu beraten und ihnen zu helfen.

Sie alle können Ihnen helfen, nach Ihrer Pensionierung ein neues, erfülltes Leben aufzubauen. Ihre wichtigste Stütze bei alledem jedoch ist Ihre Selbstauffassung und Ihre Entschlossenheit, sie hell und strahlend zu erhalten. Wenn Sie stolz auf sich sind, wenn Sie *empfinden,* daß Sie jung und immer noch liebenswert sind, werden Sie selbst Ideen und Ziele entwickeln, die Ihr Leben sinnvoll und reich machen.

In *Live Better After Fifty* steht eine hübsche Geschichte:

„Im Januar 1953 blickte Henry Bailey Little auf eine 55 Jahre dauernde Präsidentschaft einer Sparkassengesellschaft für Newburyport und Umgebung zurück und kam zu einer wichtigen Entscheidung: Als der Aufsichtsrat ihn bat, sich für eine weitere Amtsperiode zur Verfügung zu stellen, lehnte er ab. Er erklärte, es sei nun an der Zeit, daß ein jüngerer Mann seinen Platz übernehme. So wurde William Blake neuer Leiter der Gesellschaft ... Bis hierher hört sich das nicht besonders aufregend an. Tatsächlich aber war diese Veränderung deshalb besonders interessant, weil der in den Ruhestand tretende Mr. Little sage und schreibe 102 Jahre alt und der ‚jüngere Mann', der zu seinem Nachfolger gewählt wurde, 83 Jahre alt war!"

Die Moral dieser Geschichte könnte die folgende sein: Das Leben beginnt mit 83! Es kann tatsächlich so sein.

Wein ist erst gut, wenn er das richtige Alter hat; er reift mit den Jahren. Genauso kann es beim Menschen sein. Junge Leute können zwar ohne Mühe stundenlang Tennis spielen und eine Nacht durchtanzen. Sie können Berge ersteigen und Flüsse durchschwimmen.. Was ihnen jedoch oft fehlt, ist die tiefere Einsicht, die man sich erst durch die Erfahrungen vieler Lebensjahre erwirbt. Und so begehen sie immer wieder ärgerliche oder sogar tragische Fehler – Ergebnisse ihrer Unerfahrenheit. Oft fehlt es ihnen auch an Mitleid und Klugheit.

Wenn Sie älter sind, haben Sie – bis heute – viele Erfolge erzielt und viele Fehler gemacht. Es kann nur so sein – kein Leben ist vollkommen. Beharren Sie nicht auf Ihren Fehlern; vergegenwärtigen Sie sich Ihre stolzesten Augenblicke. Sehen Sie sich selbst im besten Licht und bewundern Sie Ihre Selbstauffassung! Wenn Sie das tun, werden Sie niemals vor dem Leben zurückweichen; es birgt keine Schrecken für Sie. Ihr Leben wird stets reich sein, da Sie jeden Tag ausfüllen und friedlich schlafen gehen, wenn er vorüber ist.

Sie werden auch im Alter von über 60 Jahren – bis an Ihr Lebensende – ein erfülltes Leben führen: mit Zielen, an der Seite guter Freunde, ohne Selbstmitleid, ohne Groll, ohne Reue. Und Sie lieben das Leben, Sie werden sich niemals aus ihm zurückziehen, so lange Sie leben!

16. Kapitel

Ihr Grundpensum:
12 Wege zu einer neuen Selbstauffassung

In diesem Kapitel fasse ich die wichtigsten Gesichtspunkte für Ihre Arbeit an sich selbst noch einmal zusammen: das, was man Ihr „Grundpensum" nennen könnte. Es handelt sich dabei nur um Stichworte, die jedoch – richtig verstanden und angewendet – Ihr Leben entscheidend ändern können. Freilich: es liegt an Ihnen selbst, Ihrem Leben eine neue und glückliche Wendung zu geben.

1. *Wahrheit:* Der Apollotempel in Delphi trägt die Inschrift „Erkenne dich selbst". Aber kennen Sie sich wirklich selbst? Die „Wahrheit", die Sie über sich selbst zu kennen glauben, ist nur zu oft *falsch*. Die meisten Menschen neigen dazu, ihre Qualitäten, ihren menschlichen Wert und ihre Vorzüge herabzusetzen. Sie beharren auf Fehlern, übersehen ihre Erfolge und quälen sich innerlich auf nahezu sadistische Weise. Ist Ihre Selbsterkenntnis richtig – oder ist sie nur eine verkrampfte, unvorteilhafte Vorstellung, die der Realität nicht entspricht und Sie innerlich zerstört? Lernen Sie, sich so zu sehen, wie Sie wirklich – in Ihren besten Augenblicken – sind.

2. *Vorstellungskraft:* Sie kann eine so großartige Waffe sein – aber die meisten Menschen nutzen sie nicht. Die Vorstellungskraft ist sehr zutreffend als „das Auge der Seele" definiert worden. Aber ein vernachlässigtes Feld liefert keine reiche Ernte; eine vernachlässigte Vorstellungskraft kann Ihnen nicht zu einem reichen, erfüllten Leben verhelfen. Öffnen Sie also das „Auge Ihrer Seele", lernen Sie die Methode der bildhaften Vorstellung, um Ihren Weg in eine bessere Zukunft zu planen. Sehen Sie sich selbst in Rollen und Situationen, an denen Sie Gefallen finden; halten Sie an solchen Vorstellungen fest, bis Ihre „Erfolgsbilder" die „Versagensbilder" ganz verdecken. Machen Sie sich Ihre Vorstellungskraft zu einem geschätzten Freund statt zu einer Schreckenskammer.

3. *Entspannung:* Das Leben ist kurz, und das Individuum, das es in Angst und Sorgen hinbringt, verschleudert die kostbaren Geschenke, die Gott ihm gegeben hat. – Vergeben Sie anderen, denn die Vergebung besänftigt die Gefühle und schenkt Ihnen inneren Frieden. Vergeben Sie in

der Gewißheit, daß kein Mensch vollkommen ist. Wenn Sie jahrelang einem anderen Menschen grollen, ist es durchaus möglich, daß Sie ihm eine unbedachte Haltung vorwerfen, die Sie auch selbst sehr wohl hätten begehen können. Akzeptieren Sie vielmehr Ihre Mitmenschen mit ihren Fehlern, machen Sie Ihren Frieden mit sich selbst – fehlbar, wie Sie sind –, und entspannen Sie sich. Sehen Sie sich – mit Ihren Fehlern – in einem freundlichen Licht und streben Sie der Verwirklichung lohnender Ziele zu. Und vergeben Sie sich selbst. Das bedeutet Entkrampfung und Entspannung.

4. *Siegesbewußtsein:* Dieses Gefühl kann Berge versetzen, wenn Sie nur davon überzeugt sind, daß Sie ein wertvoller Mensch sind, der Glück und Erfolg verdient. – Ich bin weder Wahrsager, noch verstehe ich mich auf die Kunst des Handlesens, aber ich kann *dem* Menschen Siege voraussagen, der von einem Siegesbewußtsein getragen wird, von der Vorstellung seiner selbst in erfolgreichen Situationen. „Selbstvertrauen", so sagt Emerson, „ist das Geheimnis des Erfolgs." Und wenn dieses Selbstvertrauen sich in die Vorstellung verwandelt, immer Sieger zu sein, wird es immer wirksam sein.

Die Haltung, mit der Sie Ihre Ziele angehen, die Vorstellung von sich selbst, die sich in der Welt der Realitäten offenbart, schließt bereits das Ergebnis Ihrer Bemühungen in sich ein. Wenn dieser Glaube an sich selbst erst einmal ein wesentlicher Teil Ihrer Persönlichkeit geworden ist, wird er Ihnen durch viele Krisen hindurchhelfen und – wenn er auch gelegentlich erschüttert wird – Sie beleben, wenn Sie von Katastrophen heimgesucht werden. Solange Sie das Feuer dieses Gefühls in sich lebendig halten, werden Sie reich sein.

5. *Gute Gewohnheiten:* „Die Menschen erlangen eine besondere Eigenart, wenn sie ständig in einer besonderen Weise handeln", schrieb Aristoteles. Ihre Gewohnheiten, addiert und als Ganzes gesehen, machen also einen entscheidenden Teil Ihrer Persönlichkeit aus. Und wenn Ihre Gewohnheiten positiv orientiert sind, werden Ihnen Glück und Erfolg nicht versagt bleiben. Sind Ihre Gewohnheiten jedoch schädlich, so werden Sie scheitern. Ovid schrieb: „Gewohnheiten verwandeln sich in Charakterzüge."

Viele Menschen glauben, Gewohnheiten könne man nicht ändern; das trifft nicht zu. Sie können sich von schlechten Gewohnheiten befreien und gute entwickeln. Lesen Sie zu diesem Fragenkreis noch einmal das 5. Kapitel und überprüfen Sie Ihre Gewohnheiten.

6. *Das Ziel des Glücks:* Jeder Mensch hat andere Ziele. Manche sind wichtig, manche weniger wichtig. Beispielsweise kann es Ihr Hauptziel sein, ein guter Lehrer zu sein – und außerdem können Sie seit Jahren

das Ziel haben, endlich einmal Ihre Photosammlung in Ordnung zu bringen, wenn Sie die Zeit dazu haben. Da kein Mensch dem anderen gleicht, gleichen sich auch die Ziele der einzelnen Menschen nicht. Einige weihen ihr Leben der Sorge oder dem Groll gegen andere Menschen – oder sie sind, zum Beispiel, Sauberkeitsfanatiker. Warum aber weihen Sie Ihr Leben nicht dem Glück? Denken Sie an die Gefühle, die Sie glücklich machen werden, denken Sie an Ihre Fähigkeiten, Erfolge, Beziehungen zu anderen Menschen, Ihre Vorstellung von sich selbst, auch an materielle Erfolge. Dann planen Sie die Verwirklichung, und vergegenwärtigen Sie sich dabei folgendes: Sie müssen davon überzeugt sein, daß Sie ein Recht darauf haben glücklich zu sein; tun Sie es nicht, stellen Sie sich selbst – bewußt oder unbewußt – Hindernisse in den Weg. Bestehen Sie auf Ihrem Recht auf Glück: es ist eine natürliche Erbschaft. Berauben Sie sich nicht selbst dieses Rechts!

Die Menschen erreichen das Glück auf verschiedene Weise. Cicero meinte, daß „ein glückliches Leben in der Ruhe des Geistes" bestehe, während Juvenal schrieb: „Wir halten diejenigen für glücklich, die im Lauf ihres Lebens gelernt haben, seine Übel zu ertragen, ohne sich von ihnen besiegen zu lassen." Finden *Sie* Ihr eigenes Glück! Folgen Sie nicht den Empfehlungen anderer!

7. *Demaskierung:* Möglicherweise tragen Sie eine Maske, um Ihre wahren Gefühle zu verbergen. Bei dieser Haltung schließen Sie zugleich vor sich selbst die Augen; denn indem Sie sich vor anderen verstecken, verbergen Sie auch vor sich selbst Ihre potentiellen Qualitäten als Mensch: es zeigt sich, daß Sie sich selbst für einen wertlosen Menschen halten, für einen Schwächling, ein Ungeheuer oder weiß Gott was. Was Sie aber für sich als Wahrheit werten, ist falsch. Und wenn Sie es lernen, sich selbst mit freundlichen Augen zu sehen, werden Sie keine Maske nötig haben.

8. *Mitleid:* Dies ist eine Fähigkeit, die den Menschen vom Tier unterscheidet – wenigstens sollte es so sein. Wenn Sie aufrichtig mit Ihren Mitmenschen fühlen, erheben Sie sich zu den schönsten Momenten des Menschseins. Als Lohn für Ihre Anteilnahme werden Sie vielleicht die Dankbarkeit Ihrer Mitmenschen empfangen; aber die wirkliche Belohnung ist das warme Gefühl, das Sie empfinden werden – anderen und sich selbst gegenüber. „Du sollst deinen Nächsten lieben wie dich selbst", sagt der Evangelist Matthäus. Die Liebe zum Nächsten wird nicht zuletzt in Ihnen eine gute Meinung über sich selbst wachsen lassen, über Ihre positiven Eigenschaften als Mensch. Sie werden besser schlafen und besser arbeiten, kurz: besser leben können, wenn Sie wahrhaft des Mitleids fähig sind. „Mitleid heilt Sünden viel stärker als Verdammung."

9. *Das Akzeptieren Ihrer Schwächen:* Sie können stark, gesund und erfolgreich sein; aber es gibt im Leben keine Garantie für dauernden Erfolg, und gelegentlich mißlingt Ihnen alles. Ihre starke Selbstauffassung erweist sich zwar als nützlich, aber trotzdem fühlen Sie sich – während Ihre Sorgen wachsen – manchmal müde und schwach. Nun fragen Sie sich folgendes: Akzeptieren Sie Ihre vorübergehende Schwäche, oder machen Sie sich ihretwegen heftige Vorwürfe? Bilden Sie sich ein, nun auf der ganzen Linie zu versagen? Das ist die Kernfrage. Wenn Sie sich selbst in einem solchen Zustand der Schwäche ablehnen, haben Sie keinen festen Boden unter den Füßen, und Sie können sich niemals sicher fühlen. Ihre Stärke ist nicht echt. Sie sind sich selbst nur in guten Zeiten ein Freund, und Ihre Selbstauffassung ist nicht gerecht. Nur wenn Sie Ihre Schwächen genauso akzeptieren wie Ihre Stärken, können Sie Ihr wahres Format erreichen.

10. *Mit Ihren Fehlern leben:* „Der Mensch, der keine Fehler macht, macht gewöhnlich überhaupt nichts." Diese Worte des Bischofs W. C. Magee gehören zu den treffendsten, die ich kenne. Wenn Sie glücklich sein wollen, müssen Sie dieses Streben nach Perfektion in sich überwinden, diesen unsinnigen Ehrgeiz, sich niemals zu irren. Mit dieser Einstellung können Sie nicht leben, sondern sich im Grunde nur in sich selbst zurückziehen; Sie fürchten sich, überhaupt etwas zu versuchen.

Hören Sie auf, sich selbst mit erbarmungsloser Kritik zu zerstören, und lernen Sie, über sich selbst zu lachen, wenn Sie einen Schnitzer machen.

11. *Bekenntnis zu sich selbst:* John Stuart Mills schrieb einmal, daß „alle guten Dinge, die es gibt, Früchte der Originalität" seien. An diese Äußerung sollten Sie denken, wenn Sie spüren, daß Sie Ihr Leben ständig nach den Vorschriften anderer führen müssen. Nur wenn Sie ganz sich selbst sind, hat Ihr Leben einen wirklichen Sinn.

Hören Sie auf, Ihre Persönlichkeit auf das Lächeln oder Stirnrunzeln anderer Leute auszurichten, und schenken Sie sich vielmehr selbst das Lächeln des Beifalls, das Sie brauchen. Stärken Sie Ihre Selbstauffassung, und die Kritik Ihrer Mitmenschen wird an Ihnen abprallen; sie wird Ihnen nicht länger unter die Haut dringen. Ignorieren Sie die Leute, die Sie einschüchtern und unter Ihren Willen zwingen wollen; begreifen Sie, daß jene Leute dies nur aus Schwäche tun. – Sie sind nur dann wirklich erfolgreich, wenn Sie Ihr Leben so leben, wie *Sie* es wollen.

12. *Kein Rückzug aus dem Leben:* Wir kennen die verschiedensten Zeiteinheiten, mit denen wir die Zeit messen: Sekunden, Minuten, Stunden, Tage, Wochen, Monate, Jahre, Jahrzehnte, Jahrhunderte. Und mit solchen Zeitbegriffen bezeichnen wir unser Alter, nennen wir uns „alt"

oder „jung". Aber diese Zeitbegriffe täuschen: Wenn Sie Ihre Tage mit Betätigungen füllen, die Sie begeistern, dann sind Sie jung – auch wenn Sie hundert Jahre alt sind. Und wenn Sie alles und jedes langweilt, sind Sie alt – auch wenn Sie erst achtzehn sind.

Wenn Sie sich dem 65. Lebensjahr nähern, das die Gesellschaft schon seit langem als „Pensionsalter" abgestempelt hat, werden Sie mit ziemlicher Wahrscheinlichkeit dazu gezwungen werden, sich von Ihrer Lebensarbeit zurückzuziehen. Führen Sie trotzdem weiterhin ein nützliches, interessantes Leben! Bereiten Sie sich auf Arbeiten und Aufgaben vor, mit denen Sie Ihren Lebensabend ausfüllen wollen – ob Sie nun Kinder haben oder nicht. Die Zeit, in einen neuen Bereich hineinzuwachsen, kommt, wenn man sich aus einem anderen zurückziehen muß. Verfallen Sie niemals in eine Art künstlichen Winterschlaf; er würde nur Ihre Selbstauffassung schwächen.

Das also wäre etwa Ihr „Grundpensum": Richtlinien, die Ihnen zu einem besseren Leben verhelfen. Lesen Sie dieses Kapitel, wenn die Dinge sich zu Ihrem Nachteil entwickeln und Sie sich deprimiert fühlen. Lesen Sie es immer wieder – und Sie werden Ihre Selbstauffassung stärken. Wenn Sie sich selbst erst einmal in einem besseren Licht sehen, wird auch die Welt für Sie anders aussehen: Sie wird schöner sein.

17. Kapitel

Anhaltspunkte für Ihre Vorstellungskraft

Am Anfang dieses Buches habe ich vom Theater Ihres Geistes gesprochen, in das Sie sich zurückziehen können, um die Art bildhafter Vorstellungen zu produzieren, die – getragen von Zielstrebigkeit und Intelligenz – schließlich Ihre Auffassung von sich selbst und Ihrer Umwelt verbessern.

Sie können sich ändern – aber Sie müssen bereit sein, sich um einen Wandel zu bemühen.

Theodore Roosevelt schrieb einmal: „Es ist niemals ein Gesetz erfunden worden und wird niemals erfunden werden, das einen Menschen zum Erfolg befähigt, wenn er nicht über jene Qualitäten verfügt, die schon immer die Voraussetzungen für Erfolg waren: die Fähigkeit zu harter Arbeit, scharfe Intelligenz und ein unbeugsamer Wille."

Scheuen Sie also keine Mühe, wenn es darum geht, wirksame bildhafte Vorstellungen zu produzieren, scheuen Sie keine Mühe, diese Vorstellungen in der Welt der Realität zu kultivieren. Schaffen Sie sich eine neue, bessere Welt!

Ziehen Sie sich nun noch einmal in das Theater Ihres Geistes zurück und entspannen Sie sich, während ich Ihnen eine faszinierende Geschichte erzähle – eine Geschichte *über Sie selbst!*

Sie stehen im Scheinwerferlicht

Kennen Sie die Worte der Bibel: „Arzt, heile dich selbst"? Sie selbst sind der einzige, der Sie bessern kann, Sie sind Ihr eigener Arzt, und aus diesem Grunde sind Sie die Hauptperson in dieser Geschichte. Sie sind der Produzent, der Regisseur, der Hauptdarsteller, der Requisiteur ... Sie stehen im Rampenlicht.

Es ist eine neue Rolle für Sie, weil Sie bislang Ihre Talente stets in einem Gehäuse der Angst verborgen, weil Sie Ihre Fähigkeiten hinter einem Wall der Scham vergraben haben. Sie haben immer so wenig von sich gehalten, daß Sie – wohin Sie sich auch wandten – stets eine Maske der Gleichgültigkeit trugen, damit die Leute Ihre „furchtbaren" Gefühle nicht entdeckten. Sie haben immer damit gerechnet, daß Sie von den schlimmsten Katastrophen heimgesucht würden, und wenn es darum ging, Chancen wahrzunehmen, waren Sie übervorsichtig. Sie haben sich in negativen Gewohnheiten vergraben und anderen Menschen ihre Lebensfreude übelgenommen.

Aber Sie haben sich geändert. Sie sind nun ein neuer Mensch. Da Sie sich zielbewußt den praktischen Übungen dieses Buches unterzogen haben, haben Sie einen wichtigen Mechanismus in Gang gesetzt – Ihre Vorstellungskraft. Mit ihrer Hilfe sehen Sie sich nun anders. Die Bilder, die Ihre Vorstellungskraft jetzt produziert, sind freundlicher und leuchtender geworden. Sie sind nicht unrealistisch; da Sie Ihre Vorstellung von sich selbst geändert und die Fähigkeiten, die Ihnen zu Glück und Erfolg verhelfen, entdeckt und hervorgekehrt haben, konnten Sie den Elan dieses neuen Ichs auf die Gegebenheiten des realen Lebens übertragen. Ja, Sie haben sich geändert!

Ziehen Sie den Vorhang auf

Der Vorhang öffnet sich, und Sie stehen – Mittelpunkt der Aufmerksamkeit – auf der Bühne. Es hat eine Zeit gegeben, in der Sie vor einer solchen Situation zurückgeschreckt und in Deckung gegangen wären. Sicher, Sie sind ein bißchen nervös, aber Sie akzeptieren diese Nervosität und machen sich ihretwegen keine Vorwürfe. Sie fühlen sich bei Ihrem Auftritt durch die Aufmerksamkeit der Zuschauer nicht gehemmt. Sie bleiben Sie selbst und blicken nicht beifallheischend ins Publikum. Sie sind mit sich selbst einverstanden, und das ist genug!

Horaz schrieb einst: „Das Unglück hat die Wirkung, Talente ans Licht zu bringen, die unter glücklichen Umständen brachgelegen hätten."

Sicher haben Sie im Laufe Ihres Lebens Tage des Unglücks erlebt, aber diese harten Zeiten haben zur vollen Entfaltung Ihrer Persönlichkeit beigetragen. Einerseits können Sie – da Sie wissen, was Unglück und Sorgen bedeuten – Mitleid mit Ihrem Nächsten empfinden, und andererseits macht gerade die Fähigkeit zum Mitleiden Sie zum Menschen. Wenn das Leben Sie verwöhnt hätte, wenn Sie immer nur in Geborgenheit und Wohlstand gelebt hätten, wäre Ihr Mitgefühl für andere abgestumpft

Ihr Publikum sieht nun einen Menschen vor sich, der sich steigern kann und dessen gesunde Selbstauffassung ihn in die Lage versetzen wird, sich seines Lebens zu freuen.

Sie sind ein Erfolg!

Der chinesische Philosoph Konfuzius sagte: „In allen Dingen hängt der Erfolg von der Vorbereitung ab, und ohne eine solche Vorbereitung muß man mit dem Scheitern rechnen."

Sie brauchen sich jedoch über Scheitern und Versagen nicht den Kopf zu zerbrechen – denn Sie sind ein voller Erfolg! Sie haben Ihr Denken auf die Aufgaben vorbereitet, die sich ihm stellen werden. Sie erkennen neue Wahrheiten über sich selbst, Wahrheiten, die Ihnen den Mut geben, auf der Bühne zu stehen und Sie selbst zu sein. Denn das Drama, in dem Sie auftreten, ist nicht frei erfunden: Sie spielen sich selbst, und dieses Drama verläuft so. Auch der glücklichste Lebenslauf verzeichnet zwangs-Spielplan abgesetzt werden. Ihre neue Rolle wird Sie glücklich machen, und sie wird Ihnen zu Erfolg verhelfen. Sie werden auch dauerhafte Freundschaften schließen, denn Sie sind sich selbst – in gesunder Weise – ein Freund.

Sie schreiben das Drama selbst

Ihr Leben wird nicht in gerader Linie verlaufen – kein Leben und kein Drama verläuft so. Auch der glücklichste Lebenslauf verzeichnet zwangs-läufig Mißerfolge, Unglücksfälle, Sorgen. Niemand ist allmächtig; das Leben ist kein Märchen. Erfolg ist keine Einbahnstraße.

Darüber sind Sie sich in vernünftiger Weise klar, und das wird Ihnen helfen. Wenn Sie auf gelegentliches Versagen vorbereitet sind, wird Ihre Moral darunter nicht leiden. Enttäuschungen können Sie zwar mitunter deprimieren, aber Sie werden sich von nun an niemals wieder in Verzweiflung vergraben; Sie kennen ja inzwischen die Waffen, mit denen Sie sich den Weg freikämpfen können, und Sie wissen, wann Sie sie benutzen müssen. Ein Drama, dessen Handlung von Ihnen nach diesen Gesichtspunkten geschrieben wird, ist wahrhaft schöpferisch.

Ein aktives Leben

Sie erleben das erregende Abenteuer der Selbsterforschung und der Erforschung der Umwelt. Ihre Welt ist hell, ein Ort des Glücks: Sie schätzen sich, und Sie haben gute Freunde. Ihre Arbeit macht Ihnen Freude, Sie genießen die Entspannung, und Ihr Schlaf ist tief und ruhig.

Sie haben nicht alles, was Sie sich wünschen; eine solche Erwartung wäre lächerlich. Sie sind kein Kind, das jedes Spielzeug haben muß, das es sieht; Sie sind ein gereifter Mensch und kennen die Unvollkommenheiten des Lebens.

Wichtig ist allein: *Was Sie wirklich brauchen, haben Sie nun.* Sie schätzen sich, Sie können sich entspannen, Sie haben Freunde, Ziele, *Ihre* Ziele, Sie streben *Ihren* Erfolgen zu – und Sie sind glücklich.

Ihre ganze Lebenseinstellung hat sich gewandelt. Sie leben nicht mehr aus der Defensive heraus, Sie brauchen nicht mehr nach potentiellen Feinden Ausschau zu halten. Sie haben nun die Initiative ergriffen. Sie stellen sich dem Leben voller Selbstsicherheit, sind auf Erfolg vorbereitet und können auch ein gelegentliches Scheitern akzeptieren. Sie fühlen sich unzerstörbar, da Sie sich nicht selbst zerstören werden.

Jeder Tag kann glücklich sein

Jeder Tag hat seinen Sinn. Sie sitzen nicht herum und überlegen, wie Sie die Zeit totschlagen können. Wenn es etwas gibt, das Sie bekümmern könnte, dann ist es allenfalls der Gedanke, daß jeder Tag nur 24 Stunden hat, während Sie so viel zu erleben haben.

Sie sind jung – wie ein glückliches Kind, das nicht schlafen will, weil es auf keinen Fall den noch bevorstehenden Spaß verpassen möchte.

In jeder Beschäftigung liegt Freude. Jede Mahlzeit bringt Befriedigung, jede Begegnung mit anderen Menschen ist voll lebendiger Anregungen, und jedes Ziel begeistert Sie.

Sie wollen Ihre Freuden mit anderen Menschen teilen, und Sie sind glücklich, wenn Sie das Leben eines anderen heller machen können. Er ist Ihnen für Ihr Mitgefühl dankbar, und wenn Sie ihn einmal brauchen, wird er für Sie da sein.

Es ist ein erhebendes Drama – *und es ist realistisch*. Zyniker mögen es kritisieren und als überoptimistisch bezeichnen; Tatsache ist, daß eine starke Selbstauffassung das Leben so für Sie gestalten wird. Warum muß die Wirklichkeit dunkel und deprimierend sein? Die Wirklichkeit kann auch hell und freundlich sein. Ihre Überzeugung kann sie schön machen.

Das Glück, geben zu können

Sie fühlen sich nicht immer stark, aber es ist wahrhaftig kein Verbrechen, sich auch einmal schwach zu fühlen. Es gibt verschiedene Arten von Schwäche; entscheidend ist, daß Sie sich vom Gefühl der Schwäche nicht zerstören lassen, daß Sie über das Eingeständnis zeitweiliger Schwäche zu Ihrer Stärke zurückfinden.

Wenn Sie sich stark fühlen, können Sie dynamisch leben. Gerade dann aber brauchen Sie Freunde, *damit Sie ihnen geben können*. Denn Sie brauchen dieses Gefühl, anderen geben zu können, zur Vertiefung Ihres überströmenden Glücksgefühls. Wenn Sie keine Menschen finden könnten, denen Sie geben können, würden Sie sich daran gehindert fühlen, Ihr Glück wahrhaft zum Ausdruck zu bringen.

„Es soll doch kein Streit sein zwischen mir und dir ... denn wir sind ja Brüder ..." (Gen. 13,7)

Schon Ihre Gegenwart ist für Ihre Freunde eine Belohnung, eine Versicherung der brüderlichen Liebe, wie sie dieses Bibelzitat ausspricht. Ihre Gesellschaft richtet Ihre Mitmenschen auf: Man spürt, daß Sie ihnen weder schaden noch mit ihnen konkurrieren wollen, sondern daß Sie bereit sind, sie zu akzeptieren, wie sie sind. Sie sprechen *mit* ihnen und halten ihnen keine Vorträge. Sie haben die Fähigkeit, sich ihrer Sorgen anzunehmen und ihre guten Eigenschaften anzuerkennen.

Sie sind Herr Ihres Schicksals

Die Welt hat sich inzwischen nicht entscheidend geändert: Es wird immer noch von den Gefahren eines Atomkrieges gesprochen, und viele Menschen unterwerfen sich noch immer falschen Göttern. *Sie* aber haben sich nun geändert, und Sie haben *Ihre* Welt geändert.

Sie fühlen sich nicht mehr hilflos. Sie wissen, daß Sie Herr Ihres Schicksals sind. Besorgniserregende Berichte der Presse überwältigen Sie nicht mehr. Sie tun, was Sie persönlich tun können, um das Unheil zu steuern. Aber Sie verschwenden Ihre Zeit nicht mit Sorgen; Sie unterwerfen sich nicht mehr der Selbstzerstörung.

Sie sind entschlossen, ein glückliches Leben zu führen; Sie wenden sich Ihren Zielen zu und streben danach, sie zu erreichen.

Es wird zusehends leichter für Sie, Erfolg zu haben, je stärker das Gefühl, stets Sieger zu sein, sich in Ihnen entwickelt.

Das Drama, in dem Sie die Hauptrolle spielen, Ihre Lebensgeschichte, ist ein voller Erfolg; man wird Ihnen Beifall zollen. Sie ziehen sich hinter die Bühne zurück, aber Ihr Publikum will Sie noch nicht gehen lassen ...

Machen Sie eine Verbeugung!

Sie kehren also auf die Bühne zurück und machen eine Verbeugung. Sie sind der Hauptdarsteller, der Autor und auch der Regisseur – denn Sie waren es, der ein Leben neu inszeniert hat. Ich, der Verfasser dieser Zeilen, war lediglich ein Helfer hinter der Szene, ein Requisiteur.

Die wirkliche Arbeit haben Sie getan. Sie haben sich entschlossen den praktischen Übungen unterzogen, Sie haben die Kapitel, die Sie besonders angingen, immer wieder gelesen, Sie haben Ihre ganze Kraft der Formung Ihrer Persönlichkeit gewidmet. Sie verdienen alles Lob der Welt.

Es ist gewiß nicht leicht, sich zu ändern. Es verlangt harte Arbeit. Sie aber haben an sich gearbeitet, und Sie haben sich geändert. Sie haben die Skepsis Ihrer Mitmenschen und Ihre eigene Neigung, Ihr Licht unter den Scheffel zu stellen, überwunden. Sie sind nun eine stärkere Persönlichkeit – und das erreicht zu haben, ist eine Leistung! Ihr Publikum, Ihre Umwelt, honoriert diese Leistung und spart nicht mit Beifall.

Dies war der größte Sieg Ihres Lebens. Sie sind mit Ihrer neuen Selbstauffassung glücklich, und Sie brauchen sich nicht mehr hinter einem Schutzwall zu verstecken. Ich gratuliere Ihnen dazu!

Ich verabschiede mich mit einem letzten Wunsch: Mögen Sie sich auch in Zukunft stets als den wertvollen Menschen sehen, der Sie sind. Wenn Sie das tun, werden Sie immer glücklich sein!

DIE REIHE AKTUELLER SACHBÜCHER

in Balacron mit Goldprägung und cellophaniertem, farbigem Schutzumschlag

GEDÄCHTNIS BIS INS ALTER – DAS BIOLOGISCH-MEDIZINISCHE PROGRAMM GEGEN VERGESSLICHKEIT

Von Prof. Ladislaus S. Dereskey

Prof. L. S. Dereskey bietet in diesem Sachbuch ein attraktives Programm wirksamer Gedächtnishilfen. Sie erfahren, wie Sie Gedächtnisstörungen vorbeugen und beheben können. Im Spektrum dieser Expertenratschläge finden Sie neueste Forschungsergebnisse über Ernährung und Lebensführung, werden Sie Methoden eines zielführenden Kreislauf- und Gedächtnistrainings und die Möglichkeiten medikamentöser Hilfe kennenlernen. Sie dienen zugleich der Vorbeugung vorzeitigen Alterns. 190 Seiten, 8 Abb. und Tab., Best.-Nr. 1239.

DOKTOR BIENE
BIENENPRODUKTE – IHRE HEILKRAFT UND ANWENDUNG

Von Paul Uccusic

Profitieren Sie von der in unserer Zeit neu entdeckten Heilkraft der Bienenprodukte. Propolis ist ein Antibiotikum. Pollen und Gelée royale sind erstaunliche Arzneimittel. Viel Neues erfahren Sie auch über das Gesundheitselixier Honig. Im Anhang Rezepte für köstliche Honigspeisen und -getränke, Register und eine Liste der Bezugsquellen. 200 Seiten, 10 Abbildungen, Best.-Nr. 1251.

VITAMINE UND MINERALSTOFFE – DIE BAUSTEINE FÜR IHRE GESUNDHEIT

Von Ulrich Rückert

Vitamine, Mineralstoffe und Spurenelemente sind lebenswichtige Bausteine für unsere Gesundheit. Ein Mangel kann u. a. zu Haarausfall, Sehstörungen, Schlaflosigkeit, Herzbeschwerden führen. Wer sich auskennt, ist sein bester Arzt. Das notwendige Wissen vermittelt dieses Buch, das auch ein umfangreiches Tabellarium enthält. 184 Seiten, Best.-Nr. 1301.

SPEKTRUM DER HYPNOSE
DAS GROSSE HANDBUCH FÜR THEORIE UND PRAXIS

Von Werner J. Meinhold

Ein Standardwerk, das bisher fehlte. Es ist eine unentbehrliche Hilfe für jeden heilkundlich pädagogisch Tätigen und zugleich ein faszinierendes Buch praktischer Lebenshilfe für jedermann. Das von Prof. Dr. D. Langen empfohlene Buch bietet konkrete Techniken und Suggestionsformeln zur Anwendung im Alltag und auf Fachgebieten, besonders in der Heilkunde. 454 Seiten, Best.-Nr. 1207.

ENTSCHLÜSSELTE ORGANSPRACHE
KRANKHEIT ALS SOS DER SEELE

Von Henry G. Tietze

Die moderne Schule der psychosomatischen Medizin hat erwiesen, daß die meisten Erkrankungen seelisch bedingt sind. Gefühle schlagen auf den Organismus, und zwar, wie der bekannte Psychotherapeut H. G. Tietze darlegt, auf bestimmte Organe. Diese Krankheiten können, wenn wir sie als SOS der Seele verstehen, weitgehend vermieden oder geheilt werden. Wie - das zeigt dieses Sachbuch. 256 Seiten, Best.-Nr. 1331.

ARISTON VERLAG · GENF

CH-1211 GENF 6 · POSTFACH 176 · TEL. 0 22/86 18 10 · TELEX 27983